U0067108

社會資本

Social Capital: A Theory of Social Structure and Action

NAN LIN (Duke University) 著

林祐聖、葉欣怡 合譯

Social Capital: A Theory of Social Structure and
Action

Copyright © 2001
By Cambridge University Press

ALL RIGHTS RESERVED

No part of this book may be reproduced or transmitted in any form
by any means, electronic or mechanical, including photocopying,
recording, or any information storage and retrieval system, without
permission, in writing, from the publisher.

Chinese edition copyright © 2005
By Hurng-Chih Book Co., Ltd..
For sales in Worldwide.

ISBN 986-7451-09-0

Printed in Taiwan, Republic of China

前言

　　社會學，對我來說，是關於社會關係中的選擇的研究。它探討採取行動的動機、檢驗哪些選擇在關係中是可及的（察覺到或真實存在的），以及研究這些選擇所產生的結果。因此，社會學的核心是行動與結構的分析：在結構機會與限制的脈絡下的選擇行為。選擇是在這樣的機會與限制中達成，選擇與結構機會以及限制的互動，也改變或創造結構的機會與限制。這些過程必定在鉅觀結構與微觀結構之間打轉。如何捕捉與呈現這些過程，佔據社會學家許多的時間與精力。

　　本書的理論，指出行動（無論是個人或團體）是由工具性或情感性的目的所驅動，而與其他行動者互動，以便取得其他行動者的資源，達成獲得較佳成果的目的。主要的命題在於這樣取得的資源是鑲嵌於社會關係中，或稱為社會資本（social capital），而帶來較佳的結果。因此，社會資本是社會的與有用的。它根源於社會關係，並且因為社會關係而獲得幫助或限制。但是在這樣的結構機會與限制中，行動卻帶來不同的結果：給予兩名行動者相同程度與配置的關係，結果將因為他們的選擇行為而有不同。在此一架構下，我接受結構與關係的優勢影響。然而，我希望強調選擇的理論重要性。

為了達成此一目標，我將本書分為兩個部份，在第一部份，我將以資本理論的歷史說明（第一章），以及社會資本的理念（第二章）為開頭。接下來的三章將從結構觀點開始，「向下」描述關係與行動的動力。第三章說明資源如何鑲嵌於結構，包括網絡，第四章則描述動機與互動如何驅使行動者作出選擇。第五章則系統性地總結理論的元素，以及介紹相關命題。接著再以兩章說明理論的研究運用。第六章總結連結社會資本與地位取得的研究傳統。第七章則觀照重要的社會資本不平等的議題。

在第二部份，透過將理論延伸到幾個研究領域，我轉向相關的動力來源，從選擇行動到制度與結構的脈絡。我從微觀與中程的動力開始，更加強調選擇行動。第八章探討選擇行動造成社會結構的理論可能性，第九章則延伸此一論點，說明相較於經濟交換，社會交換如何承載本身的理性。我在第十章中，繼續討論更為複雜的階層組織脈絡下的選擇。第十一章則轉向社會交換的問題，社會資本的理論，如同本書所形構的，如何能對於說明社會轉型帶來助益，無論是既存的制度脈絡，或是透過社會網絡化與替代制度的資本建立。第十二章探討網際網絡的擴張，即網際空間中的社會關係，以及它們對於重新評估，社會資本可能消逝或死亡言之過早的宣稱的重要性，再一次地觀照關係與網絡中的行動與選擇如何在全球化與科技進步的社會中，保存甚至是取得活力與資源。

　　由本書的篇幅有限，對於涵蓋的範圍必須作出取捨。我決定把焦點放在社會資本的工具性層面，因此減少社會資本的情感性層面，這不意味著我的研究忽略後者（Lin 1979;Lin、Dean and Ensel 1986;Lin and Ensel 1989;Lin and Lai 1995;Lin and Peek 1999;Lin、Ye and Ensel 2000）。情感性行動在社會資本理論中的重要性，在第四章與第五章關於理論形成的討論中加以釐清。我同時提及情感性行動如何在幾個理論的延伸中運作（第八到第十一章）。然而，要完全地涵蓋社會資本的情感層面，或許需要與本書篇幅相當的討論。取而代之的，我選擇把重點放在工具性行動的社會資本，以便對應其他兩個類似題目的討論：人力資本與文化資本。人力資本，由經濟學家所信奉，強調勞動市場中的回報，特別是經濟回報。文化資本，依照布迪厄（Bourdieu）的說法，關切統治階級的再生產。在兩者的情境中，資本的工具性使用是顯而易見的。我只有在結尾時將情感性行動重新整合進入社會資本的完整分析模型，儘管仍是簡短的。

　　我同時也縮短社會資本作爲集體資產的篇幅，因爲我的分析讓我相信它的理論與研究的發展性，可以從本書所描述的架構加以延伸，而非將之視爲分離而獨立的整體（請見第二、八與十二章）。

　　本書所呈現的研究可以追溯到一九六〇年代晚期到

一九七〇年代早期，當時我正開始進行每國、中美洲與海地等地的社會網絡研究。而我持續從這樣的比較研究經驗中獲益甚多，現在則延伸到東亞。在此過程中，我得到許多同事的幫助，包括 Ron Burt、John Vaughn、Clifford Melick、Walter Ensel、Ron Simeone、Mark Tausig、Mary Dumin、Mary Woelfel、Gina Lai、邊燕杰、Kristen Peek、Yushu Chen、陳志柔、熊瑞梅、傅仰止、Xiaolan Ye 以及 Marc Magee。我的學術網絡的延伸，則包括 Mark Granovetter、James Coleman、Henk Flap、Bonnie Erickson、Ron Breiger、Judith Blau、Robert Merton、Peter Marsden、Peter Blau、Jeanne Hurlbert、Harrison White、Barry Wellman、Edward Tiryakian、John Wilson 與鄭陸霖。我也從紐約州立大學阿巴尼分校（Suny-Albany）社會學系與杜克大學社會學系的同僚們獲益良多。他們都是我重要的社會資本。

我的研究工作，跨越幾大洲，並且橫跨三十年，得到國家科學基金會（National Science Foundation，社會學計畫與國際計畫）、國家心智健康研究院（National Institute of Mental Health）、美國勞工部、紐約衛生局、魯氏基金會（Luce Foundation）、蔣經國基金會、美國學術研究機構協會（American Council of Learned Societies）、紐約州立大學研究基金會以及杜克大學研究委員會的大力支持。

我也希望感謝三家出版社，同意在本書中付印以下作品的部份內容。

劍橋大學出版社（Cambridge University Press）：1990.
Lin, Nan. "Social Resources and Social Mobility: A
Structural Theory of Status Attainment."。收錄於 Ron
Breiger 編纂的 Social Mobility and Social Structure，劍橋
大學出版社，pp.247-271（第十章）。

JAI 出版社（JAI Press）：1994. Lin, Nan, "Action,
Social Resources and Emergence of Social Structure"，收錄
於 Advances in Group Processes, 第一部，由 Barry
Markovsky, Jodi O'brien,與 Karen Heimer 主編（第八章）。

Annual Reviews: 1999. Lin, Nan. "Social Networks and
Status Attainment," Annual Review of Sociology 25:467-488
（第六章）。

《目錄》

第三部份　尾聲

第一部份

理論與研究

第 1 章

資本的理論：

歷史的基礎

在當代社會學與經濟學眾多影響深遠的詮釋架構中，資本的概念是其中之一。什麼是**資本（capital）**？我將之界定爲**在市場中具備預期利益的投資資源**。當資本可以經過投資或動員來追求利益與行動目標時，資本便成爲某種資源。因此，資本作爲資源是雙重程序的。在第一個階段中，資源被製造或改變而作爲投資；在第二階段，被製造或是改變的資源可以被用於市場中，以便追求利益。在某些場合中，資本是生產過程的結果（製造或是增加資源的價值）；而在其他的場合中，資本是生產的元素（資源藉由交換而獲得利益）。這是都是過程性的，因爲無論是投資或是動員都牽涉到時間與運作。在過去二十年中，不同形式與脈絡下的社會資本已經形成一個最爲顯著的資本類型。儘管此一過程讓人感到興奮，但是分歧的看法、論點與期待卻引起一個嚴重的問題：社會資本只是一時的風行，抑或是具有持續的特質，能夠開創一個新的學術事業？

　　撰寫本書的用意在於呈現一個社會資本的理論，一個
能夠清楚說明重要議題的理論，也就是資本可以從社會關
係中取得，而資本的取得將對於行動者方面，造成結構性
的限制與機會以及行動與選擇。堅實的根源於資本的一般
理論，這個理論將或是希望能夠對於明顯涉及階級結構、
社會網絡與行動者的資本化過程作出貢獻。此一理論及此
派的研究人士，認為社會資本能透過檢驗將鑲嵌於社會網
絡的資源，用於投資的機制與過程而獲得最佳的理解。正
是這些機制與過程將概念上差距加以聯繫，而得以理解結
構與個人之間鉅觀與微觀的關係。本章將探討資本的本質
以及不同的資本理論，作為一個說明與分析社會資本所必
須事先了解背景，而說明與分析的部份將從下一章開始。

古典理論：馬克思主義的資本觀點

　　為了理解社會資本，我們首先必須釐清資本的概念。
資本的概念可以追溯到馬克思（Marx,1849、1865/1933/
1935、1867/1995;Brewer 1984）對於資本如何從商品生產
與消費過程中的布爾喬亞階級（bourgeoisie，也就是資本
家，capitalists）與勞工之間的社會關係中浮現的分析。馬
克思將商品視為剩餘價值（surplus value）的一部份（經

由商品消費與交易的過程所產生），並藉此獲得更多的利潤（Marx 1867/1995,Vol.1,ch.4 以及 Vol.2,ch.1）。商品的生產牽涉到工人、土地、租金與材料（包括設備、科技與交通）。其中的每一項元素皆為生產者帶來使用（或生產）價值。然而，儘管工人能夠獲得固定的周薪或月薪，但是工人卻付出比生產商品所需的時間更多的工時(社會必要勞動，socially necessary labor），因此能為生產者帶來較低的勞動成本。換句話說，所產生的使用價值超過支付工人活命所需的交換價值。也就是形成剩餘價值(或說利潤）的結果。除此以外，生產者（或更貼切的稱為資本家）之後進入交換的過程，藉此生產者所產出的商品可以交換其他的商品（在現代世界中，通常是透過商品的媒介，例如金錢）。交換的場域可能讓生產者與消費者直接，或是間接經由掮客與商人而接觸。在這樣的交換中，商品產生了市場價值。如果市場價值超過使用（生產）價值或是成本，那麼進一步的剩餘價值，或說資本，將從交換中產生。圖1-1 說明我對於馬克思主義對於資本如何從生產與消費過程中，資本家與工人之間的勞動關係形成的解釋。

　　整個過程從資本家開始，他們使用資源（資本）作為開端（即土地所有權或特權的繼承物），透過建立與工人的交換關係而進入商品的生產，工人在生產過程中貢獻他們的勞力。工人得到的是，資本家評估生產商品的價值，並且支付工人對應此一價值的酬勞（即交換價值，

exchange value）。如同圖 1-1，這樣的關係可以用資本家
與工人在生產商品一中的生產交換來呈現。商品一是生產
的結果，而商品三是工人的勞動貢獻。M1 代表資本家因
為勞工在生產商品一中的勞動奉獻（商品三）所支付的酬
勞。交換價值代表的是生產的「社會必要勞動」（socially
necessary labor），或被視為因為工人的勞動奉獻所必須支
付的酬勞（商品 3）。

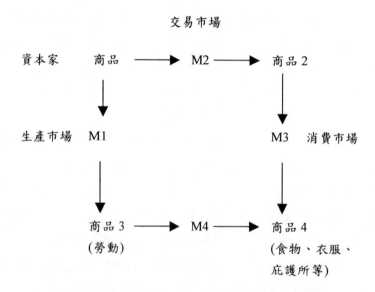

圖 1.1 馬克思生產與消費關係理論的詮釋

接著，被生產出來的商品（商品 1）進入交易市場（從

商品 1 到商品 2）與消費市場（從商品 2 到商品 3）。因此，
在最為簡化的情形下，商品 1 透過生產者送往消費者而直
接成為商品 2。在絕大程度上，消費者也就是花費經由生
產過程所賺取的金錢以便購買生活必需品維持生存（商品
4）的勞工（M1）。他們支付某個價格（M3）來獲取這些
商品。馬克思提出以下的陳述：

1. M1 實質上與 M4 的價值相等。也就是說，工人得
   到的勞動報酬，與工人在為了維持生存而購買的必
   需品的花費具有相同的價值。這是交換價值，代表
   價值並未有任何的增減。

2. M2 的價值大於 M1，而／或 M3 的價值大於 M1。
   也就是說，商品在交易與消費市場的銷售價值高於
   它的生產價值。

因此，生產與交易／消費這兩種過程，對工人與資本
家帶來兩個重要而分離的結果。工人因為他們的勞動而賺
取報酬（商品 3），而這個報酬接著被用來交換以便獲得
生活必需品維持生命（商品 4），他們並未從此一過程中
獲得剩餘價值（M3 等於 M4）。資本家則獲得剩餘價值（M3
減去 M1），部份的剩餘價值又轉為資本。[1]如此，商品的
流通維持著工人的生存，他們因而可以繼續提供生產過程

---

[1] 剩餘價值包含兩個部份：收入（部份的收入會被用來重複生產的過程，
部份則被用來維持奢侈悠閒生活型態的花費）與資本（有價值資源的增
加）。

必要的商品（勞動），但是他們得不到更多報酬。另一方面，資本家則從商品流通中獲得剩餘價值，而其中有很大一部份能夠轉為資本。當然，這些過程經常是更為複雜的。舉例來說，資本家可以在彼此或是其他資本家之間交易他們生產的產品，也就是從商品 1 到商品 2 的過程，並且因此而獲得剩餘價值（M2 大於 M1）。這些其他的資本家（交易商或商人）藉由讓商品流通於消費市場之中來創造屬於他們的剩餘價值（M3 大於 M2）。因此，在商品流通系統中，存在著不直接參與生產的資本家（商品流通或是 C-M-C 與 M-C-M 連鎖形式的節點，像是交易商與商人等等）。而資本家就是那些能夠保留資本的人，通常是透過金錢的形式。

這個商品流通的體系以及介於資本家與工人之間的社會關係得以維繫自身，只要(1)M1 保持在最小值（社會必要價值，socially necessary value），並且永遠趨近與 M4 等值，以及(2)M3 永遠大於 M1（或是 M2 大於 M1 與 M3 大於 M2），剩餘價值（與資本）於焉產生。當這樣的體系持續下去，意味著不存在從工人流動到資本家的可能性，因為資本家控制了生產的手段（包括材料、工具與勞動力），其次，工人不可能累積資本，而資本家卻將繼續聚積資本。因此，資本是在市場中，對於有用商品生產的投資的回報（剩餘價值）。資本可以透過金錢、掌握生產手段的能力，以及／或是對於有用商品生產的進一步投資的形式出現。當焦點放在生產剩餘的過程時，**資本可以被界定為期待在市場中獲得回報的投資**。

那麼總結來說，在馬克思的分析中，資本是被資本家或布爾喬亞階級所捕捉到的剩餘價值的一部份，他們掌控著商品流通中的生產手段，以及生產與消費過程中的金錢。在這個資本主義社會的圖像中，資本代表著兩種相關但是有所分別的元素。一方面資本是資本家（與那些「守財奴」，例如掮客與商人）生產與賺取的部份**剩餘價值**。在另一方面，資本代表著資本家的**投資**（在商品的生產與流通中），並期待在市場中獲得回報。資本，作為剩餘價值的一部份，可說是某種過程所產出的產品；資本也是某種投資過程，在其中生產與取得剩餘價值。資本同時被理解為投資及其生產的剩餘價值，指涉到投資與獲得更多剩餘價值過程中的回報／再製。正是統治階級能夠進行投資以及獲得剩餘價值。因此，馬克思的理論是一種立基於兩個階級之間的衝突性社會關係的理論。

這個理論的核心包含了幾個關於資本的重要概念。

首先，資本與商品的生產與交換存在密切的關係。在馬克思的理論中，商品指的主要是同時在生產與交換過程中，具有標價的有形物品。工人、勞動力與勞動價值是標價的一部分，並且被視為是商品生產中的「社會必須物」（socially necessary）。但是，商品正是透過它們的生產與交換而創造資本。工人在生產商品的過程中可說是必要的條件，但是他們卻臣服於商品本身。

第二，儘管資本或許是最終的結果，但是資本涉及的是過程而非僅僅只是某個商品或是價值。資本在資本家陣營代表的是某種投資的過程，可說是工人、土地／地租、器具與設備等等的集合與組織。這些項目伴隨著原始資本的投資、勞力與統合以及說服的社會行為。當產出的商品是用來交換以求取利益時，商品也就同時牽連到市場中的過程。

第三，作為這些過程的結果，任何結果性的資本都可視為某種附加價值（剩餘資本或是利潤）。資本的存在意味著商品的市場價值超過其生產價值或生產的花費。如果市場價值等於或是小於花費，將無法從商品中獲得資本，並且在實際上將產生赤字或是負債。

第四，資本在本質上是一個社會概念。資本伴隨著社會行為的過程。如同之前提到的，生產過程與社會行為有關。馬克思明白地指出使用價值依賴著「社會必要勞動」，因為並無任何客觀的價值或價格可以被用來計算勞動的支出與價值。依照這樣的解釋，交換過程同樣也是社會性的。

第五，資本家或生產者透過商品生產、交換與資本累積的循環，從商品的流通中獲得資本。資本是某種過程與最終結果，掌握在那些控制生產手段的人們手中。生產手段創造與累積資本。接著，資本加強對於生產手段的控制

（例如商品的流通與資本的流通，請見 Marx 1867/1995, Vol.1, Chaps.3-5）。在馬克思的理論中，工人獲得的薪資僅僅只能維持溫飽。換句話說，資本是產生自資本家對於生產的投資，並且爲資本家獲得的剩餘價值。

　　我將馬克思所提出的資本概念與其特點稱之爲**古典資本理論**（classic theory of capital）。其基本的論點，也就是資本是利潤產出的投資資源，爲後來所有的資本理論所承繼。然而，在馬克思的圖像中，投資與利潤皆歸於資本家所有。生產過程中的勞動並未替工人創造或是累積資本。古典資本理論立基於階級區分是資本社會的基礎這樣的詮釋性論點，剝削階級掌控生產手段，並且獲得所有由被剝削階級提供的勞動而創造出來的剩餘價值。接下來四十年的資本理論發展，進入所謂的**新資本理論**（neo-capital theory），基本上修正或是擺脫以階級理論作爲必要與必須的理論取向。這些重要的替代性資本論點包括人力資本（human capital）、文化資本（cultural capital）與社會資本（social capital）。

新資本理論：人力資本

　　人力資本認爲資本能夠歸屬於個別的勞工，這樣的論點可以追溯到亞當斯密（Adam Smith），他將一國人民所

有具備與可資運用的能力視爲資本的一部份（1937）。在
十九世紀末期與二十世紀早期，這樣的概念偶爾會出現在
經濟學的文獻中（von Thunen 1875; Fisher 1906）。當代對
於人力資本的理解可以歸功於強森（Johnson）、舒兹
（Schultz）與貝克（Becker）的研究（Johnson 1960; Schultz
1961; Becker 1964/1993）。強森（1960）認爲勞工可以成
爲資本家，但是這樣的結果並非來自企業股票所有權的分
散，如同資本主義公共關係的做法，而是由於他們所擁有
的知識與技術具備經濟價值之故。也就是說，藉由知識與
技術，勞工可以向資本家要求超過他們勞動的交換價值的
報酬。例如，某些勞工的知識與技術，讓他們的勞動時薪
超過那些不具備此類知識與技術的工人。

　　然而，人力資本論點首次的系統性呈現，是由舒兹
（Theodore W. Schultz）在美國經濟學會（American
Economic Association,1961）一九六〇年的會議中所發表
的主席演講所達成。在這一篇發展性十足的作品《人力資
本的投資》（Investment in Human Capital）中，他強烈地
譴責「無法將人類資源明確地視爲某種資本的形式，某種
生產的製造手段以及某種投資的產品，而助長古典勞動概
念的存續，此種概念（僅）將勞動視爲從事體力工作的能
力，而只需要微不足道的知識與技術，（所有）的勞工都
應獲得相同的報酬」（p.3）。除此之外，貝克（1964）則
強有力地以教育來說明人力資本，但是之後也加入許多其

他的因素[2]。

　　舒茲的挑戰與主張替人力資本理論建立了基礎，並為其他的經濟學家所鑽研，貝克（1964）便是其中的佼佼者。人力資本與物質資本（physical capital）不同，而是勞工擁有有利於雇主或企業在生產與交換過程中的知識、技術或是其他特質時所增加的價值。物質資本與人力資本的重要分別，在於人力資本是鑲嵌於勞工本身的附加價值。一般來說，人力資本可以透過教育、訓練與經驗來操作化與測量。勞工對於人力資本的投資不僅有利於企業或生產者，同時也有益於勞工本身。人力資本增添了勞工的價值，部份的價值可以透過協商而透過薪資與福利的形式由勞工保存，超出維持生命的最低需求。

　　因此我們可以設想，人力資本可以被視為任何對於勞工方面，並且可以在商品的生產過程中，帶來增加價值（M1）的結果的投資。根據舒茲的論點，這樣的價值有三種使用類型：用於(1)消費、(2)投資（人力資本）以及(3)消費與投資。由於區分第三種與前兩種的使用類型有其困難（例如分解這三種用途的 M4），舒茲指出人力資本的影響應該由其產生的效果，而非其花費來加以估計；

---

[2] 舉例來說，舒茲同時也指出不僅只有技術與知識的取得，衛生與遷移也會產生額外的經濟價值。貝克也增添許多其他的因素。然而，將所有維持或是改善生活的項目全都納入人力資本是相當危險的。而我選擇把焦點放在最初的意義上。

「最終收入的增加，就是投資的產生」（p.8）。實際上，
就人力資本來說，並未與馬克思概念有關的資本定義有著
截然不同的改變。人力資本仍舊是預期在市場獲得回報的
投資。從馬克思的觀點來看，這種附加價值（知識或技術）
讓資本家（雇主或企業）增加勞動的生產力（例如，勞動
力；Marx 1867/95, Vol.1, ch.6）。而因此，商品或是生產的
價值有所增加（無論是品質、數量或是兩者）。只要因為
這些附加能力所增加的薪資幅度，比這些附加能力所產生
的使用價值來得低，利潤就會增加，增加資本家的資本。
因此，人力資本可以被視為與馬克思主義分析的理論觀點
相一致：資本是從商品生產或交換中的資本家、生產者、
雇主或是企業的觀點出發來討論。

　　然而，古典資本理論卻仍遭遇一個重要的挑戰：也就
是資本家與工人之間階級區分不可變動的論點，再也無法
適用。如果工人能夠取得技術、知識以及其他資本來增加
他們的工時價值時，有兩件事會隨之發生：

　　1. M1 對於工人來說不僅僅只存在交換價值。技術工
　　　人的報酬或許能夠超越缺乏必要技術的工人所擁
　　　有的社會必要價值。相較於在生產線上作為可以替
　　　代的商品，技術工人現在可以為他們的勞動要求與
　　　索取更高的價格，因為在同樣的勞動單位（工時）
　　　中，他們可以帶來更高的產量。因此，M1 包含工
　　　人與資本家相似的使用價值。

2. M1 不再等同於 M4—也就是維持生命的必須薪資。相反的，M1 大於 M4。對於擁有資本的工人來說，他們的勞動存在著剩餘價值。也就是說，除了維繫生命的必要商品的支出外（商品 4），還留下某些價值，可以作爲(1)收入，可以用來投入資本生產的行爲，或是支撐休閒與生活方式所需，以及(2)資本（例如金錢與其他有價資源的累積）。

因此，儘管人力資本理論在實質上並未脫離古典（馬克思主義）理論對於資本的定義，卻挑戰了古典理論對於誰能或是誰不能取得資本的論點。社會結構的論點因此而被取代。任何人都能投入與取得資本。這不是一個同質的社會，因爲人力資本的取得與否，而存在著許多不同的機會與動機，也因此不同個人的勞動，在作爲商品時，其價值有所差異。除此之外，社會結構目前被想像爲由許多資本家等級所組成的階級系統，其中存在著廣泛跨越等級流動的可能，而非森嚴的雙元階級（two-class）體系。

這個替代性的觀點挑戰了古典資本理論的根本立場：也就是在資本主義國家中，資本家作爲生產資源的掌控者，從低度技術與容易取代的工人榨取資本。藉由指出勞工本身可以透過投入在經濟上具有生產性的技術與知識來累積資本，舒茲與強森讓勞工轉爲潛在的資本家，並且推翻馬克思主義階級區分與衝突的假定。然而，這樣的挑戰並未違背資本作爲一項產生剩餘價值的資源投資這

個主要概念。除此之外，人力資本理論將技術與知識視為
某種資源，並且因此宣稱具有技術與知識的勞工可以掌握
這樣的資本。

總的來說，人力資本理論在許多方面與古典馬克思理
論有著極大的差異。首先，馬克思理論關注商品的生產與
交換，而人力資本則把焦點放在與勞工相關的過程。如此
的重心改變具有重大的意義。在古典理論中，價值是藉由
工人的支出來評估，而非工人本身，因為工人被視為可以
被眾多、可及與相互競爭的工人所取代，因為他們只是在
生產過程中，提供微小而同質社會必要勞動。資本是來自
於商品交換的生產相對支出與價格之間的成功計算。但
是，在人力資本理論中，工人本身才是資本計算的核心，
而非工人所展現的勞動。就這個觀點而言，資本被視為同
時被當成勞工的附加價值來被計算，而非勞動或是商品。
換句話說，主要的理論取向已有所改變。勞動，不再被視
為資本家與工人之間衝突性關係的相關因素，而被看成勞
工本身具有生產力的資本。資本家與工人之間的社會關係
有所修正。勞工不再被視為可以被替代的商品；不同的勞
工具有不同的價值與報酬，端視他能夠用於生的資本而
定，這也就是人力資本。那麼勞工可以從何處獲得人力資
本呢？他們可以透過教育、在職訓練以及工作經驗；或是
藉由轉移到更需要他們的地方以及諸如此類的方式而加
以取得。這樣的看法全然推翻古典理論的核心觀點，後者

將資本與完全將生產手段掌握在手中的資本家連在一起。

其次，同時也與第一點有關，勞工現在可以視爲**投資者**，或至少是投資計畫的一部份。在最初的馬克思分析中，勞工提供他們的勞動來交換維持他們苟延殘喘的薪資。人力資本理論則清楚地假定，只要利潤被界定爲用於維繫其生存的支出以外的剩餘價值，那麼勞工其實是處於可以獲得利潤的位置。奢侈品與生活型態的誘惑，以及再投資的可能性，被馬克思視爲完全爲資本家所有，而現在則被認爲勞工同樣可以獲得與擁有。換句話說，資本以及它的生產與交換，對於參與生產過程的資本家與勞工來說，都是有意義而可能取得的。

第三個人力資本與馬克思的資本概念有所差異之處，在於前者認爲存在著加薪或是提高其他利潤形式的可能誘因，使得勞工因此具備取得技術與知識的**動機**。馬克思認爲勞動是一種目的性的行動（1876/1995, Vol. 1, ch.7）。然而，他指出在資本主義的體系中，勞動的目的是被「給定」或是由資本家所強加的。因此，工人的目的性行動是對應於生產的目的。工人的勞動不再代表或是表現他們的自由意志。但是，從人力資本理論的觀點來看，勞工投入取得技術與知識的投資，是由勞工本身經過損益計算後所驅動。這樣的計算驅使他們投資在所需的技術與知識上。這反映了某種的理性選擇，他們所採取的行動則是符合勞工個人利益的目的性行動。

　　最後，資本在古典理論中與生產與交換的過程有關。
最重要的例子中，資本被發展爲與投資或花費有關的剩餘
價值或利潤，也就是生產或交換過程的結果。在這樣的公
式下，對於勞動的投資只是支出計算的一環。但是在人力
資本理論中，沒有任何概念可以清楚地說明生產與交換的
過程。而勞力也不僅僅只是被視爲支出（花費）來被計算。
除此之外，勞動還被看成某種成果或是投資。事實上，在
人力資本理論的論點中，一個明顯的結論是人力資本應當
被視爲具備替勞工帶來**回報**與**收益**的功能。也就是說，「收
入增加的結果正是投資所產生的收益」（Schultz　1961,
p.8）。因爲獲得技術與知識而造成的人力資本發展，產出
經濟價值，使得勞工得以成爲資本家（Johnson,　1960;
Schultz, 1961, p.3）。

　　分析的焦點轉向到技術與知識作爲勞工投資的微觀
生產結構，並不必然忽略了古典理論中資本家剩餘價值的
鉅觀生產過程。具有較佳人力資本的勞工讓他們更能被勞
動市場所接受，因爲資本家與管理階層能夠藉由雇用這些
勞工來取得這樣的人力資本。然而，他們獲得的勞動不再
如同馬克思所認爲的，只是生產過程中可以輕易被加以替
代的元素。勞工之間不同的人力資本分配，使得生產者與
資本家必須依據他們的相對支出（薪資與福利），來計算
每一個他們雇用的勞工所具備的人力資本的附加價值。因
此，如果附加的人力資本，值得讓資本家支付受雇勞工比

維持他們基本生存所需更好的薪資與福利時，換句話說，當不存在其他廉價的替代品時，資本家便將支付這樣的價格。誘人的薪資與福利留住具備較佳人力資本的勞工，並且誘使他們在質與量上對於生產商品的市場價值作出貢獻。較佳的福利同也讓這些勞工能夠享有休閒，或是藉由投資進一步生產他們擁有的資本（更多的教育與訓練）。

如此對於古典理論的顛覆所代表的極端重要性，可從人力資本研究中兩個認識論的意涵看出。首先，勞工可以成為資本家，因為他們可以享有他們勞動的剩餘價值。因此，兩個階級的分別變得模糊不清。因為勞工可以透過取得人力資本成為資本家，或是至少因為資本被認為是由參與商品生產與交換的資本家與勞工所共享（但是經常是不平等的），勞工取得人力資本現在變成符合資本家與勞工兩方的利益。階級之間的對立與衝突轉為某種合作性的企業，對企業有好處就是對工人有好處，反之亦然。

研究者現在把焦點擺在勞工人力資本的取得與投資。生產過程及其對於資本家的效用（與資本家的操作）倒退成為背景。除此之外，人力資本也承載著勞工自利性的目的性行動，簡單的投資與回報計算現在可以為勞工本身所應用，而獨立於商品生產與交換的脈絡之外。因此，對於勞工與資本家之間的關係來說，唯一有意義的脈絡是勞動市場，在勞動市場中，交換是介於鑲嵌在勞工的人力資本，以及對於此人力資本的需求之間。相較於關注資本

家對於勞動利潤的佔有，取而代之的是對於人力資本的供
給與需求之間配合的分析檢驗。是勞工，而非資本家或管
理者，會因爲勞動力的價格與價值而獲益或是遭受損失。
舉例來說，如果勞動的價值偏低，是因爲人力資本的缺
乏，而非剩餘價值或資本遭到資本家剝削。

其次，有關教育與薪資之間的連結的研究，構成人力
資本分析的核心區域。由於教育的成就被視爲技術與資本
的主要投資指標，因而也成爲個人在勞動市場的主要資
產，讓他們得以進入較佳的公司並且獲得更高的薪資。我
們必須注意到在此方程式中，並未納入其他不同性質的人
力資本。馬克思在他的勞動剝削與佔有的理論中，所使用
的關鍵性分析工具—資本家對於生產手段的控制—現在
因爲勞工本身的自由意志與自利取向，而成爲分析生產的
工具。

我之所以將人力資本理論稱呼爲新資本理論
（neo-capital），是由於其對於生產與消費市場中的社會關
係的詮釋，與古典理論所預設的基本結構迥然不同。

文化資本：一個論點

並非所有的新資本理論家皆認可將人力資本視爲工
人自由意志或自利的產物的詮釋。一個明顯有別於人力資

本的替代性理論解釋是文化資本（cultural capital）。布迪厄（1990；Bourdieu and Passeron 1977）將文化界定為一個由象徵符號與意義所組成的系統（Jenkins 1992,p.4）。他認為社會的統治階級透過從事教育性（pedagogic）的行動（如教育）而強加其文化，讓統治性的符號與意義得以內化到下一代，因此而再製統治文化的優越地位。所以，依照布迪厄的論點（1972/1977,1983/1986），文化資本從社會實踐的概念以及符號與意義的社會再製中，衍生其分析性的貢獻。由於考量到目前討論的主旨，我將把焦點放在他有關社會再製（social reproduction）的作品，這些作品與實踐的理念與過程有著本質上的關連。

對於布迪厄來說（Bourdieu and Passeron 1977），社會再製是統治階級對於非統治階級所強加的「象徵暴力」（symbolic violence）。象徵暴力發生在教育行動中，透過此一過程，統治階級的文化與價值變得具有正當性，如同社會中「客觀存在」的文化與價值，而不會被視為或是被注意到是支持與維繫統治階級的文化與價值。換句話說，透過教育行動，統治階級的文化與價值被「誤認」為整個社會的文化與價值。這樣的教育行動發生在家庭、非正式團體以及正式場合之中，而最重要的是透過教育，特別是學校體系（制度化的教育）。在教育系統中，代理人（如教師與行政人員）不僅學到與誤認統治文化與價值是普世而客觀的，同時也透過獎懲那些再製統治文化與價值的學生，將「知識」傳授給下一代[3]。

而文化再製的結果是某種內化與持續的訓練，也就是所謂的習癖（habitus）。透過文化再製的誤認與過程，象徵暴力得以存在於勞動市場中（社會「場域」），並且強化教育性的獎懲（Bourdieu 1990）。那些習得與誤認這樣的文化與價值為是他們所擁有的學生，在勞動市場中將因為受到由統治階級所控制的組織雇用，而得到獎賞。因此，誤認在教育系統中得到增強，並讓其他的學生繼續誤認取得學校所傳授的文化與價值的必要性以及帶來的好處。

接著，象徵暴力最重要的特點是教育性的過程，據此統治文化與價值可以在毫無抵抗或甚至是缺乏意識知覺的情況下，為眾人所接受，甚至被視為理所當然。統治文化及其價值（即具正當性的知識）的獲得與誤認被稱為文化資本。這是一種社會再製，或說統治階級價值再製之中的魔術。

對於布迪厄來說，被某些人看成人力資本的教育或是任何訓練，實際上對於其他人來說是一種文化資本，這是明顯無誤的。不同的觀點對於相同的實際現象（例如教育），有著極為不同的認知；它們代表的是理論詮釋上的

---

[3] 布迪厄本身不斷地重申他並非結構主義者或是馬克思主義者。然而這裡的詮釋對應著他的作品，而可以透過閱讀他的著作來加以判斷。透過一個學者的實踐（寫作）作判斷，應當比依靠學者本身的宣稱來得正確，而布迪厄自己也這麼說過。

根本分別。布迪厄的象徵暴力與社會再製呼應馬克思的立場。它們反映出一個階級（資本家或是統治階級）與其價值對於另一階級（工人或是被統治階級）的壓迫；而剝削後者以圖利前者的關係，將因為這樣的價值系統而被證成。除此以外，布迪厄同時也將利潤（資本）視為社會或是社會場域中永恆衝突的利害所在（Wacquant 1989）。事實上，他界定了廣泛的關鍵資本，像是經濟資本、社會資本（與重要人物的關係）、文化資本以及象徵資本（特權與榮譽）（Bourdieu 1980, 1983/1986）。我們清楚的了解，布迪厄認為這些形式的資本大多掌握在統治階級手中，因為他們佔據著社會的優越位置。

此一詮釋的發展脈絡或許可以追溯到馬克思的資本概念。同樣假定著馬克思所描述的社會關係；存在著一個階級，或說資本家階級，控制著生產手段，掌控著教育行動的過程或是教育機構（像是家庭與學校）。在生產（學習）的過程中，工人（學生或兒童）投資教育過程，並且內化統治階級的文化。此一文化的取得准許或許可勞工進入勞動市場、賺取酬勞，以及維持他們生活所需的花費。資本家，或說統治階級，則獲得文化資本，作為他們在商品流通（被教育的大眾）與控制生產手段（教育機構）中的經濟資本與累積資本此兩類資本的補充。

然而，在同一時間，布迪厄有關文化資本的作品也分享著舒茲與貝克關於人力資本的著作的特點。與馬克思不同，布迪厄把重點放在勞工，以及取得資本與市場的關係。他清楚地指出外在社會結構（例如某一文化的統治及其文化與價值）對於象徵暴力與社會再製，以及用來創造與強加誤認於行動者與勞工的教育行動的過程，是極為重要的。但是，對於布迪厄而言，統治集團永遠只是潛藏於背景之下的潛在力量，而非分析的第一線。也就是說，文化資本的分析涉及的是微觀與中程結構（mesostructure），而非鉅觀結構的分析。

布迪厄（1972/1977）也並未排除目的性行動或是行為選擇。在他有關社會行為與互動（實踐）的研究中，他明白地指出機會與限制之間，以及分屬欲望（主觀期待）與可能成立（客觀可能性）之間的計算（策略化）（1990）。在剝削與被剝削階級的分野上，布迪厄也不如馬克思般的嚴格。因為他將社會（場域或領域）視為由不同位置所構成的網絡，而較佳的位置則相互鬥爭（Wacquant 1989）。事實上，某些統治階級的成員可能會競爭與佔據擁有此類資本的位置，因為他們已經誤認與取得這樣的統治價值。這些特點反映出文化資本理論的新資本理論立場，而與馬克思的古典資本理論有所差異。

另一個與馬克思斷裂之處是布迪厄並未預設累積經濟資本與文化資本之間的完美呼應。某些經濟資本家並未擁有文化資本，而某些文化資本家在經濟上並不富裕。此一並不完美的對應，對於部份勞工開啓了一條可能的途徑,允許他們使用他們的文化習癖在統治階級中取得立足點。我們可以想像到他們可以成為教育機構的一部份,並且因為他們的文化資本在勞動市場中獲得報酬。布迪厄並未推演他的分析至此階段,但是他留下的是社會流動過程與主體施為(agency)可能性的開放。

從圖 1.1 所描繪的分類來看,我們可以將布迪厄有關誤認或是再製象徵與意義的作品,建構了必要的勞動,或說商品三,在由文化精英或資本家掌握的市場中,進行雇用與報酬的交換,他們可以使用文化再製與他們統治的勞動,因此形成他們的剩餘價值與資本。然而,就在同時,勞工透過向精英提供他們文化再製過的勞動取得回報,並且產生剩餘價值與資本,因此他們本身可以再投資而累積文化象徵與意義,在他們與精英的關係中向前邁進,並藉此改善他們在社會的相對地位。在此一詮釋之下,我認為布迪厄的文化資本是一種帶有古典理論元素的新古典資本理論。

新資本的理論性詮釋:結構限制的行動

我們現在可以將這兩種新資本理論共享的兩個批判性元素作一總結。首先,我們很清楚的看到解釋的焦點已經從古典馬克思理論所代表的鉅觀分析層次,轉移到新資

本理論所著重的微觀分析層次。相較於將將資本視爲社會
中階級剝削的一部份，新資本理論則偏好微觀層次的解
釋，也就是個別的勞工如何作爲行動者，投入必要的投
資，以便讓他們在市場中能獲得剩餘價值。

　　朝向微觀層次詮釋的轉移，並非意味著排除較大的鉅
觀層次或是結構在資本化過程的影響。文化資本理論明確
地強調統治階級隱藏在資本化過程背後的那隻「看不見的
手」。然而，我認爲，是個別的行動者，無論是勞工或是
可能的勞工，才是分析的焦點。

　　其次，行動或選擇成爲新資本理論的重要元素。在古
典理論中，行動僅僅屬於資本家一方，而勞工只是在生產
以便替資本家創造剩餘價值的過程中，那些無助而可被替
代的要素。因此，勞工別無選擇，只有提供他們廉價的勞
力到生產過程之中，來交換維持生命所需。在新資本理論
中，勞工現在可以獲得與保留部份他們勞動所產生的剩餘
價值。在某種程度上，此與個別勞工決定是否與投入多少
的努力與投資，以獲得有用的技術與知識有關，而他們可
以將這些技術與知識「賣」給生產者，以便分得更多生產
過程中經由勞動所產生的剩餘價值。這樣的行動選擇在人
力資本理論中是重要，而且有時甚至是唯一的解釋因素。

　　當然，不同的個人能夠選擇的範圍也是有所限制。無
論出身背景爲何，不同個人的身體健康與心理健康有所差
異，而用來資本化的選擇也有不同。人力資本理論甚至將

家庭與其他的個人特質（性別與種族等等）納入考量。事實上，文化資本強調社會中階級結構扮演的角色，以及此一結構對於個人行動的影響。結構或是階級位置不只可以界定市場中具有不同價值的資本類型，同時，更重要的是它們能夠支配非特權階級應該採取何種行動，以便獲得具備價值的技術與知識。

簡而言之，新資本理論強調個人行動與結構位置在資本化過程中的互動。儘管每個特定的理論可能著重於前者或後者，但是它們皆認為正是這樣的互動，或是結構限制中的選擇行動，可以說明資本化的過程。

然而，這樣的互動在人力資本與文化資本理論中，大多只是扮演背景的角色。人力資本理論明白地選擇著重於資本化的選擇行為。文化資本理論則強烈地主張統治階級在各種資本中具有廣泛的優勢，以及在教化過程中強加他們的文化與價值。但是，此種解釋基本上是假設而非證明。在每一個社會（沒有一個社會不存在文化）所觀察到的統治價值或文化，被設定是由統治階級所支配，而這些價值與文化的教育或教化，或是誤認則被認定為教育的過程。

對於結構與行動之間互動更為明確的解釋，仍是由另一個新古典資本理論所提供，也就是社會資本理論（social capital theory）。這個理論將是本書主要的分析核心。下一章將討論此一理論的發展。

第 2 章

社會資本：

經由社會關係所得到的資本

　　隱藏在社會資本概念背後的前提其實是簡單而直接的：**對於社會關係的投資，並期望藉此在市場中獲得回報**。這樣概略性的定義與許多對於此一討論頗有貢獻的學者所提出的詮釋相一致（Bourdieu 1980, 1983/1986; Lin 1982, 1995a; coleman 1988, 1990; Flap 1991, 1994; Burt 1992; Putman 1993, 1995a; Erickson 1995, 1996; Portes 1998）。而被選定分析的市場可能是經濟、政治、勞動或是社群。個人參與互動與網絡是爲了製造利益。這樣的情況代表資本理論大量延伸到許多層面，以及新資本理論的重要擴展。兩種我們所討論的新資本理論，人力資本與文化資本，認爲資本是對於個人資源的投資，以便在生產中獲得利益；儘管它們對於生產（技術與知識之於價值與規範）與利益（對於個人的經濟回報之於統治文化的再生產）的本質卻有不同的界定，但是卻都強調資本是個人具有與投資的資源。資本被視爲個人行動者的投資或生產，而不

論個人被看成獨立、單子式而隨機分佈於社會的元素，如
人力資本理論的看法；或是個人被教化而接受統治價值，
如文化資本的觀點。

　　但是某個獨特觀點已經隨著新資本理論的前進而業
已開展，這個觀點就是社會資本的概念，也就是透過社會
關係所取得的資本。在此種取徑之下，資本被視爲由行動
者在他們所屬網絡與團體中，有利於聯繫資源與取得資源
而產生的社會資產。

社會資本為何有用？

　　一般而言，有四種解釋可以用來說明爲何鑲嵌於社會
網絡的資源，能夠增強行動的結果。首先，**資訊**
（information）的流動變得容易。在一般不完全的市場情
境中，位於特定策略位置與／或階層地位（並因此能對於
市場的需求與需要獲得更佳的資訊）的社會連帶，能夠提
供個人其他位置無法提供關於機會與選擇的有用資訊。同
樣的，這些連帶（或說他們的連帶）也可以提醒組織（位
於生產或消費市場中）及其行動者，或甚至是社群，關於
某個誤認個人的可及性與可能帶來的利益。這樣的資訊將
降低組織在徵補較佳個人（擁有技術、專業或文化性的知
識）時所需的交換成本，而對於個人來說，他們可以找到

更好的組織，讓他們能發揮本身的資本，並得到適當的報酬。其次，這些社會連帶能夠**影響**企業代理人（例如組織的招募人員或主管），而這些位置對於行動者的未來（聘僱或升職與否）扮演著關鍵性的角色。某些社會連帶，由於它們的策略位置（例如結構洞，structural hole）與地位（例如權威或監督能力），對於組織代理人的決策，具有更多有價值的資源以及更大的權力（例如在這些互賴的代理人之間的不對稱關係）。因此，「他們的一句話」（putting in a word）對於與行動者有關的決策過程是有相當的份量。第三，社會連帶，以及他們與個人之間公認的關係，可能會被組織或其代理人視為**社會文憑**（social credential）的證明，部份的連帶反映個人透過社會網絡與關係取得資源的可及性，也就是他或她的社會資本。隱藏在個人背後的連帶（standing behind），讓組織（與其代理人）確認個人能夠提供超越本身的資本以外的資源，而部份的資源或許對於組織有所助益。最後，社會關係被期待能加強認同與認知。確保與認可個人的價值所在，以及作為社會團體的一員，分享相同的利益與資源，不只能提供情感上的支持，同時也是對於某人宣稱擁有特定資源的公開承認。這樣的**強化**對於心理健康的維持，以及取得這些資源的權利是不可或缺的。這四個要素—資訊、影響、社會文憑以及強化—或許能解釋為何社會資本在工具性（instrumental）或情感性（expressive）行動中的效用，無法透過個人資本的形式，如經濟資本或人力資本來加以說明[4]。

不同的觀點與聚合的概念

　　社會資本在理論與研究上可說是較爲晚近的發展。儘管早期的學者（Loury 1977,1987;Ben-Porath 1980）曾指出資源的現象，以及經由社會關係的資本，甚至是使用**社會資本**一詞，但是一直到八〇年代，幾位社會學家，包括布迪厄（Bourdieu）、柯曼（Coleman）與林南（Lin），才各自探究較爲細部的概念，並引起研究社群的注意。

　　從對於報酬或利益會流向哪個層次的預設，也就是利益是爲團體或個人所產生，我們可以區分出兩種觀點。在第一種觀點中，焦點集中於個人對於社會資本的使用，個人如何接近與使用鑲嵌於社會網絡的資源，並透過工具性行動獲得利益（像是找到較好的工作），或是在情感性行動中保留所得。因此，在此種理性的層次上，社會資本可說與人力資本的性質相仿，因爲兩者都假定個人將因爲期

---

[4] 另一個要素，控制，也被認爲是社會資本的效用。我認爲控制同時反映了網絡位置與階級地位，對於社會資本本身的定義相當重要。因此，資訊、影響、社會文憑與強化，是解釋爲何社會資本有用或具備控制效果的所有因素。

待能獲得回報（某些福利或利益），使得個人願意投資其中。個人回報的聚合同時也有利於集體。無論如何，此一觀點的分析重心是(1)個人如何投資社會關係，以及(2)個人如何獲得鑲嵌於關係中的資源，並以此獲得回報。

　　舉例來說，林南（1982）認為存在著兩種資源類型，是個人可以加以取得與使用的：個人資源與社會資源。個人資源是由個人所擁有的資源，包含對於材料與象徵物品（例如證書與學位）的所有權。社會資源則是透過個人的社會連結所取得的資源。個人擁有不同的社會資源，端視他們的社會連結的廣度與多元性而定。

　　除此以外，這些資源可以因為獲得回報的考量而被「商借」（borrowed）。一輛從朋友那裡借來的車可以用來搬運家庭物品，而一句老同學的好話，可以增加某人的父親找到工作的機會，這些都是運用社會資源的例子。在本書的後半段將愈加清楚，無論是在質或量上，社會資源對於個人的潛在用處要比個人資源來得巨大。

　　對於福萊普（Flap,1988,1991,1994）而言，社會資本同時也包括被動員的社會資源。福萊普細分出三種社會資本的元素：(1)屬於組成某人社會網絡的一員，同時「當有需要時，能準備好或有義務提供協助」；(2)能夠快速提供幫助的關係強度；以及(3)這個成員所具備的資源。對於福萊普來說，社會資本是由與中心個人（ego）具備穩固關係的連帶成員（alters）所提供的資源。因此，社會

資本是社會資源的可及性，以及連帶成員（alters）提供
這些資源與協助的意願下的產物。

伯特（Burt,1992）的作品也反映出這樣的觀點。網
絡位置代表與創造競爭的優勢。連結著能提供其他人無法
取得的資源的節點（nodes）及其佔有者的位置，為這些
「結構洞」（structural hole）位置的佔據者帶來珍貴的資
源，而對於其他觸及這些位置的點與其佔有者來說也是如
此。

另一個有關社會資本的觀點則著重於團體的層次，這
樣的討論多半涉及(1)特定的團體如何發展與在某種程度
上維持社會資本作為一種集體的資產，以及(2)這樣的集
體資產如何強化團體成員的生活機會。布迪厄
（1980,1983/1986）與柯曼（1988,1990）曾廣泛地討論此
一觀點，而普特南（Putnam,1993,1995a）的實證研究更是
重要的作品。除了認知到個人互動與聯繫是發展社會資本
所不可或缺的，此一觀點的核心旨趣則是探究集體資產的
生產與維持過程中的要素。

布迪厄（1983/1986）認為資本有三種型態：經濟資
本、文化資本與社會資本。對於他來說，社會資本是由「社
會資本或聯繫所構成」。社會資本是「與持續性的相互認
識與認同的制度化關係所形成的網絡—換句話說，就是團
體的成員資格—有所聯結的實際或潛在資源」（p.248）。
團體提供所屬成員集體擁有的資本，而賦予他們一定的信

賴。在此種形式之下，資本意味著某人連結的網絡所擁有
資本容量（經濟、文化或是符號）及其規模的大小。換句
話說，對於布迪厄來說，社會資本端視某人聯繫的規模，
以及這些聯繫所擁有的資本容量或總量而定。除此之外，
社會資本是一種由特定團體，有著明確的界線、交換義務
與相互認同的成員所共享的集體資產。

　　此外，布迪厄視社會資本為某種團體成員的產出。透
過重複的交換加強相互認知與界線，以便確認與再確認集
體的資本，以及每個成員對於此一資本的所有權。最後，
對於布迪厄來說，社會資本指示經濟資本的偽裝。在他最
後的分析中，「經濟資本是所有其他資本的來源」，包括社
會資本以及「所有其他類型的資本在最後的分析中，都將
化約為經濟資本」（pp.252-253）。那麼，總而言之，布迪
厄將社會資本視為由某個社會網絡或團體的成員所擁有
的資本形式。透過成員之間的聯繫，資本可以被當成信任
而被成員加以使用。在此意義之下，資本是某種集體資
產，賦予成員信任，而當成員持續投資此一關係時，將會
維持與加強其效用。

　　對於柯曼而言，社會資本包含兩個部分：社會資本是
某種社會結構，而社會資本也有助於處於結構之內的個人
的特定行為（1990,p.302）。結構是否能成為資本，端視此
一結構是否能對於特定個人的特定行為有所幫助。因此，
社會資本不能跨越個人或行為的替代使用。社會資本是一

種由關係中取得的資源，無論是實際或是潛在的資源。在他的社會行動（social action）架構中，柯曼（1990）描述行動者如何掌控對其有利的資源，以及他們如何對於至少是部份掌握在其他行動者的事件（或是事件的結果）產生興趣。因此，為了從某項事件獲得利益，行動者需要參與資源的交換與轉換。這些社會關係對於個人行動者的行動發揮著重要的協助作用；它們也就是社會資本的基礎。

柯曼（1990）透過南韓學生間的秘密社團（p.302）或是俄羅斯革命前共產黨運動的工人組織（p.304）的例子加以說明，這些團體不僅為個別參與者提供社會資本，同時也為社會運動本身建構了社會資本。家長教師聯會（Parent-teacher associations，PTAs）與其他的社會組織讓個別的家長與學生能夠達成個人的目標，同時也提供學校與所有的行政人員、老師、學生與家長與學校密切聯繫的資源。柯曼舉出一個例子，一位母親之所以從底特律搬到耶路撒冷，是因為她的小孩在自行上學或到公園遊玩時會較為安全，藉此作為另一個說明個人行動者如何調適集體，或說社群中存在的社會資本。因此，對於柯曼與布迪厄來說，密集或封閉的網絡代表著某種手段，透過這樣的網絡能夠讓團體維持與再生產集體的資本。

普特南有關民主社會中——例如美國——的自願性團體參與的研究，也強烈地反映出此一觀點的運用。他認為此種社會團體與參與的程度，意味著某一社會所擁有的

社會資本的程度。這些團體與參與促進與強化集體的規範
與信任，對於集體福祉的生產與維持更是重要（Putnam
1993,1995a）。

　　儘管此兩種觀點對於社會資本的效用與可以達成的
結果的說明，在層次上並不相同，但是所有的學者皆認
為，正是互動的成員讓這樣的社會資產的維持與再製成為
可能的觀點。此一共識性的觀點讓社會資本在新資本理論
陣營中佔有一席之地[5]。因此，布迪厄、柯曼、林南、福

---

[5] 兩種主要而不同的理論位置區辨出學者們屬於視社會資本為集體資產的
　　陣營。對於布迪厄來說，社會資本代表某種過程，透過此一過程，統治
　　階級的成員藉由相互的認可與認同，加強與再製掌握各種資本形式（經
　　濟、文化與符號）的優勢團體。這樣的團體與其成員因此會冠上高貴的
　　地位與頭銜。因此，社會資本是另一種維繫與再製統治階級的方式。我
　　會將此一理論位置定位為將社會資本視為階級（特權）財。其他將視為
　　集體資產的社會資本觀點則是以柯曼與普特南為代表。柯曼，儘管將社
　　會資本界定為社會結構的特性與資源，且能為個人的特定行動有所助
　　益，卻也強調社會資本是某種共善。這些集體性的資產與特性能被團體
　　成員所使用，無論是社會團體或社群皆是如此，而無關乎是哪些成員在
　　實際上促進、維持或對於此一資源帶有貢獻。由於社會資本是一項公共
　　財，因此必須依賴個別成員秉持著善意而非抱持搭便車（free-rider）的
　　態度來加以維繫。因此，規範、信賴、處罰、權威與其他結構性的特徵
　　對於社會資本的維繫極為重要。如果我們必須去追溯這兩個解釋架構的
　　發展，我們或許可以說特權財（privileged-good）觀點主要是馬克思資本
　　理論中的社會關係的延伸與精細化，而公共財的觀點則主要是涂爾幹
　　（Durkheim）式或整合性的社會關係觀點的延伸與精細化。

萊普、伯特、艾力克森（Erickson）、波帝斯（Portes）與其他學者皆認為社會資本包含鑲嵌於社會關係與社會結構的資源，而當行動者想要增加其目的性行動的成功機會時可以被加以動員。如同人力資本，社會資本是行動者為了增加意圖性行動成功的機會所進行的投資。與人力資本不同的是，人力資本代表的是對於訓練或是其他獲得技術、知識與認證的行為計畫的投資，而社會資本則是對於社會關係的投資，透過社會關係而取得或商借其他行動者的資源。在社會資本的概念被運用於廣泛的行動（例如搬到不同的社區以求小孩的安全；社會運動參與者的動員，請見 Coleman,1990），以及鉅觀（例如自願性與社群性的組織以及社會團體的參與者數量和參與程度，請見 Putnam,1993,1995a）與微觀（例如找工作與升遷，請見 Lin、Ensel 與 Vaughn,1981;Burt,1997）兩種層次的研究的同時，凝聚了某種共識（Portes,Burt,Lin），認為社會資本作為一種創造性的理論（theory-generating）概念，應當被放在社會網絡的脈絡下觀之：社會資本是透過佔據策略性的網絡位置（伯特）與／或重要的組織位置（林南）的社會連帶所取得的資源。在本書中，我將使用這樣的概念。

在此概念中，社會資本可以被操作性的界定為**鑲嵌於社會網絡，並被行動者為了其行動所需而獲得與使用的資源**。因此，這個概念可以被分為兩個重要部份：(1)此一概念代表資源是鑲嵌於社會關係而非個人，以及(2)此類資源的取得與使用則有賴於個人。第一項描述，社會鑲嵌的資源，使得社會資本與其他的資本類型之間，能夠進行相應的分析。舉例來說，人力資本，被經濟學家（舒茲與貝克）認為，代表個人對於取得在特定市場中（例如勞動市場）具有效益的特殊技術與知識的投資。而社會資本同時也能被設定為個人對於有利於特定市場的人際關係的投資。因此，社會資本的第二個部份必須反映出個人意識到在他或她的關係與網絡中，存在著這樣的資源，並請作出決定而援引特定的資源。或許有某些連帶與關係並未出現在個人的認知地圖上，個人也就因此無法意識到它們的存在。只有當個人意識到它們的存在，以及意識到他們所擁有與獲得的資源為何時（這些社會連帶同樣也具備屬於它們的網絡），個人才能資本話這些連帶與資源。從下一章開始，我們將系統性的呈現此一概念。

爭議與澄清

在我開始進行概念的說明前，必須先討論與釐清某些爭議。具體地說，觀點的分歧造成某些理論性與測量上的困擾。進一步的混淆則來自部分攸游於不同層次的討論所致。舉例來說，布迪厄提供一個結構性的觀點，以統治階級與特權團體的再製作為社會資本的主要解釋，而社會資本意味著(1)團體或網絡的規模，以及(2)成員所擁有的資本總量的集合（Bourdieu 1983/1986,p.248）。這樣的說明只有在假定所有的成員皆維持著強烈而互惠的關係時（一個全然密集或是制度化的網絡），才能成立，因此，關係的強度並未納入計算。但是，布迪厄同時也說明個人的互動與相互認同以及認知的加強，在網絡或團體內部是如何進行。柯曼（1990,Chap.12）除了強調個人如何藉由使用社會結構性的資源，讓他們（個別）的

行動能獲得更好的結果以外，也對於強調信賴、規範、懲罰、權威與封閉的社會資本本質進行相當程度的討論，而視為社會資本概念的部分或是特定形式。在我們開始建立一個清楚的社會資本理論，透過這些觀點辨認與區分相關爭議，同時建立基本的了解是極為重要的。我將這些爭議以表 2.1 呈現。

表 2.1 社會資本的爭議

爭議	主張	問題
集體或個人的資產（柯曼、普特南）	社會資本是集體資產	與規範和信賴相混淆
封閉或開放的網絡（布迪厄、柯曼、普特南）	封閉或是密集（dense）的團體	階級社會的觀點與動員性的缺乏
功能的（柯曼）	社會資本是由其對於特定行動的影響來表現	套套邏輯（tautology，原因是由結果決定）
測量（柯曼）	並未量化	是嘗試錯誤（heuristic）而非證偽（falsifiable）

　　一個源自於鉅觀之於理性層次觀點的重大爭議，是社會資本屬於公共財（collective good）抑或是個人財（individual goods）（請見 1998 年波帝斯的評論）。絕大多數的學者同意社會資本既是公共財也是個人財；也就是說，鑲嵌著資源的制度化社會關係，被認為有益於集體以及集體中的個人。在團體的層次上，社會資本意味著成員以網絡形式互動時，造成某些有價值資源（例如社會聯繫中的經濟、政治、文化或社會資源）的集合。問題發生在當社會資本被視為集體或公共財，而伴隨著信賴、規範與其他集體或公共財被加以討論時。我們可以在文獻中發現，某些用詞變成替代或是相互取代的詞彙或估量用語。與社會資本根源的個人互動與聯繫相分離，社會資本變成

僅僅只是流行的用語，變成描述或呈現社會整合與團結
（solidarity）的建立與改善的廣泛脈絡。接下來，我將說
明社會資本作為一種關係性的資產，必須有別於文化、規
範、信任等諸如此類的集體資產與公共財。因果關係的命
題可以被系統性的闡述（例如集體的資產，像是信賴，有
益於關係與網絡，同時增強鑲嵌於其中的資源能發揮更大
的效用，反之亦然：請見第十三章），而不能被視為它們
全都是可以相互替代的社會資本形式，或是可以透過其中
一個來做解釋（例如，信賴就是資本；Paxton 1999）。

　　另一個爭議則牽涉到社會資本的集體層面，我們是否
必須預設或是預期社會關係或社會網路是封閉而密集的
（ Bourdieu 1983/1986;Coleman 1990; Putnam 1993 、
1995a）。布迪厄從他的階級觀點出發，認為社會資本是統
治階級（無論是團體或網絡）的成員對於相互認知與認識
的投資，以便維持與再製團體的團結與團體的統治地位。
團體內部的成員資格是依據明確的界線（例如特權、頭銜
與家族）而排除外來者。團體的封閉性以及團體內部的密
度是不可或缺的。當然，柯曼並未假定這樣一種階級的社
會觀點。然而，他卻也將網絡的封閉性視為社會資本的一
大優勢，因為正是這樣的封閉性，得以維持與增強信賴、
規範、權威與懲罰等諸如此類的項目。這些團結的力量能
夠確保網絡資源的被動員。

　　我相信社會資本的效用必須符合網絡密度或是封閉

的條件，是不必要也是不實際的。社會網絡的研究已經關
注到網絡之間的橋樑（bridges），對於獲得資訊與影響流
通的重要性（Granovetter 1973;Burt 1992）。認為封閉性或
是密度是社會資本的必備條件的主張，等於是否認橋樑、
結構洞與弱連帶（weaker ties）的重要性。強調密集或是
封閉網絡的主張源頭，是因為考慮到特定的利益結果（Lin
1986,1990,1992a）。對於**資源的保存與維繫**來說，較為密
集的網絡或許具備相對的優勢。因此，對於特權階級而
言，較為封閉的網絡將有利於資源的保存與再製（例如
Bourdieu 1983/1986），或是便於某個母親搬往一個較具凝
聚力的社區，以確保她的小孩的安全。另一方面，對於**尋
找與取得**目前並未擁有的資源（也就是工具性行動），例
如找工作或是換工作（如 Lin、Marsden、Flap、Burt），
取得或是擴展網絡中的橋樑應該是更為有益的。相較於堅
持封閉或開放的網絡是必備的，我們應當更加在理論上進
行(1)概念化結果與其所處的條件是較為密集或是稀少的
網絡之間的關連，可能會得到更好的回饋，以及(2)提出
演繹性的假設（例如，一個較為密集的網絡將更可能促進
資源的分享，並將回過頭來維持團體或個人的資源；或是
開放的網絡將更可能取得優勢位置與資源，並將倒過來強
化獲得額外資源的機會）以便進行實證的檢驗。

　　第三個必須被加以澄清的爭議，則是柯曼有關社會資
本是任何對於個人的特定行動產生助益的「社會結構資

源」(social-structural resource)。他指出「社會資本是由其功能來界定」,以及「它並非是一個單一整體,而是具備兩種特性的多樣分殊實體:它們全都由社會結構的某些部份所組成,以及它們有利於身處於此結構的個人的特定行為」(1990,p.302)。這樣的**功能觀點**隱含著某種套套邏輯:等到或如果發揮作用時,我們便能指出社會資本;社會資本的潛在因果關係只能透過其效用來捕捉;或是它是否是一種投資,必須依賴對於特定個人的特定行動的回饋而定。因此,原因是由後果所界定的。明顯的,我們不可能建立一個原因與後果同時混入某一功能的理論。這並非反對假定某種功能性的關係(例如鑲嵌於社會網絡的資源有利於得到更好的工作)。但是兩個概念應當視為分離的實體,而各自加以測量(例如,社會資本是對於社會關係的投資,而較好的工作則代表著職業地位或是管理階層)。由結果變項來指出原因變項的特性是不恰當的,(例如,對於行動者 X 來說,家族連帶是他的社會資本,因為他們讓 X 得到好的工作,而對於行動者 Y 來說,家族連帶並非他的社會資本,因為他們並未讓 X 得到好的工作)。假設性的因果關係或許會受到其他因素的影響(例如,家庭的特性或許會影響建立人力與社會資本的機會),而必須透過一個更為精緻的理論來加以說明。一個理論必定會因為條件變項成為主要概念的定義的一部份,而快速地失去其簡約性(parsimony)。事實上,如果必須完美的預設各個案例與每種情境，必定有人會質疑這個理論是否還算是個理論。

或許與此一無法將社會資本及其結果的觀點有關——也或許與他將社會資本視為公共財的論點有關，社會資本具備許多不同的形式，像是信賴、規範、懲罰與權威等等——柯曼質疑道「社會資本的概念是否能在社會科學領域中成為一個有效的量化概念，如同金融資本、物質資本與人力資本般，仍舊需要觀察；它目前的價值主要在於有益社會系統的質化分析，以及那些使用質化指標的量化分析」（1990,pp.304-305）。我們可以再一次地看見由於延伸社會資本的概念，而超越它的社會關係與社會網絡的理論根源，以及期待建立適用於每個個案的預測如此不可能達成的理論位置所造成的困擾。一旦釐清這些爭議，社會資本應該也必須是可以測量的。

第3章
資源、階層、網絡與同質性：
結構的基礎

　　我們已經說明社會資本，作爲期待在市場中獲得回報而對於社會關係的投資，應當被界定爲在**目的性行動**中可**以取得與／或動員鑲嵌於社會結構的資源**。在此定義之下，有三個組成要素對於分析至爲重要：(1)資源，(2)被鑲嵌於社會結構中，以及(3)行動。我認爲資源是所有資本理論的核心，特別是社會資本。一個社會資本的理論應當處理三個工作：首先，它必須解釋資源如何變得珍貴，以及珍貴資源如何分布於社會之中，也就是資源的結構鑲嵌性。其次，它應當說明個別的行動者如何透過互動與社會網絡，而對於此類結構鑲嵌的資源有著不同的取得能力。第三，它應該解釋對於此類資源的取得，如何能被動員來會得回報，也就是活性化的過程。本章將把重心放在其中的兩項工作：社會中有價值資源的鑲嵌性，以及與此類資源有關的機會結構。第四章將透過討論行動要素，對於理論的運用作出結論。

資源與它們的社會分布

這裡要說明的基本理論概念是資源，也就是**物質或象徵財**[6]（Lin 1982）。除了維持與增強人類生活所需的基本物質資本外，個人與團體也將意義與重要性（significance）同樣列為其他的資源。這裡將提出三個原則，作為意義與重要性如何被分配為資源的假設。

第一，在任何的人類團體與社群中，**不同的價值分配是來自對於資源**本身所顯示的相對重要性的**共識或影響**（Lin 1982）。資源的價值分配，部份是受到本身的稀少性與相對於它的需求與期望的影響（例如黃金之於某一社會，或貝殼之於另一社會）。但是價值同時也受到每個團體獨特的歷史、地理與集體經驗的左右。

資源的價值分配可以透過三個影響的過程來加以達成：說服、請求或強制（Lin 1973；以及 Kelman 1961 與 Parsons 1963 的相關討論）。**說服**（persuasion）是透過溝通與互動的過程，讓同類的行動者相信資源的價值，造成某一資源的價值在成員之間的內化。成員可能會看見某一資源的本質性價值。經由說服所達成的價值分配結果，排

---

[6] 希維爾（Sewell 1992, p.9）界定兩種結構中的資源類型：非人（nonhuman）與人類資源。雖然非人資源與物質資源相一致，但是人類資源卻包括物質（身體強度、靈敏）與象徵（知識、情緒性義務）資源。

除了外在獎勵與處罰的威脅與強制。**請求**（petition）則是團體內部的個人行動者懇求與遊說，並且代表著規範性的壓力。個人行動者之所以接受某一資源的價值，是因為他們希望能維持團體的成員資格，或是確定歸屬於某一團體，因此，即便是不了解或同意資源的本質價值，他們也會很樂意接受團體的價值。**強制**（coercion）是強迫同類行動者去認可資源的優點，不然就可能面臨懲罰或處罰的過程。個別的行動者並非發現資源的本質價值，也非自願接受資源的價值，而是因為他們希望能歸屬某個團體。除此以外，他們同時也面臨如果不認同權威性的價值分配，就得承受他們不願的後果（像是身體或心理的傷害）。

資源的價值分配可能會因為內在（內戰、革命、動亂、災難、政權更替、新發現、時尚或品味的改變等等）或外在（貿易、戰爭、入侵、征服與理念的交換等等）力量而改變。以女性的地位為例，雖然全球情況各異，但是原則上在不同的社群與時代中有不同的表現。對於處於中國帝國時代的清朝女性來說，裹小腳象徵著崇高的地位；腳越小，女性受到的尊敬也越高。而對於身處二十世紀中的歐洲與北美的女性而言，高跟鞋同樣代表著較高的地位。這兩個資源在它們各自的賣絡與時代中都有其價值，而有助於女性吸引具備其他珍貴資源的男性。雖然每個資源的價值會受到時間的束縛，但是相較於其他資源（像是裹小腳、男裙或是法官或高級教士帶的假髮），某些資源則較具持續性與普遍性（例如金錢、道德或是種族排序、被刺穿的身體部位）。

其次，我們假定**所有的行動者將採取行動，如果可能的話，藉由維持與獲得珍貴資源來促進本身的利益**。這裡的行動者指的並非是個人或某個集體性團體。集體或是社群透過賦予擁有較珍貴資源的個人行動者較高的地位，而促進其本身利益。有一個好理由可以說明為何集體願意授與個人行動者這樣的地位，或是對於個人行動者「賦權」（empower）（Sewell 1992）。因為這樣的動作加強集體對於資源價值的社會共識，也就是一種社群意識。這是對於個人行動者展現他或她對於價值分配社會意識的堅持的回報。授與的地位可以用來促進整體的團結，也因此有助於集體的生存與延續。地位的賦予進一步強化具備珍貴資源的個人行動者對於集體的忠誠，因為集體確認與保障了資源的價值。因此，針對珍貴資源的地位授與，對於社群以及參與其中的個人行動者來說，可說是互蒙其利。

社群的維繫，以及社群對於具備珍貴資源的個人行動者賦與地位之間的互惠關係，對於集體行動帶來重要的影響。擁有較多珍貴資源的行動者，因此獲得較高的地位，使得作出代表集體或是以集體為名的決定變得可能，包括配置與分配珍貴資源的方式。這樣的可能性，是來自於分配個人行動者在集體內部的決策位置。此一結構機會將在之後有關資源的鉅觀結構作進一步的討論。無論如何，結

果是擁有珍貴資源的行動者較有可能參與觀於這些資源
（例如有價資產）的權利（使用、轉移、處分）的決策[7]。
位於決策位置的行動者將加強社群的共識，因為他們有著
維持與促進這個他們身處的社群的動機。自利因為符合集
體利益而被滿足。這些有權力的個人行動者可以透過得到
更具價值的資源，或是運用價值的共識增加他們擁有或是
能取得的資源的價值，而進一步提升他們的地位。集體中
更高的位置將提供更多的機會來促進自我的利益。

　　另一方面，擁有低價值資源以及因此在社群中處於較
低位置的行動者，則遭遇更大的結構限制，以及稀少的創
新機會。有兩種行動是這些個人能夠採取的：獲得更珍貴
的資源，或是改變不同資源的價值分配。珍貴資源的取得
可以使用社群認可與合法的手段，也就是制度化的管道，
像是透過教育系統。或是採取不被社群允許或視為合法的
手段，例如偏差行為。莫頓（Merton 1940）已在他關於
社會結構與迷亂（anomie）的作品中，提出個人行動者如
何破壞團體的規範以達成個人目標的理論。

　　改變資源的價值不是光靠個人行動就能達成的；而必
須動員其他有相同需求的行動者。這樣的動員包括從推動
替代性資源價值分配的社會運動的成形，到以替換社群決

---

[7] 有關財產權的討論，請見 Alchian（1965）、Alchian and Demsetz（1973）、
　　Gilgam（1981）以及 Willer（1985）。關於財產權與階級結構的關係，請
　　見 Dahrendorf（1959）、Bourdieu（1986）與 Kornai（1992）。

策者為目標的革命行動（進一步的討論請見第十一章）。

　　當然，這些偏差行動冒著受到社群懲罰的風險。懲罰可能從社群位置的降級（監禁或是剝奪珍貴資源與原本較高的地位）到開除。這種結構性的力量要求個人行動者負責任地行動。然而，事實是結構的限制與機會仍舊是同時發生作用（Merton 1995）。對於個人與社群來說，重點依然是珍貴資源的競爭，以及藉由獲得與保留此類資源以促進自我利益的行動。

　　在一般的情況下，當行動與互動慣常般的進行時，限制與機會共同發生作用的重要性對於行動者來說並不明顯，因為決定可說是由團體為了所有成員的福祉的那隻看不見的手所制定。而當社群的生存受到挑戰時，就會變得越加清楚。在面對外在危機的情形下，一個統一的社群依循保護那些擁有最高價值資源的成員，而犧牲那些擁有資源價值較低者的策略。舉例來說，面臨外在威脅時，社群會已放棄非決策者或大部份的非決策者為優先，而授權或控制此一行動的管理者將生存下來，除非團體瀕臨崩潰。在二次世界大戰末期，日本派出低階層與年輕的飛行員擔任神風特攻隊，而保留高階層與經驗豐富的飛行員，為保衛祖國的最後戰役作準備。社群的保存與擁有珍貴資源的個人行動者的保存，是相互協助與維護的。

　　第三個關於珍貴資源的原則假設**維護與取得珍貴資源是行動背後兩種主要的動機，而前者的比重超過後者**

（Lin, 1994a）。首先，社群與其個人行動者皆努力維護他們所擁有或是能取得的珍貴資源。只有在既存的珍貴資源安全無虞的情況下，行動者才會企圖獲得額外的珍貴資源。而行動還包括其他次要與外緣的動機；我們假定這兩種動機是主要而能指涉到大部份的行動。進一步對於此一原則重要性，及其對於行動的影響將在第四章說明。

資源的鉅觀結構：階層與社會位置

在定義資源以及假定它們的價值與重要性之後，我們接下來討論資源如何鑲嵌於集體當中。以下的敘述將著重於幾個主題：(1)社會結構的本質，(2)社會結構中的階層，(3)金字塔形狀的階層結構，以及(4)複雜的社會結構與資源交易。

社會結構

這裡所指的**社會結構**包括(1)一個具備相同或不同類型而總量各異的珍貴資源的社會單位（**位置**，position）組合，而(2)依照相對的**權威**（authority，對於資源的控制與取得）有階層之分，(3)分享使用資源的特定**規則**與程序，以及(4)交由**佔有者**（代理人）執行這些規則與程序

（相關的討論請見 Sewell 1992）。第一個要素將資源的鑲
嵌性與社會位置相連（位置的結構觀點的討論，請見 Burt
1992）。位置的佔有者或許會改變，但是資源是依附在位
置之上。因此，鑲嵌於結構的資源與行動者所持有的資源
是有所不同的。只要位置與鑲嵌其中的資源持續，結構也
就依然穩定（Weber 1947）。第二個要素則說明位置之間
的關係。**權威**是一種權力的形式，被界定為對於取得珍貴
資源的相對控制力（關於此一定義的討論，請見 Emerson
1962 ； Cook and Emerson 1978;Bourdieu 1983/1986;Coleman
1990,pp.780-782），區分出兩兩位置之間的相對排序。權威
意味著強制，具備守法與否的明確獎懲。若結構越加階層
化，其內部位置的相對權威也就越加不同。

　　第三個要素則說明指引不同位置（與行動者）應當如
何行動，以及互動以使用或運用珍貴資源的共享程序與規
則（有關結構中規則的討論，請見 Sewell 1992）[8]。規則
與程序為社會位置之間帶來統一的行動與互動，因此資源
的價值得以維持與維護，並且以集體行動的意志來擴展這
樣的資源。

　　最後的要素則是這些位置的佔有者，關照到期待他們

---

[8] 這裡說明的是超越社會結構的規則與程序。在一個較為大型的社會中，
共同享有、理解與共同認同的「思考與行事方式」或是「遊戲規則」形
成了文化與制度（請見 Bourdieu 1972/1977;Meyer and Rowan 1977:North
1990;Scott and Meyer 1994;Lin 1994b）。同時請見第十一章。

能夠依循這些規則與程序的事實。因此,伴隨著規則與程序的社會結構,代表某種準則,而那些佔有位置以及能夠依照規則與程序運作的個人行動者,稱之為行動者（agents）。這是一個非常重要的原則與矛盾。一方面規則與程序的執行對於結構的維持極為關鍵,因此在佔有者的選擇上,會偏好那些受到社會化與訓練足以執行這些規則與程序的成員。另一方面,由於佔有者必須遵守這些規則與程序,處於這些位置的行動者便獲得機會依照他們的詮釋行事。弔詭之處在於某些佔有者因為其擁有的技術與知識而較被偏好,並且期待他們能夠遵守規則與程序以維持社群,這些行動者同時也獲得機會,依據他們的想法行動,依靠他們的能力與意願詮釋何謂「恰當」,並有效而創造性的行動。這個行動者原則（有關結構中主體施為與行動者的討論,請見 Sewell 1992）冒著佔有者在進行詮釋時,考慮的可能是本身而非集體的利益,或是在實際的情況下錯誤地運用規則與程序的風險。

　　這四個要素—位置、權威、規則與行動者—集體性的將鉅觀結構界定為某種統合的系統,以便為集體維護與／或取得某種或更多類型的珍貴資源。

階層結構

　　普遍來說,社會結構與其資源能夠在一個位置、權

威、規則與行動者的明確程度不一的連續體上而加以區
分。社會結構的形式可以藉由這些要素的明確程度加以區
分,而內聚(inclusive)與排外(exclusive)的規則可以
透過珍貴資源、位置、權威、規則與行動者來獲得充分的
理解[9]。我們不可能區辨所有社會結構形式的分佈與類
型。一般來說,或是符合刻板印象地說,社會結構形式的
範圍可以從所謂的正式組織或階層組織(像是公司、企業
與機構),到自願性團體,再到非正式的社會網絡[10]。我
們將把焦點放在較為正式而組織性與階層性的社會結
構。正式組織與較非正式的結構——像是社會網絡——的
區分,將在討論需要時提出。

　　在階層結構中,位置是被一條權威命令鏈(chain of
authoritative command)所串連,其中較高地位以及擁有
較多權力的位置,不僅能指揮較低權力位置的佔有者的行
為,教導與社會化他們如何詮釋規則與程序,同時也能除
去這些低階位置、免除位置的佔有者以及重新配置鑲嵌性
的資源,他們可以藉由過去高階位置的佔有者所設立的明
確規則與程序或是詮釋來加以進行。基本上,規則與程序

---

[9] 理論上我們有可能找到一個「沒有關於內聚或排外標準」的社會結構標
　　準。根據我們這裡的討論目的,這樣的案例同等於缺乏正式或是精密
　　(rigid)的標準。

[10] 在本書中,制度被界定為不同的社會結構所運用的規則與程序組合(請
　　見第十一章)。

具備合法性，因此經常是可執行的，也受到社群的認可或甚至是強迫實施（例如國家）；違反或是偏離規則與程序，將受到懲罰。佔有者被指定接受某些契約關係，而且可以因為規則而被逐出社群（Weber 1946,1947）。

因此，我們可以將一個簡單的正式結構定義為某種階層結構，其中包括與對於特定珍貴資源的掌控與使用的權力（具正當性的強制）關係（命令鏈）相連的位置組合。取得珍貴資源的相對位置順序，是由它們在權威階層中的垂直位置所決定。依照定義，在階層中屬於較高層級的位置可以對於較低層級的位置執行權威。同樣重要的是，高階位置擁有關於階層內部珍貴資源位置的資訊，也就是鑲嵌特定資源類型與總量的位置。換句話說，階層結構中位置的層級越高，就能對於結構資源提供更佳的資訊。

橫向位置（lateral positions）是在某個簡單社會結構中，對於相仿資源總量具有權威的位置。這些位置同時能夠彼此建立關係，因為它們提供交換不同位置的資源所在與可及性等資訊的機會。這樣的訊息有助於對於某一位置的資源的控制與運用，以及確保保留與／或獲得資源的最大可能性。當橫向位置有這樣的權力，或是當規則與程序並未排除這樣的交換，同時並未損及命令鏈中的高階權威時，橫向位置的資源交換於焉發生。當集體行動企圖聚集或結合結構中可及的資源時，水平的聯繫就變得特別重要。

金字塔狀的階層

　　另一個有關資源鉅觀結構的假設是階層結構普遍傾向建立一個金字塔狀的位置分佈：位置在命令鏈中的層級越高，其數量與佔有者也就越少（Lin 1982）。在絕大多數的社會結構中，位置的數量與它們對於其他位置的命令權威之間呈現著反比的關係。然而，由於工業化與科技發展持續界定與再界定資源的價值，並因此重新分配位置與佔有者，許多發展中的結構底部與此圖像預期的較為狹窄。舉例來說，在絕大多數的工業化社會中，只有小部份的農業生產部門，以及命令階層（command hierarchy）底部的位置。

　　金字塔狀的階層結構所帶來的重要結果，是權威集中於少數的位置與佔有者上。在金字塔的頂端，少數的位置與佔有者不僅控制巨大的絕對與相對珍貴資源總量，同時也擁有關於結構中的資源位置最完整的訊息。

複雜社會結構的交易

　　所有既存的社會結構都反映出一個複雜體，高於許多不同類型的珍貴資源的多重階層結構。對於絕大多數的團體來說，高度珍貴的資源與經濟、社會與政治面向脫不了關係。舉例來說，韋伯（Weber 1946）界定出三種社群中

權力分配的面向：**階級**（classes）、**地位團體**（status groups）
與**政黨**（parties）。由於在其他文獻中，尚有其他的辭彙
用於社會與個人行動者的資源分配，因此有必要對於這些
用詞另闢專題加以釐清。

表 3.1 結構位置與個人的珍貴資源面向

面向	位置的	個人的
社會	地位（名望）	名聲
經濟	階級	財富
政治	權威	權力

貴重資源分佈於三個面向（社會、經濟與政治），並
且可以區分為結構位置與個人行動者。表 3.1 說明這樣的
區別。

舉例而言，一個社會高度尊敬的結構位置可以標誌為
一個高地位「團體」。同樣的，個人行動者也會被視為擁
有好或壞名聲[11]。擁有貴重經濟資源的位置被認為是上層
階級，而佔據這些位置的個人則是富有的行動者。在階層
命令結構中，較高的位置擁有較多的權威，而個別的佔有

---

[11] 聲望（prestige）被社會學文獻用來代表為位置的地位（例如職業聲望）
以及個人的地位。為了避免這樣的混淆，以及重要的理論性考量（請見
第九章），我用名聲（reputation）一詞作為個人社會地位的指標。

者則被貼上有權力的標籤[12]。

　　無論如何，這個理論假定儘管各種貴重資源不平等的分配，形成階層結構的基礎，而且每個貴重資源界定某種特定的階層，這些階層仍舊具備一致性（congruence）與可移動性的傾向。也就是說，某種佔有者跨越珍貴資源或地位面向的階層位置的對應傾向。一個在某一資源屬於相對高階位置的佔有者，同時也可能佔據其他資源相對高階的位置。舉例來說，一個在職業結構中佔據較高位置（地位）的人，也可能在階級與權威面向中佔有高階的位置。

　　當此種一致性無法完全達成時（例如一對一關係），跨面向的資源交換不僅可能，在絕大多數的社會中，同時也是明白而可以被預期的。例如，一個擁有權力資源的佔有者可以談判與交易具有財富資源的佔有者，出借他的權利給後者，而透過交換獲得後者的部分財富。這樣的轉換在一個社會結構中經常是制度化的（建立個人行動者了解與實作的規則與程序）。

---

[12] 權力（power）一詞同樣也是含糊不清。就韋伯的用法來說，權力意味著在結構意義下對於資源的普遍控制。對於其他人而言（例如 Emerson 與 Cook），權力指的是相對於其他行動者，個人行動者對於替代性的資源來源的控制程度。為了避免這樣的混亂，本書所使用的權力一詞，是對於個人行動者或佔有者的描述。

互動與同質性：網絡與社會資本

　　社會資本代表一個正式程度較低的社會結構，對於位置與規則的描述以及參與者的權威分布，只有少數或甚至沒有正式規範可言。在社會網絡中，佔有者、位置、資源與規則以及程序具有流動性（fluidity）的特徵。相互的合意是透過說服而非權威或強制要求行動者的參與和互動，以及界定參與者（節點）位置（地位）的界線。

　　一個特定的網絡或能夠自然地發展，或是為了某個對於資源的特定共同考量與利益（例如環境保護與女權），而被社會性地建構。但是，普遍來說，一個社會網絡可能是因為其不同部門的多重利益而被加以建構，不同的利益將節點連往不同的網絡位置。作為網絡中的節點，直接或間接地提供其他位於社會網絡內的節點（行動者）獲得資源的可能。鑲嵌在這些節點之上的資源，成為中心個人（ego）的社會資本。我們已經指出，社會資本反映的不僅是那些網絡中的節點所具備的個人資源。由於行動者鑲嵌於階層結構與其他網絡之中，他們也能產生鑲嵌於這些階層位置的資源。這些資源或許會超出他們原先互動的原因與焦點資源。例如，行動者會因為對於槍枝管制或是墮胎議題有著共同利益而彼此互動，但是他們同時也將這樣的互動脈絡帶向他們其他的個人與位置的資源，像是他們

的工作與權威位置、財富與參與宗教機構與政黨的資格，
以及他們的另一半、親戚、朋友與同事。

因此，我們不僅應將互動視爲個人行動者或節點之間
的互動關係，更重要的是，也應將其視爲與互動模式有關
的資源模式來加以分析與理解。那麼，關鍵的問題在於：
我們可以在互動與網絡中，預期哪些類型的資源連結模
式。

理解互動的理論基礎可以在何門斯（Homans 1950）
對於小型初級團體的分析中察見。他原則上假定三個因素
之間的互惠與正向關係：互動、情感與行動。個人的互動
越頻繁，他們就更可能分享某種情感，也更可能採取集體
行動。同樣的，當個人分享更多的情感，他們也就更可能
互動與採取行動。對於我們來說，關鍵的假設是情感與互
動之間的正向關係。也就是說，互動的基礎是情感，包括
感情、尊敬與同情等等（Homans 1950,pp.37-40），反之亦
然。換句話說，互動主要是基於共享的感情。

情感與互動假設的重要延伸是同質性的假定。**同質性**
的假設大半是受到對於友誼模式（Lazarsfeld and Merton
1954）與團體（Laumann 1966）研究的理論刺激，同時
也被稱爲**如我假設**（like-me hypothesis），指的是**社會互
動較常發生於具備類似生活型態與社經特質的個人之
間**。研究顯示，互動較可能發生於相似或相連，以及差異
細微的社會位置的行動者之間。如果我們假定社經特質與

生活型態反映鑲嵌於個人與階層地位以及網絡位置的資源，那麼同質性的互動原則意味著具備相仿資源的個人與他們彼此互動程度之間，呈現正向的關係，因為社會地位或位置的相似性可能是因為資源類型與總量的相似性所造成。從資源的觀點來看，這暗示著互動較常發生於位於階層中，相同或是相連社會位置的行動者之間。

因此，何門斯的情感—互動假設變成情感—互動—資源假設。也就是說，在情感、互動與資源之間，呈現出三角的互惠關係，因此與互動相連的不僅只是共同的情感，同時也包括相似的資源（請見圖 3.1）。儘管情感—互動假設與同質性假設並未堅稱三種元素的特定因果關係，但是這兩個假設帶來的重要結果，是那些位置在社會結構中相近的個人較容易發生互動。

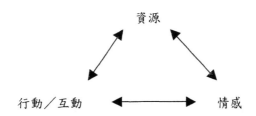

圖 3.1 同質性原則
（修正自 Homans 1950，以及 Lazarsfeld and Merton 1954）

　　我們或許可以進一步將同質性原則，延伸到在多重資
源結構中（例如權威、地位或階級）佔有類似位置的行動
者，因為，透過資源的一致性與可轉換性的原則，只要他
們的資源價值相等，互動或許能結合具有不同類型資源的
夥伴。例如，銀行家與議員或許擁有不同的資源，但是他
們在他們的資源結構中皆屬於高層的位置，因此較銀行家
與速食店的地區經理之間更有可能發生互動。

結論評析

　　本章概略說明了社會資本的結構基礎，認為**資源鑲嵌
於社會結構之中，並且可以在目的性行動加以取得與／或
動員**。本章界定何謂資源，同時概念化了資源如何在社會
中具有價值。本章也指出，這些貴重資源如何鑲嵌於位
置、權威、規則與代理人的正式化程度不一的階層性與網
絡性結構當中。由於個人行動者透過他們的社會關係網能
取得鑲嵌在這些社會結構的資源並不一致，也由於同質性
原則是一種規範性的期待，因而產生分殊的機會結構。在
此構想之下，社會資本表現出重要的結構特性—鑲嵌於階
層以及網絡的資源，它們至少捕捉到互動或同質性的規範
原則，所提供帶來一致性的機會結構。在下一章，這個社
會資本的結構基礎將被精細化，輔以可能行動與選擇因素

的加入，完整社會資本的概念。

第 4 章

資源、動機與互動：

行動的基礎

　　根據前一章所提出的概念，社會資本根源於社會網絡與社會關係，並且被認爲是鑲嵌於社會結構的資源，而可以藉由目的性行動取得與／或動員。因此，社會資本被認定包括三個部份而交織於結構與行動之中：結構（鑲嵌性）、機會（透過網絡的可及性）以及行動（使用）。前章已經說明社會資本的結構與機會面。本章將增加行動這個部份，讓理論基礎變得完整。

「與你懂什麼無關，而與你認識的人有關」：資源的鉅觀結構

　　所謂「與你懂什麼無關，而與你認識的人有關」（It's not just what you know but who you know），意味著社會資本可以爲因爲某些意圖而採取行動的個人帶來益處。在此

脈絡之下，互動被視爲是達到行動目標的手段。我們在這裡的任務是理解行動如何與互動產生關聯，以及主體施爲（agency）如何在目的性行動的動員社會資本的過程中變得重要。我將從鑲嵌於行動者的資源談起。

　　與團體以及組織相同，個人透過獲得與維持珍貴資源以促進他們的福祉。他們可以在目的性行動中動員與使用這樣的資源，以便取得額外的資源（請見第一章有關新古典資本理論的討論）。同樣重要的是，資源的持有與取得保障與促進個人在社會結構中的地位。社會認可（social recognition）賦予身分與名聲，提供受到認可的個人更多的資源，以及處於結構之中的價值感與安全感。普遍來說，我們可以爲個人行動者界定兩種類型的資源：個人資源與社會資源。

個人資源作為人力資本

　　個人資源是由個人行動者所持有，如同它們的所有人般，個人可以使用、轉移與處分它們，而無需獲得特定的授權，或是其他行動者或社會位置的批准[13]。個人資源的取得可以追溯到許多管道。其中一條重要的路線是透過繼

---

[13] 然而，這樣的使用與獲得必須伴隨著大型或是外在的社群性（如國家）懲罰。請見第三章的註腳 7，特別是威爾勒（Willer 1985）有關財產權的合法懲罰的討論。

承或歸屬的方式。資源可能會因為由父母、小孩或其他行動者處轉移過來,而由行動者所持有。藉由制度化的社群規則,資源從某一行動者傳遞到其他行動者。另一條途徑則是透過投資某人所擁有的資源與付出而取得。舉例來說,教育被認為是透過投資父母或個人的資源與個人的付出,而取得資源的管道。可以想見的是,對於教育的投資同時也帶來其他珍貴資源的取得(例如權力、財富與聲望)(請見第一章有關人力與文化資本的討論)

第三個取得個人資源的方式是藉由交易。個人資源的獲得涉及直接的支付(金錢),或是透過資源的權利資格從某一行動者讓渡給另一位行動者,這樣的資源交換(交易)。延遲這樣的支付與交換是可能的;在這樣的情況中,個人的信用與債務便在其中一方出現,並且預期這樣的欠據(credit slip,未來支付的承諾)將會兌現。除此之外,在單純的交易中,並未預期有進行償付債務本身以外與進一步交易的義務。個人的資產、日用品、金錢與勞力都是此類交易中的典型資源。

某些個人資源完全由個人行動者擁有(例如教育與財富),也就是說,行動者可以自由地使用與處分它們[14]。但是它們經常是透過社會契約而被「擁有」,社會契約准

---

[14] 相較於其他資源,某些資源顯得較不容易處分。例如,只要取得與合格之後,教育經常被視為永久性的資源,即便後來名聲敗壞或是失去資格(去所有權),仍然可能是資源,並具備合法性。

許某位行動者成為特定資源的使用者，這就是典型的財產權（有關財產權的定義，請見 Alchian 1965 以及 Alchian and Demsetz 1973）。只要契約有效，個人行動者運用權力來控制與使用資源。例如，某個階級結構位置的佔有者，擁有權力來控制與使用附加於此一位置的資源。而當行動者脫離此一位置時，這樣的所有權也隨之消失。因此，將位置性的資源與完全屬於個人的個人資源區分開來有相當助益的。

儘管位置性的資源無法持續到永久，但是它們的力量卻遠到能夠控制其他它們相關的資源。作為階層結構的一部份，附加於位置的權威與連結，為行動者與佔有者提供接觸其他行動者與佔有者，以及商借與交換資源的機會。換句話說，透過結構的連接，階層結構中的位置獲得超越附加於這些位置的資源以外的資源控制與使用。正是在此脈絡之下，我們必須跨越個人資源，探討透過社會連結，或說社會資本所得到的資源。

社會資源作為社會資本

如同我們已經指出的，並非所有能為行動者所使用的資源都屬於他們個人（包括契約）所擁有的。事實上，對於絕大多數的個人行動者來說，個人性的資源是極為有限的。我們將**社會資源**，或說**社會資本**，界定為透過社會連

結所取得的資源。社會資本包括其他行動者的資源（像是
財富、權力與名聲，以及社會網絡），行動者可以藉由直
接或間接的社會連帶而接觸。它們是鑲嵌於某人網絡中的
連帶的資源。如同個人資源，社會資源可能包含物質財
（material goods），像是土地、房屋、汽車與金錢，以及
象徵財（symbolic goods），例如教育、俱樂部的會員資格、
榮譽學位、高尚的地位或是組織的頭銜、家族的名號、名
聲或聲譽[15]。

　　行動者可以透過他或她的社會網絡[16]而連結的資

---

[15] 區分以下兩種社會資源是很重要的：社會資本與文化資本。社會資本是
透過社會網絡與社會連結所取得的資源，而文化資本則是經由社會身分
與相互承認所獲得。就某些行動者而言，我們認為部份的社會資源是可
以同時透過社會身分（某一家族團體的成員資格）與社會網絡（與其他
家族成員的連帶）取得，而其他行動者的社會資源則是從身分或社會網
絡獲得。對於這兩種資本的差異與整合的進一步說明，則已超越本書的
範疇。這裡的重點在於透過社會關係，或社會資本所取得的資源。

[16] 個人行動者對於鑲嵌於他們連帶中的資源的認識，或許只是他們實際擁
有的社會資本類型與總量的次集合（subset）。這有兩個原因：他們不清
楚所有他們的連帶成員（直接連帶）的資源，與／或是他們連帶成員的
網絡中所有的連帶與資源。因此，行動者的社會資本可以被區分為兩個
部份：(a)他們知曉的部份以及(b)他們不知道的部份。行動者的自我陳
述無疑的將對於他們潛在的社會資本劇目產生不完整而保守的估計。自
我的陳述相較於社會計量（sociometric）方法可能會產生更多不同的估
計。如果社會資本不在個人行動者的認知之中，就不會有正確的估計，
這些社會資本對們來說是無法獲得也沒有用處的。

源，代表著中心個人（ego）資源的劇目（repertoire）。即
便個人並未使用或動員這些資源，他們仍舊擁有穩固的象
徵效用。讓其他人了解某人的社會資本，可能有助於其社
會地位的提升。之所以會發生象徵的效用，是因為這樣的
訊息透過聯想（association）成為個人的潛在權力。散播
某人有一位百萬富翁的朋友，讓某人在他或她的社會圈中
獲得較佳的社會認可，因為某人被認為具有潛能，可以活
化他與百萬富翁之間的關係，在必要情況下也能援引這個
資源。

　　象徵效用的發生也是因為這樣的連結反映出中心個
人的社會或文化地位。有關某人相熟一位電影巨星的訊
息，或許不會為行動帶來任何的權力，但是卻能增強中心
個人的社會認可，因為這樣的訊息意味著，透過與電影巨
星的互動，中心個人能夠分享與享有中心個人處在的社會
圈所羨慕的生活型態。提及某個連帶（「某某人是我的朋
友」、「我昨天跟某甲與某乙談過話」）或許就足以提升個
人的社會地位。當然，社會資本能夠提供超越其象徵權力
的效用。實際社會資本的運用與因為目的性行動的動員，
正是我們在第五章要討論的課題。

　　有兩種社會資本的特性進一步釐清：(1)可以透過直
接與間接連帶取得的資源，以及(2)這樣的資源或許為連
帶成員所有（他們的個人成員），或是位於他們的社會位
置中（他們的位置資源）。首先，社會資本包括經由間接

連帶所取得的資源。連帶成員（直接連帶）的資源代表的
是中心個人相對較小部份的社會資本。社會資本通常會活
化多重行動者之間的連結。為了獲得特定的資源（像是有
關工作的情報），中心個人或許會求助一位沒有相關情
報，但是可能知道其他人會有的人士。在此情況下，最早
接觸的此人的社會網絡變成中心個人的資源。因此，社會
資本並非只經由直接的連結或是簡單的二元關係而來。直
接與間接的連結均能作為獲得資源的管道。透過連帶成員
的直接與間接連帶，行動者的資本可以延伸到他們的社會
網絡之中。也就是說，社會資本是鑲嵌於直接與間接連帶
的偶合結果，並且可以透過這些連帶取得。

　　其次，透過社會連帶取得的資源，包括這些連帶成員
永久性或暫時性的資源，以及他們在階層結構中的位置所
能掌控的資源，如果用組織為例，就是他們的位置資源。
普遍來說，社會連帶的位置資源會比個人資源對中心個人
更有幫助，因為資源喚起的不僅是鑲嵌於組織位置的資
源，也包括組織本身的權力、財富與聲望。兩個同樣能幹
的教授，一個任教於長春藤聯盟的大學，另一個則任職於
四年制的州立學院，或是兩個同樣優秀的專業設計師，一
位為微軟工作，另一位則服務於地區性的小型軟體公司，
將擁有不對稱的位置資源，即便他們的個人資源，包括知
識與報酬是相等的，因為他們各自的同事的位置與個人資
源，在品質上可能有相當的落差。透過這些連帶成員，中

心個人可以獲得的不僅是他們的永久性或位置資源,同時也可能藉由他們與組織的連結取得像是權力、財富與組織本身地位等資源。

　　進一步來說,由於每個組織都是位於組織的網絡中,中心個人的社會資本可以延伸超越組織的界線。透過組織與其他組織的連結,無論是直接或間接,以及藉由連帶與其他組織的位置的佔有者的聯繫,中心個人的社會資本將延伸到包含鑲嵌於這些其他組織中的資源。

取得資源的動機:目的性行動

　　當我們明白個人行動者能夠擁有與取得珍貴資源後,便不難理解行動者的行動動機,以及不同類型行動造成的結果。如同第二章所提及,無論是集體或個人行動者因為兩種主要動機而採取行動:保障既有的珍貴資源,以及獲得額外的資源。也就是說,我們假定這樣的行動是理性,而且受到維持或取得珍貴資源以求生存與維繫的動機驅使。第一個動機指出保存屬於個人處分下的資源。第二個動機則引發取得尚不屬於個人處分下的珍貴資源的行動。

　　我們假設維持貴重資源的動機引起**情感性行動**(expressive action)。維持某人的資源,需要其他人認可他擁有某些資源的財產權，或是共享某人的情感合法性的宣稱。當然，行動也可以是工具性的，中心個人有著徵集情感與支持的行動目的。然而，他們所預期的回應主要是情感性的：承認中心個人的財產權，或是分享中心個人的情感。沒有任何行動想得到的回應，能夠超越來自他人的公開認可與認同。例如，一位母親向另一位母親表達她對孩子的情感，一名女性向她的母親訴說她的先生經常收看美式足球轉播，一名男性向他的朋友分享他對某位女性的仰慕，以及一位男性向他的老闆抱怨他的妻子。在這些案例中，溝通的動作既是手段也是目的；連帶個人被期待能夠支持與感同身受中心個人，並且體會與回應中心個人的感受，因此而認可、合法化與共享中心個人對於其資源的宣稱。

此外，我們也假定尋找與獲得額外資源的動機主要引起的是工具性行動（instrumental action），期望引發他人的行動與反應，而為中心個人帶來更多的資源。因此，這樣的行動被視為達成目標的手段：為了製造利益（額外的資源）。同樣的，工具性行動也包含情感的因素，使得連帶成員在情感上必須為了中心個人採取行動。然而，採取行動對於連帶成員是必須的，而最後的結果預期將為中心個人所獲得。例如找工作、升職、增加薪水或獎金；得到貸款；找到保母；或是為某人的兒子找工作。

因為行動是受到動機的驅使，因此我們應當注意到這

兩種行動類型反映某種意圖（purpose）或主體施為。在
兩種行動的動機中，也就是維持或取得資源，我們假定維
持或保衛現有資源的動機是較為重要的驅力。相較於獲得
額外的資源，失去某人擁有的資源，代表著對於中心個人
存在的重大心理與身體的威脅。因此，情感性行動，即尋
求感情與支持的行動，被預期將優先於工具性行動（請見
第三章）。

這些行動的動機帶來兩種行為結果：行動者能夠藉由
本身採取行動，而帶來較佳的保護或取得資源，或是他們
能夠讓某人使用另一人的資源。而後者是社會資本理論的
旨趣所在。我們必須以允許行動者根據他們的目的，而取
得或使用其他人的資源的互動來理解目的性行動。接下來
我們將探討兩種類型的互動，即同質性（homophilous）
與異質性（heterophilous），以及它們對於目的性行動的效
用。

同質性與異質性互動

如同前一章的說明，社會互動串連著行動者，並因此
讓鑲嵌於行動者結構位置與社會網絡的資源相互交錯。這
些交錯的資源在品質、類型與總量上相似或不同的程度，
可以用從典型到完全不同的變異程度來思考。為了簡化起

見，我們可以區分與界定兩種互動的類型：同質性的與異質性的。前者表示兩個擁有類似資源的行動者之間的關係，包括財富、名聲、權力與生活型態。後者則代表兩個擁有不同資源的行動者之間的關係。如同我們在第三章的說明，同質性的互動較為普遍，因為同質性的原則連接著行動者之間的情感、互動與類似資源的互惠關係。

雖然同質性互動已得到較為充分的研究與檢驗，但是異質性互動卻較受到忽視。我們傾向僅僅將異質性互動視為連續體上相對於同質性互動的另一端。由於互動有一種走向同質的傾向，因此就邏輯推論來說，異質性互動並不常發生。根據既有的情感與互動之間的假設關係，推測異質性的互動並未促進共享的情感，或是情感並不會導致異質性的互動。

除此之外，作為互動的對象，異質性的互動需要成本，了解不同的資源控制間的不對等，才能夠產生同時必須獲得其他人進行交換的意願。缺乏資源的互動對象必須擔心連帶成員的意願或是從他們取得資源的能力。而資源豐富的互動對象，則必須考量到從連帶成員所得到的資源是否對於他們業已豐厚的資源劇目具有意義。因此，相較於同質性關係，異質性關係的兩方必須更努力打造彼此的互動。異質性行動也因此較不容易發生。

如果這樣的分析是正確的，我們可以預期當異質性行動發生，意味著更多的努力，也或許需要更多的成本，這

是因爲資源差異與缺乏共享情感的緣故。如果同質性行動
是一種規範性與普遍性的互動，那麼異質性互動便代表著
非規範性與非慣例的互動。接著，是什麼驅使著異質性行
動？

行動引導互動：預測的形成

有一條來自既有發現的線索，可以用來解釋異質性互
動，也就是個人偏好與其他地位較高的人士產生關聯。**聲
望假設**（Laumann 1966）顯示在互動中較受歡迎對象是
那些佔據較高社會地位的人士。在經驗上，我們將這樣的
行爲總稱爲**聲望效應**（prestige effect）。這意味著這樣的
互動被期待能增強較缺乏優勢的行動者的聲望。儘管聲望
假設指出某種月暈效應，表示高位階個人的聲望將散播到
與他或她在一起的行動者，但是這樣的增強仍舊是未被清
楚說明。這樣的月暈效應（例如因爲認識某位電影明星或
諾貝爾蔣得主而受到重視）本身並不代表某種持續性的取
得，因爲一旦互動終止，月暈或許也就隨之消失。因此，
我們現在需要考量的是什麼樣的互動對象代表更多的資
源。

現在很明顯的我們要提出的說明是：行動者透過社會
網絡取得社會資本，以促進目的性行動。因此，透過互動

所取得的鑲嵌資源的性質，對於目的性行動與互動模式的分析便顯得極為重要。我們可以藉由呈現一個行動與互動的類型學假設來更清楚的說明，而分類請見表 4.1。

表 4.1 初步的成本以及目的性行動與互動的回饋預測
（排除結構限制的考量）

行動的動機	互動對象的資源	
	相似性（同質性）	差異性（異質性）
維持資源（情感性）	低成本／高回報	高成本／低回報
獲得資源（工具性）	低成本／低回報	高成本／高回報

在這樣的類型學分析中，兩個橫向的欄位代表兩種行動的動機：維持資源或取得資源。兩種關於資源的互動類型則呈現於縱向的欄位，包括同質性互動，其中的互動對象擁有相似的資源，以及異質性互動，其中的互動對象擁有不同的資源。顯然地，這是對於許多變化可能的簡化，但是卻符合我們在此討論的目的。每個欄位代表特定目的性行動與特定互動形式的配對。我們用兩個變項來描述每個欄位：互動需要多少成本（effort），以及目的性行動將產生多少相關的回報與利益。

從社會互動的觀點來看，同質性原則指向情感、互動與共享資源的三角關係。這為**最小成本**（least-effort）的互動提出一個結構性的解釋；互動將增強情感與共享資

源，反之亦然。接著，我們可以預期同質性互動是較偏好
與較頻繁的互動類型；最小成本的同質性互動應當是最廣
泛觀察到的互動模式。

　　因此，情感性行動的目的與此一互動類型吻合。此一
互動類型可能會導致中心個人找出其他具有相似資源與
理念的行動者來維持與保護他們。互動對象間的資源越相
近，他們就更有可能共享對於維持與保護此類資源的意識
與關切。移情作用與共同的關切都能促進互動。除此之
外，互動成員的資源同質性越強，他們的社會地位也就越
加平等。因此，也就較無關於連帶成員從中心個人取得資
源的可能意圖與能力。防衛與保護資源的成本下降。對於
行動的動機而言，也能獲得較好的回報。

　　保衛某人的資源是需要那些屬於同一團體，或是階層
結構中處於相似位置（例如階級）的人們的情感與支持。
換句話說，用來保護與維持資源的行動與互動的規範性模
式相同。那麼，在極端的狀況下，規範性互動能夠支持個
人之間的資源維持，而無需加上行動的成分。

　　另一方面，獲得資源則意味著另一種互動類型。如果
行動者介入異質性互動，也就是尋求具有不同資源的人
們，獲得資源的行動便能得到較佳的滿足，以回報來說。
我們在第三章曾指出在鉅觀結構中，社會位置是由行動者
控制與運用的資源所標誌。那麼，互動代表的不僅是兩個
行動者的連結，更重要的是，同時也意味著兩個行動者所

佔據的社會位置的互動。與某一掌控更多資源的行動者互動，代表著與擁有更多資源的社會位置互動。階層結構中較高的位置不只是控制與處理更多的資源，同時也對於其他結構中的位置有著更大的指揮權與更廣泛的視野。取得這樣的位置因為其指揮權或視野，而帶來商借的可能性。如果行動者想要取得的資源位於某種社會結構中（例如掌握在佔據結構位置的人們手中），那麼他們接著便必須與較高層級位置的連帶成員互動，而有助於（透過連帶成員較佳的結構視野）找到某個位置，或是動員連帶成員的指揮權讓中心個人與此位置產生聯繫，或甚至是佔有這個位置。

除此之外，這樣的好處能夠超越連帶成員佔有優勢位置的階層結構。透過一致性與可轉移性原則跨越不同的階層結構，連帶成員或許可以藉由提供關於其他結構位置的訊息，或是協助中心個人與其他結構中，並且佔據優勢位置的行動者建立連結來發揮其影響力，第三行動者或許能運用權威協助中心個人找尋資源或佔據尋找到的位置。

雖然異質性互動或許因此能讓社會資本，有助於採取工具性行動的行動者達成目的，但是其中的成本是巨大的。也就是說，無論是直接或間接，獲得額外或較佳的資源需要與佔據其他（較佳）位置的行動者互動，並因此取得更好的訊息會權威與影響力。這意味著找出與中心個人不同社會位置的行動者。有兩個因素讓這樣的運作較為困難。首先，同質性原則意味著某種規範性的傾向，擁有相似資源的行動者會產生互動。尋找以及與其他擁有不同資源的行動者建立連結，代表某種異常的互動而需要更大的成本。

　　其次，如同我們在這裡的描述，我們清楚的知道異質性不僅只是倒轉同質性互動。不僅僅只是不同行動者之間互動。從某位行動者的觀點來說，回報或許可以從另一位相似同時擁有較佳資源的行動者取得。由於行動者佔據社會中的階層位置，中心個人必須與那些不僅擁有更佳資源的行動者，更重要的是，那些佔有高階位置的行動者互動。因此，我們將在下一章清楚說明，如果互動對象佔據比中心個人高而非低的階層位置，異質性互動便能帶來較佳的回報。在這樣的不對稱互動中，儘管行動者對於更多資源的找尋或許能帶來更多回報，但是互動對象（連帶成員）的報酬卻是一個重要的問題：中心個人能回給連帶成員什麼樣的好處，到底是誰有較佳的資源？或是為何連帶成員要提供本身的資源，作為中心個人的社會資本？不對稱的交換，如同異質性互動所暗示的，需要更進一步的釐清，我將在第九章討論這個主題。但是我們在這裡已經足以指出異質性互動是耗費成本與不尋常的。

　　因此，異質性互動還是會發生，而無視需要更多成本以接觸行動者以外的社會圈子，同時必須耗費更多的代價，達成互惠並且提供某人的資源給最初的行動者的這個事實。簡而言之，工具性行動需要更高的主體施為，以克服規範性的同質性互動模式。

資本化中的結構限制與機會

　　然而，僅僅根據行動與互動的預測，如表 4.1 所示，仍迫切的必須將行動者佔有的結構地位與網絡位置納入考量。更精確地說，缺乏對於階層結構與其限制的重視，異質性互動本身將很難進行工具性的報酬預測。假想一個銀行總裁，在當地社群內外佔據高階位置，而且與同樣屬於高層級的行動者社交，如同同質性原則的預測。與其他擁有類似資源的行動者互動，能夠增強他或她在階層內的位置，如同情感性行動所企望達到的。然而，當銀行總裁採取工具性行動時，他或她會如異質性原則所預期，接觸擁有不同資源的行動者嗎？如果資源是可轉移的（請見第四章有關複雜結構內的交易討論），那麼我們可以預期銀行總裁將與其他擁有不同資源類型（例如，是權力而非財富），但是在社群內部的複雜階層結構中佔據類似地位的行動者互動，這仍是一種同質性互動。

　　同樣的，位於最底層位置的行動者，我們便不會預期他能從異質性行動中，得到與高階層行動者相同的回報。由於位置與佔有的分布是一種金字塔狀結構，他們更可能

進行同質性的互動（也就是說，在結構中有更多像他們的
行動者，因此發生同質性互動的機會也隨之提高），並且
發現與較高位置互動極為困難（也就是說，他們不太可能
提供高為階層行動者偏愛的回報）。因此，異質性互動較
不可能對於他們的工具性行動帶來巨大的回報，而如表
4.1 所預期的。

　　因此，整合階層與結構的面向是極為重要的。表 4.1
所呈現的預測或許是一種普遍的傾向，但是不一定適用於
那些佔據結構中精英位置的人們。對於他們來說，如果同
時考量到多重階層所包含的不同貴重資源的類型，異質性
的互動不會比同質性互動帶來更多的回報。結構為某些人
提供機會，但卻替某些人帶來限制。

結論評析

　　本章藉由釐清行動的動機，以及對於目的性行動在不
同的互動類型中，可能的成本與回報，並且透過合併行動
層面與結構層面，為下一章有關社會資本理論正式說明架
好了舞台。我們在這裡要說明的是在社會資本化的過程
中，關於行動之於結構的爭議：透過此一過程，結構資源
轉為社會資本。也就是說，是否社會資本化代表著行動者
方面的目的性行動，抑或是只是反映某一行動者的結構機

會？

古典資本理論與文化資本理論（Bourdieu 1972/1977; Bourdieu and Passeron 1977）視結構限制或機會是給定的。行動只屬於那些處於優勢位置的人們。對於布迪厄來說，結構的強加性質反映統治階級對於其他社會成員的社會化（例如透過教育）精英的價值與規範，因此讓其他成員誤認為這些價值與規範屬於他們所有。個人確實可以使用行動的策略，而接受或取得這些價值與規範，但是這樣的適應與行動僅僅只會加強特權以及統治系統的結構再製。

對於絕大多數的人力資本理論家與部分社會資本理論家來說，由行動者發起的目的性行動，可以被視為來自於資源與資本的動員以及投資。行動者的目的性行動或許會受到他們的結構地位或網絡位置所限制，但是在此概念之下，優勢地位與位置的佔有者卻無法從他們的地位或位置得利，除非他們所採取的行動能夠帶來所欲的結果。

對於柯曼而言，社會資本是由是否能為特定意圖與特定行動發生作用來加以界定（Coleman 1990，第一、二章）。如果鑲嵌於結構中的某物對於個人的目的性行動有幫助，那麼這就是社會資本。而同樣的東西之於其他的行動與行動者卻不見得是社會資本，因為它們可能對此不具備任何功能。這樣的概念同樣也為普特南（1993、1995a、1995b）與其他提及參與自願性組織、俱樂部與社會團體的人士所延伸，因為這反映社會制度中的信任（Hardin 1998），並且和社會的福祉有所牽連。

葛諾維特（Granovetter 1974）指出透過弱連帶（weak ties）與橋樑（bridges）而佔有訊息優勢的過程。他並未特別提及行動者意識到這樣的優勢，或是他們花費功夫使用弱連帶或橋樑。然而，由於基本上頻繁的互動多半發生於某人的社會圈中（與屬於強連帶的成員），這意味著利用弱連帶或橋樑，代表著投入更為額外的成本，也就是目的性行動。

伯特（1992）的結構洞（structural hole）理論則無關乎行動。但是，結構洞效用的重要之處在於行動者對於利益的計算，這是一個合併投資與「報酬率」的功能（乘數），如同結構機會所代表的意義。伯特以結構洞分析結構機會與結構自主，預期那些具有結構機會在資源與資本上佔優勢的人們，可以藉由採取（投資）行動而產生利益。因此，對於伯特來說，資源的活化運用被設定是由行動者完成。事實上，他偏好以**玩家**（players）一詞來取代**行動者**，以突顯這個特點。

儘管這些理論家隱約提及行動的層面，但是在他們的理論中仍就不清楚，而非視為焦點所在或是驅使要素。這裡與其他處所提供的社會資本理論，則讓行動層面越加明顯（Lin 1982）。從資源的觀點來看，行動是重要的，同時與結構具有相等的重要性。含有動機的行動引導著互動。特別是工具性行動，對於關係與連結的投資動機——尋找或動員——或許能夠得到社會資源。為了讓葛諾維特與伯特隱隱談到的目的性行動變得明確，社會資本理論將為了取得或動員較佳社會資源的行動置於優先。然而，投資與動員的成本則受限於社會結構中資源的可及性與異質性程度，而行動者可以在其中找到自己的位置。行動者進一步受到他們在階層結構中的特定地位，以及他們在網絡中的位置所限制。在既有的社會結構中，這樣的隱約限制是巨大而重要的。因此，所有的實證研究都不應忽略或是低估結構的影響力。然而，從因果關係來說，我們不可能對於認為是行動抑或是結構對於社會資本的取得更為重要的結論掉以輕心。第八章將指出理論性的可能，也就是由行動透過社會資源或社會資本的動員而引導著社會結構。

　　一個必須處理的謎題是個人行動者如何在追求他們本身的利益而非社會結構的利益的情況下，而利用社會結構中的資源。如同前面所提及，行動者作為社會結構的代理人，被預期將採取行動以維持或促進結構的資源。那麼，相反的，行動者與位置的佔有者如何能為了本身的利益而運用這樣的位置性資源？

　　普遍來說，社會結構與個人行動者是相互加強的：結構獎勵那些支持與認同其貴重資源的個人行動者，而個人行動者則努力認同與促進結構資源，以便在結構中得到較

佳的地位與位置。然而，由於行動者／代理人對於規則與
程序的詮釋，以及動員社會結構中的資源而被賦權，因此
能夠也將會引起結構的改變（Sewell 1992）。每個行動者
對於規則的認知與詮釋，以及對於資源可及性與需求的評
估之所以有差異，是因為他們在社會化或專業化的過程中
不同的經驗所致。這樣的差異在社會結構內部，以及由既
存制度的規則與程序所轉換的新制度將帶來變遷（Sewell
1992）。

除此之外，是因為社會結構與其行動者所認定的貴重
資源並不完全一致。當集體與個人行動者同時作為積極促
進本身利益的代理人時，以及當集體賦予行動者詮釋規則
與程序以及動員資源的能力時，個人行動者便獲得機會促
進他們本身的利益。一種促進自我利益的方式是動員與運
用委託於行動者佔有的位置的資源。第二種方式則是利用
與其他位置及其佔有者的連接，而同樣動員與運用他們的
資源。這些直接指涉到社會變遷的議題，將在第十一章中
處理。

正是這些位置與鑲嵌資源之間的賦權關係提供行動
者／佔有者，即代理人，有機會獲得利於他們擁有利益的
結構資源。也就是說，這些結構機會成為行動者／佔有者
的社會資本。

第 5 章

理論與理論的命題

　　前面三章對於社會資本的結構、互動與行動層面討論的說明，為指出導引研究的命題打下了基礎。本章將總結至今為止的主要原則，並且提出理論的原則性命題。

社會資本的理論

　　社會資本的理論著重於鑲嵌於某人網絡的資源，以及如何獲得與使用這樣的資源而有利於個人的行動。資源被界定為社會中的貴重物品，但是是由社會一致認定，資源的擁有能夠維持與促進個人生存與維繫。價值是附加於這些物品的規範性評價。對於絕大多數的社會來說，就是財富、名聲與權力。而社會資本理論則將重心放在因為維持或是獲得貴重資源所採取的行動。

　　資源可以是歸屬（ascribed）或是取得（acquired）的。

歸屬資源（ascribed resource）是那些某人一出生便擁有的
資源，像是性別與種族。其他的資源則透過繼承的方式取
得，像是喀斯特（caste），有時包括信仰，或許也包含父
母親的資源。資源也可以透過取得的方式獲得，像是教
育，或是具有聲望與權威的工作。當資源被投資於市場中
以期獲得回報時，資源便轉爲社會資本。

　　資本可以被區分爲兩個類屬：(1)個人或人力資本，
以及(2)社會資本[17]。人力資本由個人所擁有的資源所構
成，他們可以自由地使用與處置這些資源，而無需花費太
多的心思在補償上。社會資本則由鑲嵌於某人的網絡與組
織的資源所組成。我們在這裡的焦點是社會資本，社會資
本並非個人持有的物品，而是透過直接與間接連帶而能
夠取得的資源。這些資源的取得與使用是暫時的，就某種
意義而言，行動者是借用而非持有它們。朋友的腳踏車可
能是某人的社會資本。某人能夠使用它來達成特定目標，
但是他必須歸還給他的朋友。社會資本的使用也暗示著社
會資本有互惠或是補償的義務。

---

[17] 如同第四章的註腳 14 所指出，社會資源可能同時也包括文化資本。

假設

　　社會資本的理論是由一組關於鉅觀、中程與微觀結構的假設所構成。在鉅觀結構上，社會資本的理論提出三個假設。首先，理論以對於社會結構的想像爲起點，社會結構包含一個位置的集合，根據特定的規範性貴重資源，像是階級、權威與地位而進行位階的排序。它更進一步地假定在珍貴資源的控制與可及性上，結構呈現金字塔狀。地位越高，佔有者就越少；地位越高，在結構中的視野也就越佳（特別是往下俯瞰）。就位置佔有者的數量與可及性來看，金字塔狀的結構意味著接近頂端的位置所佔有的優勢。

　　較爲接近結構頂端的位置之所以更能取得與控制珍貴資源，不僅只是由於更多的珍貴資源直接附加於該位置之上，同時也因爲該位置與其他位階的位置更有聯繫的可能（主要是較低的位置）。因此，佔據較高位置的佔有者，同樣也擁有對於社會資本較高的命令權。

　　伴隨著社會結構的想像以及對於鑲嵌資源的理解，階層結構中的位置層級與依據工具性行動（獲得額外的資源）而能運用其他（較低）位置的影響力總和之間，以及位置所擁有關於結構中資源分佈的訊息之間，明顯地具有直接的關係。影響力因素來自於較高位置能比較低位置更

快累積資源的能力。因此，處於較高位置的個人能提供的
資源，能夠期待在未來帶來更多的報酬，因為相較於低階
位置，高階位置能提供更多的資源，反之亦然。訊息的因
素與跨越位置層級的不對稱網絡關係有關。相較於低階位
置，高階位置擁有更多的訊息，以及較佳的結構視野；因
此，它更能掌握特定資源在結構中的鑲嵌位置。

　　其次，社會資本理論也假定儘管各種貴重資源形成了
階層結構的基礎，以及每個珍貴資源界定某個特定的階
層，這些階層仍傾向一致性與可轉移性。也就是說，結構
位置傾向在各種資源面向中趨於相互符合。在某一資源中
佔據較高位置的佔有者，同時也可能在另一種資源中佔有
較高的地位。舉例來說，在職業結構中具有較高位置的個
人，同時也可能擁有較高的財富與權力。當這樣的一致性
無法完全落實（即不同形）時，跨越面向的資源交換不僅
變得可能，在絕大多數的社會中，是明顯而可以預期的。
例如，擁有權力資源的佔有者可以與擁有財富資源的佔有
者談判與交易，而以出借給後者的權力或得後者部份的財
富。

　　第三，社會資本理論假設此一階層結構是金字塔狀
的，高階位置比低階位置擁有更少的佔有者。某個實際的
結構在事實上看起來可能不會是金字塔狀，因為這樣的結
構正向重新定義的層級組合而發展與轉移。舉例而言，在
工業化的進程中（將此界定為發展科技以製造機械工具的

過程，並且假定能在每一個現代社會中察覺），當佔有者
由農業轉移到非農業部門時，職業結構便偏離金字塔狀。
當農業部門的人口降低，而低階的非農業部門人口增加
時，職業結構，以不同層級的佔有者數量來看，則呈現瓶
狀。同樣的，隨著社會中教育層級的上升，必定存在少數
處於最低層級的落後者，代表著包含由最缺乏教育的個人
所組成的「殘餘」（residual）團體。

　　就中程與微觀結構來看，社會資本理論提出兩個關於
互動與行動的假設。第一，它假定社會互動較可能發生處
於類似或是鄰近的階層層級中，也就是同質性互動的原
則。順著關於資源的一致性與可轉移性的結構假設，預期
或是公平的交換牽涉到提供與接受資源的互動夥伴。因此
較爲接近或是類似的社會位置，其佔有者更有可能彼此互
動。社會資本理論假設**兩種主要的驅力**來說明絕大多數的
個人行動：維持珍貴資源與獲得珍貴資源。採取前者，即
命令行動是爲了保存與保護業已屬於個人處置的貴重資
源，而後者，即促進行動的採取是爲了取得並不屬於個人
處分的珍貴資源。我們可以將它們分別稱爲情感性與工具
性行動。

　　情感性行動將造成符合同質性互動原則的互動。對於
相似資源以及資源互惠與保護的需求的認知，建立了充分
互動的基礎。這樣的預期與我們的觀察相一制，在具有接
近社經特質、生活型態與態度的參與者之間，不僅互動更

爲經常發生，同時也較爲充分（Homans 1950;Lazarsfeld
and Merton 1954）。這樣的相似性被認爲反映了階層結構
中社會位置的接近性。在珍貴資源跨越各個層級而分布的
社會中（即系統中的每位成員均擁有數量不等的資源），
同質性互動在所有層級中是極爲普遍的。因此，在絕大多
數實存的社會結構中，這樣的模式是真實存在的。

　　相反的，工具性行動並不會帶來與同質性原則以及符
合結構預期一致的互動模式。按照定義來說，爲了獲得額
外或是新的資源，必須接近其他的社會位置（特別是具有
更多與更好的資源位置）。也就是說，因爲獲得額外資源
的意圖，而可能針對擁有不同資源（以及更佳的資源）的
人們採取更**有效**的行動，符合異質性互動的原則[18]。

　　因此，將個人與結構連結的理論必須首先兩種行動的
類型：工具性行動與情感性行動。工具性行動是那些爲了
達成特定目標的意圖所採取的行動。此類行動類型的區分
特徵，是手段與目的是分離而有所區別的。典型的例子是
找工作或是找人。情感性行動是因爲本身的目的而採取：
這樣的行動既是手段也是目的，同時是相互整合而無法分

---

[18] 工具性行動的發起方向也可以是高階位置的佔有者向低階位置的佔有
者，因爲後者提供許多必須的服務。由於相較於低階位置，高階位置可
以命令與更能獲得資源，因此低階位置的佔有者有義務回應由高階位置
佔有者爲了得到回報所採取的行動。在本章中，焦點放在尋找更佳資源
的個人。在第九章，我將進一步說明不對稱交換的原理。

離的。吐露某人的情感是典型的例子。社會資本理論對於
工具性與情感性行動的陳述有所差異。

　　第二，理論必須說明行動與互動之間的一致或緊張。
某個情感性的行動驅使個人尋找其他具有相似特質與生
活型態的人們，透過分享與吐露獲得預期的回報，同情與
讚賞的理解與諮詢。由於同質性互動是互動的規範性
（normative）類型，情感性行動也引發規範性的互動（同
質性互動）。也就是說，在成本與回報之間存在著某種規
範性的契合。另一方面，工具性行動則驅使某人尋找其他
具有不同（而且希望是較佳的）特質與生活型態的人們，
以便獲得訊息與影響力來達成更多與／或更好的資源的
預期回報。因此，異質性互動代表因為目的（工具性）行
動的極端或「非規範性」的成本與預期回報之間可能的不
契合。

　　由於工具性行動與互動的規範性模式的不契合，社會
資本理論必須更加注意工具性行動藉由社會資本而成功
的過程。

理論的命題：
結構性的鑲嵌資源與目的性行動

　　這裡要提出的理論，只能適用於將其他行動者視爲中介物的行動類型。在特定的情境下，行動或許能在缺乏中介的情況下完成。舉例來說，在一個完全的勞動市場系統中，工作的空缺與它們所需的技術爲所有的求職者所知曉，而求職者的雇用與否完全依賴求職者的技術是否能與職位要求的技術相符合，在這些的情況下，便不太需要透過連繫；直接的運作便能達成所有的目的。同樣的，如果調查員認識社會系統中其他的成員，那麼他也就不需要透過連繫來確認他們。只有在調查員並未直接認識尋找對象時，連繫才變得必須。因此，適用於目標資訊紛雜的不完全市場的理論是無法完美的。我認爲這樣的情境涵蓋絕大多數實際市場的情況。

　　將社會資本與行動連結的理論，必須具體說明以下七個命題：

　　　1.社會資本的回報（命題一：社會資本的命題）
　　　2.社會資本的取得
　　　3.結構地位的優勢（命題二：「地位效用」（strength-of-positions）的命題）
　　　4.社會連帶的優勢（命題三：「強連帶效用

（strength-of-strong-tie）」的命題以及命題四：「弱
連帶效用」（strength-of-weak-tie）的命題）

5. 網絡位置的優勢（命題五：「位置效用」
（strength-of-locations）的命題）

6.網絡位置與結構地位的互動（命題六：位置與地位
的命題）

7.結構地位與連帶／位置的互動（命題七：結構偶然
性的命題）[19]

第一個命題是說明社會資本預期回報的重要命題；它
假定取得與使用較佳的社會成本將帶來更爲成功的結
果。其他五個命題則假設影響社會資本的較佳取得與使用
的因素。地位效用的命題認爲社會地位對於較佳社會資本
的取得與使用具有正向效果。連帶效用的命題則假定弱社
會連帶（較爲異質的互動）的使用，將對於較佳社會資本
的取得與使用帶來正向效果。地位效用的假設反映了結構
對於工具性行動的影響。同時也假定地位、連帶與位置之
間存在著互動的效應。普遍來說，結構的影響將比行動的
效應更爲強烈。結構對於行動的相對強度，在階層結構中
的頂端或是底部是更爲明顯的。在接下來的章節中，我們
將闡明這些命題。

---

[19] 這個理論的早期觀點以及部分的命題請見 Lin（1982），而後續的觀點與
修正則散見於其他作品（Lin 1986,1990,1992a,1995a,1999a）。

社會資本的回報

(1)社會資本的命題：**行動的成功與社會資本呈現正相關**。這是理論陳述的主要命題，表示取得與使用較佳的社會資本將能帶來更成功的行動，也就是對於社會資本的回報。完成某個目的性行動的簡單策略，是接近某個擁有或是能夠取得更為貴重的資源的人士。如同第二章所指出的，這樣的接近讓社會資本的使用帶來幾個重要的幫助。首先，它能夠讓中介者的影響力用於中心個人本身。中介者的位置越佳，鑲嵌與可命令的資源也就越豐富，而這樣的影響力越高，越能對於中心個人有所助益。其次，中介者既有的結構優勢觀點，能提供中心個人更佳的訊息。第三，佔有較佳位置的中介者，伴隨著位置的鑲嵌與命令資源，投射出較佳的社會證書（social credentials），因此能夠作為中介者的保證或是中心個人的證書。最後，接觸較佳位置的中介者的能力，能夠加強中心個人在進未來的互動與行動中的自信與自尊（例如求職面試的進行），而有助於行動目標的達成。因此，對理論來說，第一個與最重要的命題是**行動的成功與社會資本呈現正相關**。此一命題也主張情感性與工具性行動都適用於這樣的關係。

用圖表來表示，我們可以透過圖 5.1 來說明。社會結構的階層本質可以用金字塔來加以呈現：具備不同程度的貴重資源的位置層級可以順著縱軸加以定位。就兩個結構位置幾乎相同的中心個人（圖中的 e1 與 e2）而言，此一命題假定 e1 將比 e2 具備競爭優勢，因為他所連繫的社會連帶，也就是 a1，其位置較 e2 所連繫的社會連帶 a2 來得高。

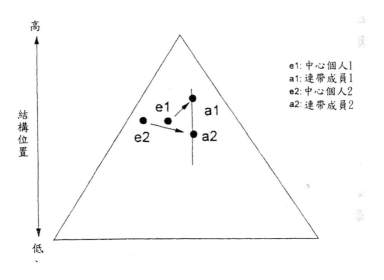

圖 5.1 社會資本的相對效應

透過直接與間接連帶，個人行動者能夠取得不同的資源；什麼樣的測量可以作為社會資本的指標呢？依循韋伯的論點，我們可以指出三種透過社會連帶取得的資源類型做為社會資本的內容：(1)財富：經濟資產，(2)權力：政治資產以及(3)名聲：社會資產。有三個總結性的特質與

這些資本有關：(1)向上的觸及性：透過社會連帶獲得的
最佳資源；(2)異質性：透過社會連帶所能觸及的位置的
資源範圍，以及(3)擴張性：能夠觸及的位置數量。這些
標準與測量如圖 5.2 所示。

　　第一項向上觸及性的標準是簡單明白的：透過社會連
帶，中心個人在階層結構中可以觸及的最高位置資源。如
同圖 2.2，中心個人與結構中其他的位置相連結；中心個
人能夠觸及的最高位置代表中心個人能夠向上觸及的社
會資源。位置是由其附屬的資源價值所界定，通常反映此
一位置在結構或社群中的相對地位、階級與權威。

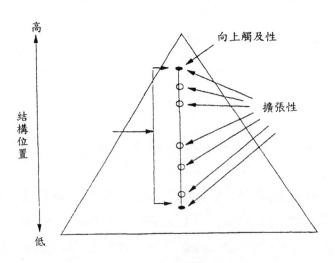

圖 5.2　社會資本的測量

　　第二項標準，資源的異質性，反映中心個人透過結構層級中跨越位置的社會連帶，能夠觸及的資源的垂直分布。如同圖 1.2 所示，此一分布的範圍可由中心個人連帶所觸及的最高與最低的資源之間的距離來呈現。資源的異質性標準並不是那麼明顯，但是卻相當重要。舉例來說，不知道如何增加電腦的記憶體以便執行某一程式的個人，或許不需要與高地位的程式設計師聯繫；而只需打電話給能夠快速前來協助的友人即可。當中心個人十萬火急地尋找保母時，也不需聯絡擁有豐富資源的鄰居。在辦公室中，清空某人的字紙簍或是清洗地板，依賴的是與管理員的友善關係，而非向他的主管求助。因此，擁有所有屬於高地位的社會連帶或許無助於許多生活上的需求。因此，透過社會連帶所提供的資源類型、等級與總量的異質性，為更佳的社會資本取得設立了一個重要的標準。第三個標準，擴張性，簡單地反映中心個人透過社會連帶所觸及的位置以及鑲嵌於其中的資源的多樣性。

　　這些經濟、政治與社會地位的實際測量，因每個社會甚至是每個社群而有所差異。因此，指出既有社會的局部意涵的社會資本測量是一項經驗性的工作。只要如此的局部意涵的測量能夠被界定與檢驗，我們提出的命題就可能成立。

　　社會資本不同的測量之間的相關性，儘管經常被認定相關程度相當高，但是仍因不同社會與社群而異。在研究中評估它們在每個社會的相符程度,以及運用適當的方法論控制,來反映各項測量的相同處與差異處,同樣也是經驗性的問題。除此之外,社會資本測量的相對效果或許依賴著行動的動機與目的。如同我們曾經提到的,行動的採取可能是因爲情感(維持資源)或是工具性因素(獲得資源)。社會資本的測量間的相對優勢是否因行動的類型而有所不同,或是毫無差異,也再一次地因不同社會與社群而異。在某些三項社會資本的測量是極爲重疊或相符的社會中,它們對於兩種行動類型的效用或是是一致的。在其他的社會中,當這樣的資產是較爲分離與獨立時,評估這兩種行動類型的相對效應便十分重要。

社會與資本的命題是理論的主要命題,除非能夠在研究中證實,否則其他的命題都將變得沒有意義。另一方面,如果此一命題獲得證實,便爲命題的進一步發展與精緻化搭好舞台。在本章後段,我們將把焦點放在其他幾個關於社會資本的源頭與原因的命題,也就是決定取得較佳社會資本可能性的因素。

取得社會資本

那麼,誰較有可能取得社會資本?我們提出三個可能的因素:(1)中心個人在階層結構中的位置,(2)中心個人與其他行動者之間的連帶特質,以及(3)連帶在網絡中的位置。這三個因素形成關於取得社會資本的四個理論性命題：(1)中心個人的結構地位的效用，(2)連帶的效用，(3)連帶位置的效用，以及(4)地位、連帶與位置的聯合（互動）效應。

(1)**結構的優勢**。同質性的原則被用來說明規範性與情感性的互動模式。此一原則意味著人們因為情感性的理由，傾向與自己相仿的他人互動。當這個原則被運用於誰能獲得更好社會資本的議題時，那些在結構中初始位置相對較高的人們，顯然擁有更多的優勢。初始位置或許是繼承自父母親，或是由個人的成就所取得。一旦初始位置定位，位置的特定佔有者便依循規範性的互動模式將本身與其他類似或較高的位置連結起來。初始位置越高，其佔有者便更有可能取得更高價值的資源。因此，我們假設初始位置的層級與透絡連繫所觸及的社會資本呈正相關，也就是地位效用的命題。

(2)**地位效用的命題：初始位置越佳，行動者更有可能接近與運用較佳的社會資本**。圖 5.3 說明兩位中心個人，即 e1 與 e2 在層級的相對位置，並且預測它們將觸及位階不等的連帶成員。因此，在獲得較佳的社會資本上，e1 被認為比 e2 更具位置與結構的優勢。

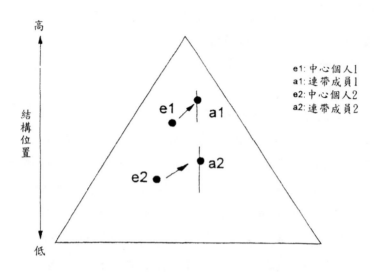

圖 5.3　結構位置在取得社會資本的相對優勢

　　這個命題預測某種對於社會資本的結構效應：處於較佳社會位置的人們，在取得與動員擁有較佳資源的社會連帶上佔有優勢。**初始地位**包括中心個人的歸屬與成就位置。歸屬地位（ascribed position）是中心個人繼承而來的位置，通常是來自父母親。成就地位（attained position）則是中心個人取得與佔有的社會位置與社會角色。因此，地位效用的命題預期處於較佳歸屬地位與成就地位的人們，將有更好的機會取得與使用擁有較佳資源的社會連帶。這個命題完全符合一般的結構理論；它反映行動者的結構優勢，並延伸此一結構效應到社會資本。強者恆強

（The haves will have more）。對於情感性行動與工具性行動來說，均適用於本命題。

地位效用的命題延伸資源的取得，而超越同質性原則。不僅是佔有較高位置的個人更可能與相似的位置建立社會連結，這些社會連結本身的網絡所擁有的社會資本也能為中心個人所用。依據相同的原則，這些位置與它們的社會資本應當與中心個人具備直接連結關係的位置相仿。因此，這些間接連帶能夠進一步增加中心個人取得更廣泛資源的可能性。因此，地位效用的命題代表個人擁有的位置越高，他們便更有可能取得更好的社會資本。

網絡的優勢。地位效用命題的重點在於，那些初始位置相對較高的人們，能夠獲得較佳的結構機會來觸及較好的社會資本。下一個問題是，是否存在某種機制，讓初始地位較低的較低的人們能夠觸及較佳的社會資本。或是，當兩個在結構中佔有幾乎相同位置的行動者，他們之間的互動能夠帶來任何不同的結果嗎？

這裡的建議是，社會資本的取得，同時也受到中心個人在社會結構中與其他行動者的關係的影響。然而，幾個原則將導致不同的命題。我們將以邏輯上的順序來加以考量，從結構的觀點開始，到機會的觀點，再到選擇的觀點，最後則結合這些觀點。

(3)強連帶效用的命題：連帶的強度越強，更可能取得有助於情感性行動成功的社會資本。結構原則是簡單明白的：可取得的資源，與中心個人及其共享強烈情感的連帶成員之間的社會連帶呈正向關係。我們可以將此原則稱爲強連帶效用的命題。這些社會連帶的關係強度反映了它們的強烈程度、親近頻率（信賴度）、互惠性與相互認可的義務（Granovetter 1973）。當關係越強烈，便更有可能分享與交換資源。

　　相互的支持與認可有助於促進中心個人與連帶成員的資源，包括他們的名聲。因此，這樣的關係能相互寬恕，或甚至是鼓勵社會債務（social debts）與債權，以及債務的豁免。柯曼（1990）將所有高於平均義務密度的社會結構稱之爲**封閉**（closure）團體。目前的命題著重於，中心個人因爲與他人的關係強度而取得他人資源的可能性。也就是說，即便連帶成員擁有較佳的資源，但是如果彼此之間的關係無法反映規範性的互惠、信任與相互認可，那麼連帶成員不見得會回應中心個人取得資源的需要。親近的關係是取得社會資本的必要條件。對於一個密集、凝聚、互動、互惠與信任的網絡能夠有效地作爲參與成員的資源，已有許多堅實的論點（Bourdieu 1980,1983/1986; Coleman 1990;Portes and Sensenbrenner 1993）。

　　這些分析指出強連帶是立基於情感、信任以及資源與生活型態的共享，支撐著既有資源的維持與強化，而與情感性行動相符。因此，這個命題可以如此表示：**連帶的強度越強，更可能取得有助於情感性行動成功的社會資本。**

　　然而，修正的同質性原則（圖 2.1）告訴我們互動、情感與資源的相似性是正向關係。因此，透過較強的連帶能夠取得與中心個人相似，或是些許不同（較好）的資源，這是地位效用命題的精確預測。一旦同質性原則延伸到資源的部分，那麼較強連帶的取得效應變可以加以說明。因此，強連帶效用的命題反映某種結構的優勢。

　　與社會位置不同，互動與網絡的有趣面向在於它們或多或少是固定的，除非或是直到發生社會變遷（我們將在第十一章處理這個議題），連帶的強度與網絡內部的資源分布將有所改變。個人可能對於互動的夥伴擁有較弱或是較強的情感。這些互動夥伴之間的關係強度也會隨之改變。同樣的，在網絡中，由於直接與間接連帶，中心個人在網絡中的位置也會改變。這些連帶強度與網絡位置的改變，意味著必須提出進一步關於這樣的變化將如何影響個人取得社會資本的命題。換句話說，如果是較弱的連帶而非較強的連帶，或是中心個人的位置是接近網絡的邊緣而非核心，對於中心個人是否有任何的助益？

　　(4)弱連帶效用的命題：連帶的強度越弱，更可能取得有助於工具性行動成功的社會資本。 葛諾維特（Granovetter 1973,1974）是第一位對於弱連帶進行理論性檢驗的學者。依循著何門斯的概念化與同質性原則，他想像社會圈子（social circle）可以透過密集或較為互惠的互動夥伴來加以界定。鑲嵌於社會圈子的個人在特質上可

能與圈內其他成員較為同質；這樣的同質性同時可以延伸
到訊息的部分。除此之外，在同一個社會圈子的成員，對
於較大社會結構的知識也較為同質。如果個人需要不一樣
的訊息，那麼他們更可能在其他而非本身的社會圈子發
現。為了觸及另一個社會圈子，中心個人必須找到連結這
兩個圈子的連帶。這些介於不同社會圈子的連帶被稱為**橋
樑**（bridges），沒有了這些連接，兩個社會圈子將是互為
獨立的。

　　葛諾維特進一步指出兩位個人之間的連帶所形成的
橋樑，舉例來說，是較為微弱的，因為他們參與不同的社
會圈子。儘管他並未明說，但這同時也意味著作為橋樑的
個人在他們個別的社會圈子中，可能是位於邊緣的位置，
因為他們維持與其他社會圈子的連帶，或許也降低他們與
所屬圈子互動的強度。由於較強的連帶標誌著強度、親密
程度、接觸頻率、共同認可的義務以及互惠措施的提供，
因此，如果個人在他們的連帶中，找出弱連帶而非強連
帶，便更可能找到連接其他社會圈子的橋樑，而能增加他
獲得較佳訊息的機會。葛諾維特將此一策略與優點稱之為
「弱連帶的效用」[20]。

---

[20]　弱連帶的相關特徵並未破壞任何新的基礎，因為它們能直接從互動的同
　　質性原則推演出來。讓我們回想此一原則指出互動較有可能發生於具有
　　相同特質與生活型態的行動者當中。相反的陳述則是互動較不可能發生
　　於擁有不同特質與生活型態的行動者之間。如果某個社會團體或是社會

　　弱連帶的作用同樣也可以延伸到社會資本。修正後的
同質性原則指出資源的不同性（dissimilarity）與較低的互
動與較低的情感有關（圖 3.1）。因此，弱連帶意味著較低
的親近性、較低的強度、較不頻繁的接觸、較少的責任以
及較弱的互惠行為，而與更為不同的資源有關。如同圖
5.1 所示，當中心個人透過弱連帶向外接觸，弱連帶效用
的假設指出中心個人將能指向階層結構的上層（連帶成員
2）與下層（連帶成員 3）。弱連帶因此准許取得更廣泛的

圈子具有密集互動與聯繫的特徵，那麼依據同質性原則，可以預測成員
共享相同的特質與生活型態，訊息也是如此。由於與其他團體之間的聯
繫是貧乏的（只能依靠橋樑），依據同質性原則，也將預期兩個團體的
成員可以透過他們不同的特質、生活型態以及訊息來加以區分。

弱連帶效用論述的重要性更在於指出弱連帶，由於它們的貧乏關係，能
夠帶來兩個團體的訊息流動。在社會心理學在一九二○與一九三○年代
出現後的幾十年中，互動性原則在強連帶促進凝聚、滿足與態度以及意
見的一致的前提下，事實上引導大部份的理論研究發展，將重點放在強
聯繫的團體（例如，初級團體、參考團體、小團體與親密關係）。這些
分析將維持成員的關係與團體視為是值得追求的。也就是說，焦點放在
強連帶的強度。這樣的發展很大一部分忽略了橋樑或是弱連帶，因為它
們是強連帶的反面，而前者具有所有社會團體的正向特質。

葛諾維特的弱連帶論點，指出弱連帶如何有助於訊息的流動。透過此一
橋樑，或許是只能透過此一橋樑，某團體的成員能夠學習與獲得其他團
體的訊息。如果這樣的訊息是有用的，那麼無論是誰獲得或是使用橋
樑，都能比其他團體成員獲得更多的優勢。我們可以假定團體同時也從
透過橋樑流通的訊息中獲益，但是這並未在葛諾維特的原始論述中指出
（1973,1974）。

資源異質性。因此，修正後的弱連帶效用的命題就是**連帶關係越微弱，中心個人更有可能取得異質資源。**

然而，弱連帶的論述本身並未指出弱連帶永遠讓中心個人與較佳資源相連結（向上觸及性〔連帶成員 2 而非連帶成員 1〕與擴張性）。畢竟，資源的異質性只是較佳社會資本的一項標準（例如，新的與不同的訊息增加中心個人的訊息劇目）。更重要的是，我們必須進一步修正原始的弱連帶效用的假設，以便將其與取得社會資本的向上觸及標準相連結。在這裡我們將擴張同質性的原則。

實證的觀察（Laumann 1966）指出，個人偏好與其他處於較高社會地位的人們連繫。洛曼（Laumann）稱之為**名望原則**（prestige principle）。當然，連繫的偏好與實際的互動行為並不相同，但是這並未解釋為何實證的證據顯示個人傾向追求與社經地位類似，或是些微較高的人們互動，而非較低的人們[21]。也就是說，在圖 5.4 中連帶成員 2 與連帶成員 3 之間作選擇，中心個人傾向選擇與連帶成員 2 互動。因此，我們可以修正弱連帶效用的命題如下：**連帶關係越微弱，中心個人更有可能取得異質資源（至少在資源異質性與向上觸及性的面向上）。**

---

[21] 在實際的行為中，個人的確與社經地位較低的他人互動。這是既存的事實，因為即便當個人與偏好的他人（擁有高地位的他人）互動，他們便等於與位階低的中心個人互動。那麼，個人為何要與低地位的中心個人互動？我們將在第九章討論此一議題的其中一個觀點。

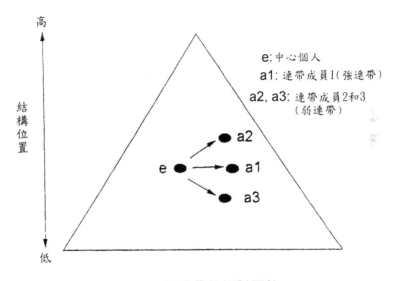

圖 5.4　弱連帶的相對優勢

　　弱連帶效用的論點現在變得清晰。問題仍舊為是否必須建立弱連帶效用的假設，以便理解網絡位置在接近社會資本時的優勢。為了探就這個問題，我們現在將檢驗另一個替代性的概念。

　　(5)位置效用的命題：在網絡中，越接近橋樑的個人，越能得到有助於工具性行動成功的社會資本。葛諾維特關於「網絡中的橋樑」的討論（1973）指出網絡位置在允許訊息從某一社會圈子流向另一社會圈子的效用。也因此形成他的弱連帶功用的論點。然而，他接著將論述的焦點從

網絡的位置轉移到社會連帶中的個人。這樣的好處在於連
帶的強度，像是親近性、強度、接觸頻率與互惠服務的測
量，特別是其他代替性的測量，如角色關係（例如親屬、
朋友與熟人），可以快速的經由簡單調查而進行研究，因
爲這樣的測量可以迅速地從受訪者的自我報告取得。取得
個人如何在社會網絡中形成連帶的資料是更爲困難。問題
在於是否這樣的測量，或甚至是連帶效用的概念，能夠捕
捉到網絡位置的重要性，像是橋樑。

　　社會橋樑（social bridge）可以被界定爲社會網絡中，
兩名個人行動者之間的聯繫，缺乏這樣的聯繫將讓群集
（cluster）一分爲二，各自擁有兩名以上的個人行動者。
換句話說，橋樑是兩個團體的行動者的唯一連結。此一定
義可以稍稍鬆綁，兩個群集可以透過幾座橋樑相連。橋樑
的功能在於讓取得鑲嵌於兩個團體的資源變得可能。

　　伯特（Burt 1992）在他的**結構洞**（structural hole）理
論中，更明確地說明橋樑的概念，他將結構洞界定爲「必
要接觸（nonredundant contacts）的分離」與「兩者接觸
間的必要關係」。而在伯特進一步指出「這個洞是一項緩
衝器，如同電路的絕緣體。當結構洞出現在他們之間，兩
者的接觸能夠爲網絡帶來某種額外而非重疊的益處」
（Burt 1992,p.18）。圖 5.5 是一個結構的例子：在環繞著
A 的連帶群集，以及圍繞著中心個人（你）的群集之間，
介於中心個人的群集與環繞著 B 的群集，以及環繞著 A

與環繞著 B 的群集之間。儘管結構洞指涉兩個群集間的
必要或是趨近於清空的連結，如果確實存在，中心個人與
A，中心個人與 B，以及 A 與 B 之間的連結便構成橋樑。
結構洞的概念把焦點放在缺乏接觸的兩個群集，而橋樑則
著重於跨越結構洞（幾乎是清空）的接觸。因此，結構洞
與橋樑是兩種描述同樣的網絡特徵與此一位置的策略重
要性的方式。

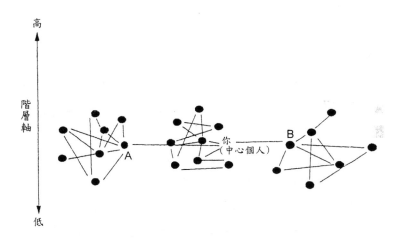

圖 5.5　結構洞(橋樑)和連帶強度(水平群聚)
(引自 Burt 1992, p.27)

橋樑讓某一群集的個人行動者，能夠觸及鑲嵌於另一
群集的節點的資源，否則便沒有觸及的可能。伯特表示跨

越結構洞的橋樑的益處在於它們控制了訊息的流通,與葛諾維特的論點相去不遠。在不損及普遍性的情況下,我們或許可以將橋樑的優點延伸到包括所有社會資本的接觸。因此,此一論述就是位置效用的假設:**在網絡中,越接近橋樑的個人,越能得到更佳的社會資本。**

弱連帶效用的論點被認為是位置效用命題的替代性命題。因為橋樑可能會呈現兩個群集之間的弱連帶,利用弱連帶將增加個人觸及橋樑的可能性。當我們無法依賴個人對於網絡全景的認知時,此一替代性命題便顯得有用。相較於探查中心個人網絡中的所有橋樑,中心個人的選擇策略可以簡化為尋找中心個人的弱連帶。此一替代性的命題同時簡化了研究者的工作。相較於描繪每個中心個人的網絡地圖,研究者可以轉而利用連帶強度的測量加以取代。當然,因為這是一種替代性的測量,檢視位置效用命題的研究證據或許會較為薄弱。

(6)位置與地位的命題:位置對於工具性行動的效用(鄰近橋樑),是與橋樑連接的不同資源的偶合(contingent)。儘管結構洞的觀點將社會橋樑的形成,從葛諾維特著重於連帶的強度轉移到網絡的位置,但是仍需有所修正。檢視圖 5.6 作為結構階層的縱軸;我們便明白中心個人(你)與 A 的連結將比中心個人與 B 的連結,更能為中心個人的團體成員帶來益處,因為 A 的群集所包含的位置,在資源上比中心個人所屬的群集來得豐富,

而 B 的群集則為資源較貧乏的位置。此一情況與圖 5.5
的情形可說是強烈的對比，在圖 5.5 中，三個群集「平放」
在相同的階層層級上。在圖 5.6 中，同樣的結構洞與橋樑，
但是透過三座橋樑所接觸的資源的相對利益卻是最小的。

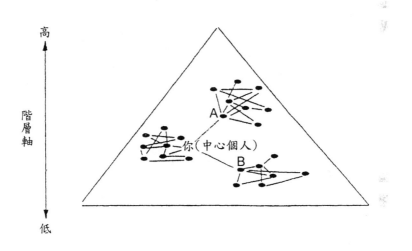

圖 5.6　階層結構中結構洞(橋樑)和弱連帶的不同優勢

因此，策略位置，例如社會網絡中的橋樑端視所觸及
的資源而定。如果橋樑只是引導到擁有相同或是些許較高
的貴重資源的話，鄰近橋樑的位置或許就不是那麼有用。
換句話說，鄰近網絡中的橋樑的優勢，與橋樑所連結的節
點的資源豐富與否偶合的。我們可以用**互動命題**表示：位

置的效用（鄰近橋樑）是與橋樑連接的不同資源的偶合
（contingent）。既然不同行動者之間的資源差異，可以透
過他們在階層中的位置得到最好的呈現，因此我們可以進
一步說明此互動命題：**佔有鄰近橋樑的位置，同時此一橋
樑連結其他處於較高的階層位置的行動者時，便能接觸到
更好的社會資本**。因此，位置的優勢是與可接觸網落的資
源的偶合結果。依照定義來說，由於此一命題假定較佳的
資源是鑲嵌於階層結構中的較高位置，也意味著網絡中的
位置優勢是與它能觸及的位置的縱向分布有關。

位置與地位的命題，並未完全否定向下連結與向上連
結的垂直橋樑同樣重要。如同圖 5.6 所示，中心個人通往
A 與 B 群集的橋樑，皆能爲中心個人群集的成員增加資
源異質性。然而，由於地位效用的命題涉及資源的異質性
（較高的地位透過他們的連帶與網絡，能接觸的垂直分佈
更爲廣闊的資源）與向上觸及性，我們預期 B 將維持與
中心個人的連結，因此得以擴張 B 群集成員對於中心個
人群集與 A 群集的資源異質性。

總的來說，網絡位置的重要性，無論是認知爲橋樑或
是連帶強度，是個人的所連繫或連結的階層結構位置之間
的偶合。擁有橋樑與弱連帶的相對優勢在於能夠擴大連帶
或是群集的連帶之間的垂直距離[22]。

---

[22] 請注意我們並未假定網絡的容量，像是個人行動者的數量，是決定較佳

行動效應的結構偶合

　　我們所提出的命題，特別是引向較佳社會資本的因素，可以區分為兩種效應：來自結構中初始位置的效應，以及來自網絡（連帶與位置）與它們的合併效應。儘管位置效用的命題明確地反映結構的影響，但是網絡的命題卻反應某個機會與選擇的混和物。機會與選擇是否反映以及在何種程度上反映目的性行動，仍需要進一步的討論。

　　我們已在第四章討論，弱連帶效用與位置效用代表著機會與選擇，因此與行動有關。然而，針對結構對於機會與選擇的限制仍有些疑問。回想弱連帶效用的論點。在階層結構的頂端（請見圖 5.3），能夠向上接觸的範圍便逐漸減少。因此，相較於向下接觸，當垂直的連結（弱連帶）出現時，朝上接觸的可能性也降低。事實上，在處於最高點時，任何的縱向連結都將是向下連結。因此，強連帶（水平連帶）應當較弱連帶（垂直連帶）更有助於取得較佳的社會資本。換句話說，當某人在階層結構中的位置被移向頂端，那麼對他來說，同質性原則將比異質性原則更加有效。

　　同時，網絡效用的效應也限制位於底部的行動者。在

資本的因素。沒有任何理論性的理由可以推斷較佳的社會位置、資源豐富的網絡或是異質性網絡，與較多人口的結構或網絡有關。

階層的最底端，如同我們的假設，將存在更多的位置與佔有者。根據布勞（Blau 1977）所提出的結構理論，互動的可能性與團體的規模有關。因此，當位置與佔有者的數量增加，而且彼此擁有相同的互動特質，他們互動的可能性也隨之提升。那麼，當團體的規模擴大，社會網絡也就變得較為同質與缺乏多元也是可理解的。另一個衍生的假設是在社會階層的最底端，同質性的網絡將增加依循強連帶的互動機會，而減少依循若連帶的互動機會。因此我們可以得到一個推論，就是機會結構的缺乏將降低網絡作為取得較佳社會資本方式的作用。

因此，在階層結構的中段，我們預期能夠偵察到網絡效用的效應。由於與鄰近的社會位置的規模較為相似，機會結構也較為廣泛，縱向的接觸應當是向上接觸的最佳可能。如果這個命題成立，我們同時因此可以預測，當中心個人的位置處於階層結構的中段時，行動是最具有意義且有效的。位於結構低層的行動者，只有些許的機會能夠採取有意義的行動。同樣但是基於不同的原因，位於上層的行動者因為缺乏採取行動的動機，而破壞了結構的作用（搗亂，rocking the boat）。這導致了下面的命題。

(7)結構偶合的命題：網絡（連帶與位置）的效應，受到階層結構對於接近或是位於階層頂端或底部的行動者的限制。圖 5.7 說明結構與行動之間的互動。接近頂端的中心個人 1，顯示如果他選擇垂直的途徑，那麼向上接觸的機會相當有限。接近底部的中心個人 3，朝上或朝下接觸的垂直途徑均受到結構的限制。而位於階層中段的中心個人 2，則在廣泛的向上接觸，與完成此一接觸的機會上佔有優勢。

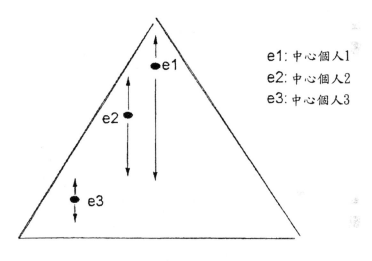

圖 5.7　網絡效應的結構限制

結論評析

我們現在可以用一組假設（未經驗證的預設）與命題，總結社會資本理論的重點如下：

1. 結構的假設（第三章）：珍貴資源鑲嵌於結構中，
   而在這樣的結構，位置、權威、規則與佔有者（代
   理人）通常形成金字塔狀的階層，包括貴重資源的
   分佈、位置的數量、權威的等級以及佔有者的人
   數。在階層中的層級越高，珍貴資源就越集中，位
   置的數量就越少、命令的權威就越高，佔有者的人
   數也越少。

2. 互動的假設（第三章與第四章）：互動通常發生於
   在資源與生活型態上，具有相似或鄰近特質的行動
   者間，可說是依循同質性的原則。資源特質的相似
   性程度越高，互動所需的成本就越低。

3. 網絡的假設（第三章與第四章）：在社會網絡中，
   直接或間接連結的行動者，具有不同類型的資源。
   部份他們所具有的資源是個人所持有的（個人資源
   或人力資本），但是絕大部分是鑲嵌於每個和他有
   接觸的行動者身上，無論是直接或間接連結，或是
   鑲嵌於每個行動者所佔有或接觸的結構位置上。

4. 定義（第二到第四章）：這些結構性的鑲嵌資源，
   就是網絡中的行動者的社會資本。

5. 行動的假設（第四章）：行動者被驅使在社會行動
   中，即目的性行動，維持或取得他們的資源。維持
   資源的行動被稱之為情感性行動，而獲得資源的行
   動則被稱為工具性行動。維持資源是採取行動的主
   要動機；因此，情感性行動是主要的行動類型。

6. 社會資本的命題：行動的成功與社會資本呈正向關係。

7. 位置效用的命題：初始位置越佳，行動者越可能取得與使用較佳的社會資本。

8. 強連帶效用的命題：連帶的強度越強，更可能取得有助於情感性行動成功的社會資本。

9. 弱連帶效用的命題：連帶的強度越弱，更可能取得有助於工具性行動成功的社會資本。

10. 位置效用的命題：在網絡中，越接近橋樑的個人，越能取得有助於工具性行動成功的社會資本。

11. 位置與地位的命題：位置對於工具性行動的效用（鄰近橋樑），是與橋樑的不同資源的偶合。

12. 結構偶合的命題：網絡（連帶與位置）的效應，受到階層結構對於接近或是位於階層頂端或底部的行動者的限制。

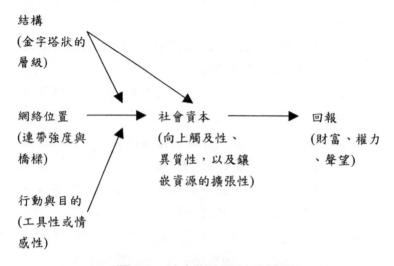

結構
(金字塔狀的
層級)

網絡位置 ⟶ 社會資本 ⟶ 回報
(連帶強度與 (向上觸及性、 (財富、權力
橋樑) 異質性,以及鑲 、聲望)
嵌資源的擴張性)

行動與目的
(工具性或情
感性)

圖 5.8　社會資本理論的模型

　　根據以上命題所建立的模型如圖 5.8 所示。

　　這些假設與命題更確實的指出,這裡所提出的社會資本理論具備四項特點:(1)其概念在本質上是**理性**的,而且無法被降級為個人或是心理的層次。(2)此一理論本質上被納入階層結構之中。事實上,它只有在階層結構的脈絡下才有意義。(3)它包含個人層面的行動,因此需要微觀層次的分析。(4)本理論的發展是立基於**理論**與**實證研究**的緊密相互整合,因此避免依據假設的理論或無聊的實證主義,進行無止盡的抽象再抽象的推論陷阱。我認為,這些特質賦予此一理論在強調鉅觀與微觀差距,以及社會學的發展中獨特的地位。

最後，我們應當注意預設只能在允許指出理論性的命題的前提下建立。因此，預設可以是先於（給定）理論的說明，但是並不保證這些預設在實證研究中必然成立。理論性的發展不僅期待對於命題的有效性進行研究，對於預設也是如此。也就是說，我們希望當工具逐漸完備時，預設本身受到研究或是實證的檢驗。預設不是不可侵犯的。當預設無法成立時，理論本身便需要修正或甚至是被駁斥。理論引導研究，而且必須持續接受驗證與可能的修正。

第 6 章

社會資本與地位取得：

一個研究的傳統

　　本章[23]將說明反映社會資本與工具性行動之間連結的研究傳統。更具體地說，這個研究傳統探究社會資本如何增加找到較佳工作的可能性。因此被劃入所謂**地位取得過程**的普遍性研究典範之中。

　　地位取得可以被理解為個人動員與投資資源，以求在社經地位上獲得回報的過程。理解與探討地位取得過程的理論性與實證性作品，可以追溯到布勞與鄧肯（Blau and Duncan 1967）所提出的開創性研究。主要的結論在於即便指出歸屬地位（親代地位）的直接與間接的作用，成就地位（教育與之前的職業地位）仍舊是說明個人最終取得的地位的最重要因素。此項研究因此設定理論性的底線，以便進一步的修正與擴張。所有後續的理論修正與擴張，它們對於地位取得解釋的貢獻，都必須以超越布勞與鄧肯典範的所提出的論點而加以評價（Kelly 1990;Smith

---

[23] 本章的重要內容在獲得許可之下，改寫自林南（Lin 1999b）的作品。

1990）。幾條後來的研究路線，包括社會心理變項的增加
（Sewell and Hauser 1975），階級地位的重構（Wright
1979;Goldthorpe 1980），「結構」實體與位置的整合，像
是貢獻（contributing）與取得的地位（Baron and Bielby
1980；Kalleberg 1988），以及比較發展與制度作為偶合條
件的界定（Treiman 1970），皆明顯的擴張，而非取代，
布勞與鄧肯最初關於成就之於歸屬的個人資源在地位取
得中的相對價值的結論。

在過去的三十年中,有一個研究傳統把焦點放在社會
資本對於對於地位取得的影響。主要的命題是社會資本比
個人資源具有更重要與更明顯的作用。系統性的研究此一
命題包括(1)發展理論性的詮釋與假設；(2)發展測量社會
資本的方式；(3)經由實證研究驗證假設；以及(4)評估社
會資源與個人資源在地位取得過程中的相對重要性。這些
調查已經在北美、歐洲與亞洲,以及在多重政治經濟體中
進行,同時涵蓋許多國家與文化的學者。此一理論與研究
的累積與進展,被認為擴大了社會學在地位取得分析上的
知識範疇,而在社會階層與社會流動的領域中也是如此。
這或許也代表一個最為重要的研究領域,在其中在有關工
具性行動的理論與方法上,建立了明確而系統性的運用與
分析。在一定的程度上,此一研究傳統對於社會資本理論
本身的發展,具有直接的貢獻。

本章的目的在於(1)回顧這些研究路線的理論與實證

的基礎；(2)總結我們選取的研究與結果；以及(3)提出未來研究的議題與方向。在進行這些工作之前，我希望先說明此一回顧的限制。我們將著重於社會資本，也就是鑲嵌於網絡，而可以被取得或使用於取得地位的資源；因此，我們並不準備回顧社會網絡本身的性質的影響（例如密度、中心性與連結性），除非它們指涉到資源的取得（這些特質的作用經影響到鑲嵌資源的取得與使用）。其次，我們著重的結果在於地位取得，而非順利的找到工作。後者已有大量的文獻探討，同時以在其他的作品中獲得較佳的整理（例如 Granovetter 1995）。本章將觸及找工作在某種程度上影響地位取得的層面。最後，只有英文的文獻可供回顧，我希望能夠納入歐洲的文獻，但是因為語言的限制而無法在此呈現。

成形的研究與理論基礎

　　社會網絡分析對於地位取得的貢獻可以追溯到葛諾維特的開創性研究（Mark Granovetter 1974），他訪查了兩百八十二名位於麻州牛頓（Newton）地區的專業與經理級男性。資料顯示那些使用個人間管道的人們，較易獲得較為滿意與較佳（例如高收入）的工作。根據此一實證研究以及大量的找工作文獻的回顧，葛諾維特提出（1973）

一個關於訊息流動的網絡理論。弱連帶效用的假設指出弱連帶可能會成為橋樑，讓個人與其他的社會圈子相連，得到原本在所屬圈子不會得到的訊息，而這樣的資源對於個人應當是有用的[24]。

　　然而，葛諾維特從未指出，透過弱連帶比透過強連帶更能得到或是有助於高地位工作的取得（1995,p.148）。有關連帶強度與地位取得之間連結的線索，是間接來自於在紐約州北部三聯市（tri-city）都會區所進行的小小世界（small world）研究（Lin、Dayton and Greenwald 1978）。此研究的參與者的任務是將包含特定目標人物訊息的資料袋，轉送給他們知道姓氏的人，而資料袋最終可能會到達目標人物的手中。此項研究發現，相較於失敗的尋人鏈（chain），成功的尋人鏈（成功將資料袋交給目標）在找到最後一個節點前，經常涉及到高地位的中介者（在街層中向下找尋目標的所在）。成功的尋人鏈意味著節點擁有較為廣泛的社會接觸（擁有更多的社會連帶），以及傾向

---

[24] 表面上，此一假設看起來或許只是倒轉長期為人所知的假設，就是強連帶是在那些分享相似特質與生活型態的人們中成形，像是同質性原則或是如我（like-me）假設（Homans 1950;Lazarsfeld and Merton 1954; Laumann 1966;Lin 1982）。然而，弱連帶效用論點的貢獻在於挑戰賦予強連帶，或是同質性原則視為理所當然或是歸屬的價值：強連帶，促進團體的團結，對於社會是有價值的。藉由將我們的關切轉移到弱連帶，葛諾維特提醒我們，弱連帶促進對於不同或新訊息的取得，而同樣具有社會價值。

將資料袋交給他們最近沒有見面的人（弱連帶）。小小世界研究因此帶來兩個貢獻。第一，它指出階層位置的接觸或許是地位取得的關鍵因素。因此，連帶強度與地位取得之間的可能連結或許是間接的：弱連帶的效用在於它們接觸著社會階層中較高的社會地位，而有利於工具性行動。其次，此研究暗示著行為不是紙筆測驗，如同在傳遞資料袋過程中，每個步驟都需要每位參與者的實際行動。因此，此一研究為過去紙上作業的地位取得研究成果，提供了行為的有效性。

根據這些研究，形成了某種社會資源的理論（Lin 1982,1990）。此一理論以對於包含根據特定規範性資源，像是財富、地位與權力而進行位置排序的鉅觀社會結構的想像開始。此一結構在資源的可及性與控制上呈現金字塔狀的分佈：位置越高，佔有者越少；位置越高，在結構中的視野也越好（特別是向下看）。金字塔狀的結構意味著接近頂端的位置在佔有者的數量（較少）以及位置的可近性（更高）。在這樣的結構限制與機會中，個人依據情感性或是工具性的原因採取行動。對於後者來說（在社會結構中取得地位是主要的例子），中心個人最好的策略是向結構上層連繫。這些連繫有利於對於某些位置（例如企業的主管）施展影響力，而讓他們的行動有助於中心個人的利益。如果中心個人透過弱連帶，將有助於此一向上接觸的過程，因為以中心個人在階層中的位置來看，它們更有可能讓個人進行垂直（假設是向上的），而非水平的接觸。

　　因此，我們形成了三個命題：(1)社會資本的命題，社會資源（在社會網絡中取得的資源）影響工具性行動的結果（例如地位取得），(2)地位效用的命題，反過來說，社會資源受到中心個人的初始位置所影響（以父母的資源以及之前的資源爲代表），以及(3)連帶效用的命題，社會資源受到使用弱連帶的影響比使用強連帶的來得高。

社會資源與社會資本：理論性的聚合

　　此一理論性的的發展發生於一九七〇年代晚期與一九八〇年代早期，而當時也出現同一取向但是彼此獨立的社會資本討論（Bourdieu 1980,1983/1986;Coleman 1988）。儘管根據不同學者的研究（例如社群規範，Coleman 1990;團體團結,Hechter 1983,Portes and Sensenbrenner 1993;自願性與公民組織的參與,Putnam 1995a,1995b），社會資本關照到社會結構中的多樣特徵,但是社會資本主要指涉的是在社會網絡中取得的資源在最後卻越加清楚（Lin 1982,1995a;Flap 1996;Tardos 1996;Burt 1997;Portes 1998）。除此之外,理論也著重於這些資源的工具性效用（資本作爲投資或動員）。社會資源與社會資本理論的聚合,輔助與強化著重於取得與動員鑲嵌於社會網絡的資源,其工具性效用的社會理論發展。它讓社會資源的重要性置於社會資本的廣泛討論中，並且讓社會資本的定義與操作性成為研究的概念。雖然之後提出了許多其他的命題（請見第五章），單是此三個前面提到的命題（即社會資本、地位效用與連帶效用）在社會資本的架構中依舊有效。之後的討論將反映出社會資本與社會資源的聚合概念，並將檢驗依據三個命題所進行的研究：(1)社會資本的命題（第五章的命題一）：取得社會網絡中較佳的鑲嵌資源，有助於取得較佳的地位；(2)地位效用的命題（第五章的命題二）：初始位置越佳，越能取得較佳的地位；以及(3)弱連帶效用的命題（第五章的命題四）：連帶關係越弱，越能取得較佳的地位（找工作的工具性行動）。在實證與研究的層次，社會資源是被使用的（used）；在普遍的理論層次，社會資本則是被運用的（employed）。

研究模型與證據

關於社會資源與地位取得之間關係的研究，必須檢驗兩個過程，如圖 6.1 所示。其中之一是著重於社會資本的取得，也就是透過中心個人普遍的社會網絡所取得的資源。在此一過程中，假定人力資本（教育與經驗）、最初位置（父母或是之前的工作地位），以及中心個人的社會

連帶（例如連帶的擴張性）將決定中心個人透過這些連結
（網絡資源）所取得的資源程度。除此之外，網絡資源、
教育以及最初位置被認爲將影響地位的取得，像是職業地
位、權威地位、部門與報酬。我們可以將此一模型描述爲
取得的社會資本模型（accessed social capital model）。

　　另一個過程則把焦點放在社會資本在地位取得過程
中的動員，也就是找工作過程中，社會接觸的使用以及接
觸所提供的資源。如同我們在圖 6.1 所見，聯絡人地位
（contact status）的使用被視爲在地位取得過程中動員社
會資本。它假設聯絡人地位與教育以及初始位置，對於工
作地位的獲得具有明顯而重要的影響。倒過來說，聯絡人
地位受到教育、網絡資源以及中心個人與聯絡人之間的連
帶強度的影響。連帶的強度可以透過自覺到的效用（例如
關係的親近性），或是角色類屬（例如親屬、朋友與點頭
之交）來加以測量。我們可以將此一模型稱之爲**動員的社
會資本模型**（mobilized social capital model）。

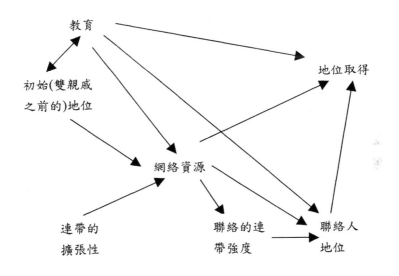

圖 6.1 地位取得的社會資本

在兩種分析中,其他的因素或許會附加於基本模型之上,包括年齡、性別、種族／民族、職業經驗與任期的情況、工作的部門,以及產業或組織,可作為控制變相或是機會與限制的因素。接下來我們將進行簡短的文獻回顧,首先從動員的社會資本模型開始,因為它最早受到研究注意,接著是取得的社會資本模型以及整合取得與動員的模型。研究與發現的總結,請見表 6.1。

表 6.1　社會資本與地位取得的研究和發現總結

研究	社會資源效應 （結構的變化）	地位效應	連帶效應
動員的社會資本模型			
Lin, Ensel, and Vaughn (1981, USA)	Yes	Yes	Yes
Marsden and Hurlbert (1988, USA)	Yes	Yes	No
Ensel (1979, USA)	Yes	—	—
DeGraaf and Flap (1988, the Netherlands)	Yes	—	—
Moerbeek, Utle, and Flap (1995, the Netherlands)	Yes	Yes	—
Wegener (1991, Germany)	Yes	—	—
Requena (1991, Spain)	No	—	—
Barbieri (1996, Italy)	Yes	Yes	No
Hsung and Sun (1988, Taiwan)	Yes	—	—
Hsung and Hwang (1992, Taiwan)	Yes	Yes	No
Bian and Ang (1997, Singapore)	Yes	—	Yes*
Volker and Flap (1999, East Germany)	Yes	Yes*	No
Bian (1997, China)	Yes	—	No
取得的社會資本模型			
姓名產生器方法			
Campbell, Marsden, and Hurlbert (1986, USA)	Yes	—	—
Sprengers, Tazelaar, and Flap (1988, the Netherlands)	Yes	Yes	Yes*
Barbieri (1996, Italy)	Yes	Yes	—
Boxman, DeGraaf, and Flap (1991, the Netherlands)	Yes	—	—
Boxman and Flap (1990, the Netherlands)	Yes	—	—
Burt (1992, USA)	Yes	—	—
Burt (1997, 1998 USA)	Yes*	—	—
地位產生器方法			
Lin and Dumin (1986, USA)	Yes	Yes	Yes'
Hsung and Hwang (1992, Taiwan)	Yes	—	—
Volker and Flap (1999, East Germany)	Yes	Yes	Yes
Angelusz and Tardos (1991, Hungary)	Yes	No	—
Erickson (1995, 1996, Canada)	Yes	—	Yes'
Erickson (1998, Canada)	Yes	—	—
Belliveau, O'Reilly, and Wade (1996, USA)	Yes	—	—
取得／動員的合併模型			
Boxman (1992)	Yes	—	—
Flap and Boxman (1996, 1998, the Netherlands)	Yes	—	—
Volker and Flap (1997, Germany)	Yes	—	—
Lai, Lin, and Leung (1998, USA)	Yes	Yes	Yes

一：未提及

＊：部份確認；細節請見文本

動員的社會資本

對於動員的社會資本模型[25]的最初實證檢驗，是由林南及其同事所完成的（Lin,Ensel,and Vaughn 1981;Lin, Vaughn, and Ensel 1981）。此一研究使用紐約州阿巴尼（Albany）都會區一個具代表性的社群樣本，擁有超過四百名的受雇男性，並且確認聯絡人地位對於地位取得的影響，超越父母親的地位以及教育的影響。本項研究也證實聯絡人地位受到父親地位的正向影響，以及受到中心個人與聯絡人之間的連帶強度的負向影響。這些成果對於社會資本理論的三個命題提出了初步的確認。恩索（Ensel 1979）在一項紐約州的受雇成人的研究中，將此調查延伸到男性與女性之中。儘管確認到聯絡人地位明顯地影響地位的取得，但是他發現向男性的聯絡通常比向女性的聯絡更能接觸到較高地位。除此以外，女性在找工作時，較常向女性聯絡，而男性幾乎全都向男性聯絡。當女性真的向

---

[25] 實際上，這個研究的估計程序僅限於在找工作中勞動力參與者使用個人接觸的樣本，提高了對於估計可能造成的選擇性偏誤的擔憂。在針對勞動人口社群的調查中，從百分之二十到百分之六十一的求職者指出使用個人接觸（相關總結請見 Granovetter 1995,pp.139-141）。但是，研究的選擇性偏誤顯示在比較那些在求職中使用個人接觸，以及在求職中使用正式管道或是直接申請的人們，在特徵上並無太大的差異。而年輕與缺乏經驗的工人則顯示傾向使用個人接觸。因此，絕大多數研究皆整合年齡以及／或是工作經驗作為控制變項，來說明可能的偏誤。

男性聯絡時，卻仍處於劣勢，相較於男性，她們能觸及的較高地位也明顯的較爲低落。這項研究是其中一項最早提供直接的證據，證明男性在階層中具有位置的優勢，比女性擁有更佳的社會資本的研究。其次，女性在動員男性聯絡卻無法因此取得較佳社會資本的劣勢，部份說明了女性較爲低下的地位取得。此一模型的進一步複製與延伸是由馬斯登與賀伯特（Marsden and Hurlbert 1988）所完成，他們分析一九七〇年底特律地區研究（Detroit Area Study）中四百五十六名男性的轉職。此一分析確認聯絡人地位（職業聲望與部門）對於取得的聲望與部門均有強烈的影響。他們同時發現到聯絡人在核心部門的聲望與位置，與這些轉職者之前工作的聲望與部門有關，也證明了地位效用的命題。另一方面，他們並未證實連帶效用的命題；聯絡人地位與中心個人以及聯絡人之間的連帶強度並無關係。

葛拉夫與福萊普（De Graaf and Flap 1988）迅速地將此一模型延伸到其他社會，在他們一九八〇年對於西德六百二十八位男性的調查，以及一九八二年對於四百六十六位丹麥男性所進行的普查中，進一步地支持社會資源的命題。他們並未檢驗社會資源地位效用與連帶效用的命題。一九九二年荷蘭的家庭普查提供比較男女性在社會資本影響上的資料。墨爾比克、烏爾提與福萊普（Moerbeek，Ultee and Flap 1995）利用父親的職業作爲社會資本的指標，他們將父親視爲某種社會聯絡，並且發現這對於男性與女性的第一個與目前或最後一個的工作的地位，具有正向而顯著的影響。韋格納（Wegener 1991）分析一九八七年從六百零四位年齡介於四十二到三十二歲的德國男女所收集的資料，發現聯絡人地位明顯地影響取得工作的聲望，確認了社會資源的命題。然而，他並未檢驗連帶效用與地位效用的命題。巴比耶里（Barbieri 1996）報告一份針對米蘭（Milan）行政區內五百位的新雇勞工，透過發現聯絡人地位明顯地影響目前的職業地位，也說明父親地位、教育與第一份與前一份職業的聲望的影響，確認社會資源的命題。除此之外，他發現父親的地位透過教育間接地影響聯絡人地位，對於連帶效用的命題提出部份的支持。當巴比耶里將樣本區分爲使用強連帶與弱連帶兩群時，他發現較弱連帶的使用在聯絡人地位與地位取得之間並無優勢。事實上，有某些證據顯示較強的連帶將增加聯絡人地位與第一份或之前工作的地位的關係。瑞奇那（Requena 1991）在西班牙的研究是唯一無法證實社會資源命題的研究，其中顯示越多的社會資源並不能提供較佳的工作，即便他們確實影響報酬的獲得。他指出之所以缺乏社會資源的影響，部份原因是西班牙雇用政策與運作的嚴密科層化。

　　理論的系統性檢驗同樣也在亞洲展開。熊瑞梅與其他學者在台灣進行了一系列研究，而台灣也是一個資本主義

國家。其中一項研究（Hsung and Sun 1988）調查製造業
的勞動力，而另一項研究（Hsung and Hwang 1992）則檢
驗都會區域（台中）的勞動力。兩項研究皆支持社會資源
的命題，在考量父親的教育與職業地位、教育，乃至於目
前工作與之前工作的地位之後，證明聯絡人地位明顯地影
響第一份與目前獲得的工作的地位。熊瑞梅與黃毅志
（Hsung and Hwang 1992）同時也發現對於地位效用命題
的些許支持，但是父親的教育與職業地位對於初次求職的
聯絡人地位只有些微的影響，同時對於目前工作的聯絡人
地位並無明顯影響。就連帶的強度來說，混合的測量（聯
絡的親近性、拜訪的頻率、來電的頻率以及關係的內涵）
指出對於第一份工作的聯絡人地位只有輕微的反向影
響，而對於目前工作的聯絡人地位則沒有關連。除此之
外，在一九九四年，邊燕杰與安（Bian and Ang 1997）在
新加坡進行一項針對五百一十二位男性與女性的研究，強
烈地確認了社會資源的命題：聯絡人地位明顯地影響取得
的地位。除了年齡、教育與之前工作的地位以外，協助者
（helper）的地位與目前取得的工作的職業聲望極為有
關。就所有的受訪者而言，較弱的連帶能夠達到較高地位
的聯絡。然而，最弱的連帶（一點都不親近）對於聯絡人
地位毫無影響，此一發現與一九八八年天津的研究結果相
似，我們將簡單地說明。就那些間接聯絡到協助者的受訪
者來說，連帶強度與連絡地位的關係是反向的。然而，介

於中介者與協助者之間的強連帶，更可能帶來聯絡到較高地位協助者的結果。

　　一個此一研究典範的重要延伸，是在不同的政治經濟體下，檢驗社會資本的命題。邊燕杰（Bian 1977）一九八八年在天津所進行的研究，包括男性與女性共一千零八名，發現除了教育與前一工作的地位以外，協助者的工作地位（透過他或她的工作單位（unit）的階層等級測量）與換工作時所取得的工作單位的地位有著強烈的關連。而中心個人與協助者之間的連帶強度，對於協助者地位的影響並不顯著。進一步的分析顯示，中等強度的連帶能夠接觸到較佳地位的協助者；而中心個人與中介者之間的連帶強度也是如此，中介者與協助之間的關係強度同樣也反映出同樣的情況。除此之外，在佛克與福萊普（Volker and Flap 1999）於萊比錫（Leipzig）與德勒斯登（Dresden），兩個之前屬於東德的城市所進行的回溯（retrospective）研究中，聯絡人的職業聲望在一九八九年時，對於第一份工作與工作聲望皆有著強而顯著的影響。因此，社會資源的命題獲得證實。然而，連帶的強度（透過中心個人與聯絡人的關係強烈程度加以測量）對於聯絡人的地位或取得的職業地位與收入卻並無影響。而父親的教育程度或是職業聲望在一九八九年時，也並未在找工作的過程中影響聯絡人的地位。然而，教育對於聯絡人地位鉅有顯著的影響。由於父親的地位對於教育程度有著直接的影響，這些研究成果證明經由教育的中介，位置強度將造成間接的影響。

取得的社會資本

　　有兩種方法被用於取得的社會資本的測量：姓名產生器（name generators）與地位產生器（position generators）。**姓名產生器**在網絡研究文獻中，是一種普遍而廣泛被使用的測量方法。一般的技巧是提出一個或多個關於中心個人在特定角色關係（例如鄰里、工作）、工作範圍（例如公事，家戶雜務）或是親近性（例如信賴、親密的互動）。藉由中心個人的自願性答覆，產生了三到五個，或是更多的聯絡人名單。從這些名單中，能夠產生中心個人與聯絡人之間與聯絡人之間的關係，以及聯絡人的特徵。社會資本的測量是被建構用來反映聯絡人的多元性、資源的分佈（教育、職業）以及特徵（性別、種族與年紀）。姓名產生器利用一連串的題目來測量社會資本，包括受到工作內容或角色，以及姓名數量的影響的所產生的變異分佈。因此，這樣的資料能夠反映較強的連帶、較強的角色關係或是整體分佈上的受限連帶（Campbell and Lee 1991）。

　　地位產生器最初是由林南與其同事所使用（Lin and Dumin 1986），利用某個在社會中顯著的結構位置作為樣本（職業、聲望、工作單位、階級或是部門），詢問受訪者指出他們與每個位置的位置的接觸（以他們知道對方姓氏為基礎），如果有的話。除此之外，我們可以依此界定中心個人與每個位置的聯絡人的關係。因此，相較於檢查工作內容或是角色領域，地位產生器測量的是階層地位。工作內容是自由的，而角色或位置則是中性的。表 6.2 說明地位產生器工具的例子。

表 6.2 測量取得的社會資本的地位產生器：一個實例

這是一份職業的名單（出示卡片）。請您告訴我您認識哪些人（以您認識對方的姓氏為基準）從事這些工作？					
工作	1.您認識任何人從事這份工作嗎？*	2.您認識他多久了（幾年）？	3.您跟他的關係為何？	4.您跟他有多親密？	5.他的性別為何？	6.他的工作為何？
工作 A					
工作 B					
工作 C ...					

*如果您認識超過一個人，請回想您認識最久的那個人。

姓名產生器的方法被用於研究已經有一段很長的時間，而地位產生器的方法則是最近才出現的。下面的章節將報告此二種測量方法對於取得的社會資本與地位取得的研究與成果。

姓名產生器研究。坎伯、馬斯登與賀伯特（Campbell、

Marsden and Hurlbert 1986）就一九六五到一九六六年的底特律地區研究中，藉由姓名產生器所取得的資料，檢驗網絡資源與社經地位之間的關係，並且發現網絡的資源組成（教育的最大值與平均值，聲望的最大值與平均值）與取得的地位，像是職業聲望與家庭收入有著顯著的相關。在米蘭的研究中，巴比耶里（Barbieri 1996）同樣也就姓名產生器的資料，對於社會資本進行三次測量，並且發現在納入雙親地位、經驗與人力資本（受教育的年數）後，它們也影響著目前工作的地位。除此之外，社會資本也受到父親地位的影響，證明地位效用的命題。

有幾項研究針對特定勞動人口之間的取得的社會資本，以及獲得地位之間的關係進行評估。史普蘭傑、塔茲拉與福萊普（Sprengers、Tazelaar and Flap 1988）以失業者對於社會資本的取得為核心，進行了一項研究。在兩百四十二位年齡介於四十到五十五歲，同時在一九七八年或是以前失業的丹麥男性中，那些具有較佳社會資本的失業者，較可能在失業後的一年之內找到工作，特別是那些經由弱連帶取得社會資本的失業者。而當失業者發現可以被重新聘僱時，那些擁有較佳社會資本的失業者，便不會去追尋較佳的職業聲望或是較高的酬勞。然而，較佳的社會資本能夠增加求職機會的理想程度，並因而增加找工作時的強度，最後帶來更多與更佳的工作。在失業一年之後，那些在強連帶中（親戚）具有較佳社會資本的失業者，則有較多的機會在隔年或第三年重新獲得雇用。此一研究同時發現那些教育程度、前一工作的聲望以及收入較高的失業者，較可能擁有較佳的社會資本，證明了地位效用的假設。研究荷蘭一千三百五十九位大型公司的高級經理，伯克斯曼、葛拉夫與福萊普（Boxman、De Graaf and Flap 1991）發現教育與社會資本（由與其他組織的工作接觸，以及俱樂部與專業協會的成員資格來測量）對於薪資有著直接的影響。伯克斯曼與福萊普（Boxman and Flap 1990）在 1989 年，對於三百六十五位荷蘭完成職業訓練的人們的求職行為進行研究。資料來自於求職者與雇主，以及來自求職者所使用的聯絡人。初步的分析顯示就收入而言，較為重要的預測項是性別（男性佔有優勢）、社會資本、生涯展望與具有特定的技術。

伯特（Burt 1992）針對一家大型電子組件與電腦設備公司的經理進行評估，認為他們可以很快的獲得升遷以及較佳的獎金。利用在某種程度上，每一個中心個人均鑲嵌於一個受限的網絡之中（較少的聯絡人、更為密集的關係以及更多與單一聯絡人的接觸），而可作為社會資本的測量，他發現結構限制與早期升遷之間呈現反向關係。也就是說，他指出某人在其網絡中能取得多樣的資源，將能增加確認有助於提升他在公司中位置的訊息與影響力的機會。對於某個美國大型金融組織，投資業務部的資深經理來說，同樣也發現受限網絡與獎金之間的反向關係

（Burt 1997）。

　　地位產生器研究。林南與杜明（Lin and Dumin 1986）分析來自紐約州阿巴尼的資料，研究從美國一九六〇年普查所列舉的職業列表中，所抽選的二十項職業，每一項職業依照職業聲望分數的高低排序。工作聲望的測量分數是等距的（interval），而由此界定職業。從此職業組中，選出最受普遍（佔有者的人數）的職業。每一位受訪者是否他與任一項位置有所聯繫（以他們知道對方姓氏爲基礎）。如果超過一位聯絡人，便要求受訪者專注於最爲熟悉的聯絡人。對於每一個有所接觸的位置，受訪者必須表明他與聯絡人之間的關係（親戚、朋友或是點頭之交）。從資料的矩陣，林南與杜明建構了兩個社會資源路徑的測量：可接觸的最高地位（能接觸到的最高聲望分數的位置），以及接觸的地位範圍（最高與最低接觸地位的差異）。分析顯示兩種測量與目前的職業地位呈現正向而顯著的關係。進一步的分析則指出受訪者的初始位置（父親的職業聲望分數，或是藍領／白領與地位高低的分群），與此兩種測量也呈現正向而顯著的關係，證明地位效用的假設。當林南與杜明分析三種連帶關係（親戚、朋友與點頭之交）與路徑變項之間的關係時，發現朋友與點頭之交，是連結最高地位的位置以及接觸的地位範圍的最佳途徑。

　　如同之前提及的，熊瑞梅與黃毅志（Hsung and Hwang

1992）在他們的台中研究中也整合網絡資源。透過由二十種職業所改寫的地位產生器，並未發現接觸的最高地位具有顯著的影響，而可觸及的最高與最低的職業地位的差異也是如此。然而，他們的確發現「網絡資源的總量」測量對於第一份工作的地位有著明顯的影響，「網絡資源的總量」是根據所有可接觸職業的地位分數的總合。但是，此一測量指標對於目前的工作地位則並無影響。佛克與福萊普（Volker and Flap 1999），在他們於德國的研究中，採用地位產生器的方式，要求受訪者在三十三個職業中，指出他們是否認識任何人從事這些職業，如果有，他們與這些人的關係為何（親戚、朋友與點頭之交）。就一九八九年的職業地位而言，在控制父親的教育與職業，受訪者的教育程度與性別後，接觸最高地位變項所帶來的影響是正向而明顯的。當一九八九年的職業聲望與所有其他自變項一同納入方程式後，接觸最高地位的變項對於一九八九年的收入也有正向與相當的顯著影響（p<.10）。此一結果證明社會資源的命題。除此之外，佛克與福萊普發現親戚與點頭之交能夠比朋友接觸到更佳的地位（高層白領或是較高的聲望）。另一方面，點頭之交比親戚或朋友能接觸到更大範圍的職業（最低與最高聲望工作的差異）。雖然接觸的最高職業聲望被證明是預測地位取得的最佳工具，但是卻並未察覺弱連帶的影響（因為親戚與點頭之交，對於接觸高聲望職業的影響幾乎是相同的）。一般來說，父親

的職業聲望與接觸的最高職業聲望之間,存在著正向的關
係,而與透過親戚、朋友與點頭之交所接觸的每個職業群
體也是如此。因此,地位效用的命題得到證實。在一九八
九年以前的匈牙利(一九八七到一九八八年),安奇拉茲
與塔多士(Angelusz and Tardos 1991)同樣使用地位產生
器界定「微弱的連帶」關係或資源。在納入性別、教育、
居住地區與年齡等變項的影響後,這個變項與薪資具有顯
著的關係。在她一九九一到一九九二年,於多倫多所進行
有關私人保全產業(一百六十一個警衛、徵信與保全公司)
的研究中,艾力克森(Erickson 1995、1996)利用萊特
(Wright 1979)的階級面向(財產的控制、組織的控制
與技術的控制)選定十九個工作地位。資料來自於一百五
十五位員工,四十六位管理人員,八十位經理以及一百一
十二位雇主。艾力克森發現社會資本(能夠接觸的工作的
多樣性)有助於工作的自主性與權威,因而帶來較佳的職
業報酬。主要的結論是(1)接觸的社會資本協助人們提升
到更高的位置(比較經理之於低階受雇者,以及雇主之於
受雇者),以及(2)如果人們並未透過聯絡人得到工作,社
會資本依然產生作用(請見下一節有關徵補與社會資本的
討論)。在另一項社會資本的研究中,艾力克森(Erickson
1998)辨明兩種類型的社會資本:全球與區域的。地區的
脈絡指的是地理的地區(鄰里),種族地區(種族社群與
飛地(enclave)經濟體)或是組織(學校、自願性組織、

社會運動或是產業）。在多倫多的區域工作與貿易系統
（Local Employment and Trading System，LETS）一項針
對三百五十二位受訪者的電話調查中，艾力克森要求受訪
者在三十項職業列表中，指出在 LETS 系統以外或以內的
聯絡人。分析顯示區域的社會資本與 LETS 系統（區域經
濟體）中的收入有關，但是全球社會資本與收入在普遍經
濟中並無關係，因而指出社會資本的影響在全球經濟體系
中是更為偶然的。

取得與動員的社會資本的合併效應

　　既然在地位取得的過程中，存在著兩種類型的社會資
本，在邏輯上我們應該在單一研究中檢驗取得與動員的社
會資本。這裡所指出的理論性問題是，在什麼程度上，取
得的社會資本能夠有助於社會資本：也就是說，是否擁有
越多的取得資本，便越能增加動員較佳資本的可能性。此
一假設所暗示的結構機會與優勢是明顯的。然而，它同時
也預期兩者的契合不會是完全的：並非所有取得豐富社會
資本的人們，都能夠因為獲得更好的社經地位的目的，而
能動員較佳的社會資本或是佔有優勢。行動與選擇的要素
也是極為重要的。數項研究支持了此一假設。
　　舉例來說，在針對完成職業訓練的人們的研究中，伯
克斯曼與福萊普（Boxman 1992;Boxman and Flap 1996）

指出聯絡人地位（動員的社會資本）影響取得的職業地位，而取得的社會資本則無。德國的研究（Volker and Flap 1996）則是另一項同時測量取得與動員的社會資本的研究。結果發現，利用地位產生器所指出接觸的最高職業聲望，與在一九八九年找工作時的聯絡人地位有重要而顯著的關係，但是它對於一九八九年工作聲望的直接影響，雖然是正向的，但是只有中等的顯著性（p<.10）。聯絡人的聲望則有較強烈的影響。事實上，在納入第一份工作的聲望後，它對於一九八九年工作聲望的直接影響比教育（而成爲最重要的預測指標）還來得強烈。

　　賴蘊寬、林南與梁樹殷（音譯）（Lai，Lin and Leung 1998）也利用阿巴尼的資料（Lin，Ensel and Vaughn 1981），檢驗地位取得中取得與動員的社會資本的合併影響進行檢驗。將地位產生器（Lin and Dumin 1986）以及聯絡人資源（找工作時的聯絡人地位）此兩種網路資源的測量指標納入模型中，指出目前的工作聲望受到教育（成就地位）與聯絡人地位直接而明顯的影響。而聯絡人地位則受到雙親地位（歸屬地位）、教育、網絡資源以及與聯絡人之間的弱連帶所影響。因此，伴隨著歸屬與成就地位，動員的社會資本直接影響地位的結果，而動員的社會資本則受到取得的社會資本所影響是極其清楚的。

議題與研究的方向

　　研究對於社會資本的命題提供了一致支持，以社會資源的形式，爲超越個人資源的地位取得作出卓越的貢獻。此一關係普遍存在於社會（不同的民族國家以及政治經濟體）、工業化與開發的等級、勞動市場人口（畢業生、新雇員與換工作者）、不同的經濟部門（工業、組織、組織內部的位置）以及地位結果（職業、權威、部門、晉升、獎金）之中。而不同的概念（取得的之於動員的社會資本）與測量（姓名產生器之於地位產生器）也都明確顯示這樣的關係。然而，仍有許多重要的問題需要在未來加以概念化與研究。在接下來的章節，我們將簡短地指出與討論這些議題。

非正式與正式的找工作管道

　　目前很明顯的是，非正式管道的使用本身，並未對於地位取得的其他管道產生助益，特別是正式管道。事實上，如果有任何影響，非正式的管道較可能爲弱勢者所使用，像是女性、低教育程度者以及缺乏技術者。而取得的地位也因此較低。但是，在那些使用非正式管道的人們之中，社會資源（聯絡人的地位）則造成極大的差異。這裡

仍舊存在幾個問題。第一,優勢者是否真的不需使用非正
式管道,他們擁有更豐富的人力資本而可以直接申請高地
位的位置?相關證據是混雜的。對於某些具有特定要求的
工作來說(例如處理科技與硬體的工作),技術與訓練的
證明或許就足以透過正式管道而獲得位置。然而,對於其
他重要的工作(高階管理與人力介面(human-interfaced)
的位置),正式的證書經常不足以表現出此一職業所需要
的社會技巧與資源。透過必要的非正式或秘密管道可以得
到這樣的訊息,但是目前並無調查工具可以加以偵查,而
仍舊是一個重要的方法論挑戰。其次,對於弱勢者而言,
社會資本是受限的(地位效用的論點)。在這些有限的資
源範圍中,對於是否弱勢者也無法動員他們所及的最佳資
源,因而對他們帶來二度傷害的部份,目前並無太多的資
訊。關於優勢者與弱勢者的選擇行為的知識,將有助於透
過結構限制與選擇限制來加以區分。

強連帶或是網絡位置?

　　儘管社會資源的命題與地位效用的命題一直得到證
實(請見表 6.1),但是連帶效用的命題仍舊是曖昧不明。
連帶效用本身並不被認為對於地位結果懍生直接的影響
(Granovetter 1995),而許多研究證據也指出缺乏直接的
關係(例如 Bridges and Villemez 1986;Marsden and

Hurlbert 1988;Forse 1997）。較弱的連帶或許能取得較佳的
社會資源的修正命題，同樣也缺乏連貫的實證支持（請見
表 6.1）。但是，社會資本是希望包含結構影響與主體施為
影響的理論；結構限制中的網絡或連帶的釐清，最終將被
證明是有意義的。幾條研究路線已經提供某些進展。例
如，我們已經指出連帶效用對於取得的與動員的社會資源
的影響，是與初始地位呈現偶合關係的。某些研究指出連
帶效用的天花板效應（ceiling effect）：在階層的頂端，或
是接近頂端之處，強連帶較能產生成功的工作取得（Lin、
Ensel and Vaughn 1981;Erickson 1995,1996）。同樣的，最
微弱的連帶也顯得毫無用處（ Bian 1997;Bian and Ang
1997），因為這樣的連帶缺乏引起交換的動機。另一方面，
最強烈的連帶，儘管觸及的資源範圍有限，但是同樣能發
揮作用。就定義來說，連帶代表著託付、信任與責任，並
因此提供協助。使用這些強連帶來尋找其他連帶的意願與
耗費成本，在制度的不確定性與限制下是極為重要的（例
如在國家社會主義之下：Rus 1995,Bian 1997；或是緊密
的市場情境：Sprengers,Tazelaar and Flap 1988）。組織性
的限制與機會或許也是影響較弱或較強連帶的相對效用
的條件（Lin 1990）。

　　另一個可能的釐清來源是，指出一個網絡中的連帶效
用概念的可能修正。舉例來說，連帶效用可能反映出，中
心個人與其最終取得資源的連帶成員之間的連結長度。如

果假定每個連結的長度相同,那麼中心個人與連帶成員之間的連帶強度或許會與他們之間的連結長度呈現反向的關係:連結鏈的長度越長,連帶就越微弱。儘管多重的連帶必定削弱中心個人與最終的連帶成員之間義務、信任與互惠的程度,但是這樣的連結鏈,仍能延伸中心個人接觸那些不存在於他所處的網絡區域的資源。就某種程度而言,異質或是豐富的資源是分佈於網絡的遙遠處,而連結鏈的長度與弱連帶在實際上將變得有效。此一取徑的分析(例如 Bian 1997)將釐清橋樑效應與連帶效用效應的作用。

其他的思考則指向社會網絡中的位置。社會連帶的效用可能較為依賴行動者在社會網絡中的位置或是階層結構,而非連帶的強度(例如 Lin and Dumin 1986;Angelusz and Tardos 1991;Burt 1997)。位於或是接近策略位置的地點,像是橋樑或結構洞,將提供行動者取得異質並因此而豐富的資源的競爭優勢。

這些發現與思考為社會資本理論的命題帶來進一步的清楚說明,如同在第五章所指出的,網絡位置與結構位置的結合,將是預測工具性行動如何能帶來較佳的社會資源的關鍵。

地位產生器的進一步發展

　　為了確認因果關係，聯絡人的時間架構必須被加以指出。舉例來說，產生器可能想詢問，「當您找到第一份（或目前的）工作時，請問您是否認識任何人從事此一工作？」。同樣的，從既存社會具有意義的階層中，地位的選出也是很重要的。除了職業地位或聲望以外，工作單位、部門、權威或是自主性，也代表了某一社會中的重要地位。強調既存社會具有意義的地位與階級的重要性，因此是在透過產生器界定地位時，一個重要的思考點（Erickson 1995）。

社會資本的不平等

　　對於社會資本的取得差異，值得更多研究上的重視。一般認為社會團體（性別、種族）在社會資本的取得上有所差異，這是因為他們的優勢或弱勢的結構位置與社會網絡所致。因此，舉例而言，社會資本的不平等，讓女性與少數團體只有些微的機會能夠動員較佳的社會資本，而取得或促進的他們的職業生涯。就弱勢者取得較佳地位而言，他們所採取的策略行動必須觸及超越他們慣常的社會圈子（例如女性）的資源，而使用男性（Ensel 1979）在企業中找到支持者（Burt 1998），並且加入由男性主宰的

俱樂部（Beggs and Hurlbert 1997）；或是黑人必須尋找外
於他們鄰里或是工作領域以外的連帶（Green,Tigges and
Browne 1995）；或是墨西哥學者最初必須尋找與非墨西哥
人的連帶，或是制度性的代理人，像是老師或顧問建立連
帶（Stanton-Salazar and Dornbusch 1995;Stanton-Salazar
1997）。針對社會資本不平等的系統性資料，將提供社會
分層與動員的不平等的解釋架構，同時提供克服這樣的不
平等的行為選擇。事實上，我們將在下一章說明這樣的成
果。

徵補與社會資本

　　社會資本與地位取得的關係被應用於勞動市場的供
給面與需求面。到目前為止，研究文獻主要著重於供給
面，也就是從求職者觀點的地位取得過程。需求面的模
型，即組織觀點的徵補過程，才開始萌芽（Boxman and
Flap 1990; Boxman, De Graaf and Flap 1991; Erickson
1995、1996; Burt 1997; Fermandez and Weinberg 1997）。
我們有理由相信社會資本對於企業的選擇性徵補是極為
重要的，因為企業必須在一個社會技巧與網絡對於交換與
交易至為關鍵的環境中運作。對某些特定類型的位置更是
如此。因此，我們或許可以預期企業中特定的位置，比其
他的位置更需要社會資本。首先，我們期待頂級的主管擁

有豐富的社會資本,因為他們必須應付與管理企業內外的人事。事實上,我們可以假定在最高的管理層級中,佔有者的社會資本比人力資本來得重要。因此,我們可以假定像是 IBM 與微軟(Microsoft)這樣的大企業更可能徵補具備社會技巧而有經驗的經理,而非電腦專才來作為它們的執行長,而一流大學需要擁有社會技巧的校長與教員、學生、家長與校友協商,同時以募集資金而非生產傑出的學術成就為目標。第二,我們認為擁有較佳社會資本的人選,應該被放置於預期以處理人事(例如護士)而非機器或科技(例如程式設計師)的位置。第三,企業的外緣位置,更可能由比其他人擁有更多的社會資本的人選所填補(例如推銷員、公關部門或是分公司的經理;Burt 1997)。因此,對於這樣的位置有更多需求的企業,預料將更廣泛的在徵補過程中運用非正式的資源。這樣的假設將有助於實證的進行與檢驗。

社會資本之於人力資本

社會資本與人力資本之間的關係具有理論上的重要性。部份學者(Bourdieu 1983/1986;Coleman 1990)指出社會資本有助於人力資本的生產。良好連結的父母與社會連帶,確實能夠增強個人獲得較佳教育、訓練與技術以及知識證明的機會。另一方面,人力資本也明顯地誘生社會

資本。受到良好教育與訓練的個人可能移動到富有資源的
社會圈子與俱樂部。問題在於，這兩者何者對於增強地位
取得更為重要？本章所引用的幾項研究指出，在地位取得
上，社會資本可能與人力資本（教育與工作經驗）同等重
要，或甚至是更為重要（Lin，Ensel and Vaughn 1981;
Marsden and Hurlbert 1988），但是其他研究則得出相反的
結果（Hsung and Sun 1988;De Graaf and Flap 1988;Hsung
and Hwang 1992）。工業化或許不是可能的解釋，因為前
者包括針對美國的研究，後者則包括荷蘭與台灣的研究。
更有可能的是，特定的教育機構與工作配置與尋找的方式
之間，存在著某種關係。克萊考斯基（Krymkowski 1991）
在對於來自一九七年代美國、西德與波蘭的資料，所進行
的比較分析中指出，相較於美國，西德與波蘭展現出社會
初始地位與教育之間，以及教育與職業配置之間的較強關
係。但是，並無清楚的證據指出，相較於美國的系統，台
灣的教育系統與西德以及波蘭較為接近。這些國家的研究
所產生的矛盾結果應該被加以解釋。

　　更為複雜的是人力資本與社會資本之間可能的互
動。伯克斯曼、葛拉夫與福萊普（Boxman,De Graaf and
Flap 1991）發現當社會資本較低的時候，人力資本對於
收入將產生極大的影響，當社會資本較高的時候，人力資
本便對收入較無影響。除此之外，在針對丹麥經理的研究
中，福萊普與伯克斯曼（Flap and Boxman 1998）發現就

高級經理而言,社會資本有助於提升所有人力資本層級的報酬,但是到過來人力資本在高層級社會資本中的影響力卻呈現下降。如果這些模式能夠被證實,意味著在地位取得中,人力資本是社會資本的輔助品。也就是說,當社會資本高,取得的地位就會高,而無論人力資本的層級為何;以及當社會資本低,人力資本對於地位取得便具有強烈的影響。或是在最低等級的人力或社會資本的情況下,社會資本更能說明地位取得的過程。

結論評析

受限於本章的篇幅,只能對於豐富與大量的社會資本與地位取得的文獻,提出簡短的說明。有許多正在世界各地進行的研究並未涵蓋其中。但是,此一研究傳統很明顯的對於社會資本理論本身的發展貢獻良多,並且提供理論證明與後續發展的詳細與多樣的實證資料。此一研究社群實際上擴大了理論與研究之間的持續互動與互惠性回饋的重要性的研究成果。

第 7 章
社會資本中的不平等：
一項研究的議題

　　本章[26]將討論一個社會資本研究中的重要議題，也就是社會資本中的不平等，或是社會資本在某一社群或人口中，跨越社會團體分布的不平等程度如何。首先，我將說明，用於所有資本類型的不平等分析的部份普遍議題與取徑。這些思考將引導研究議題的形成，並且透過都市中國的資料來加以說明。本章將以對未來研究議題的簡短陳述作結。

---

[26]　我希望在此感謝 Marc Magee 對於此一研究的協助。這裡所報告的研究獲得蔣經國基金會的部分經費支持。另一份之前的版本發表於杜克大學（Duke University）一九九九年六月 12-14 日所舉辦的第二十八屆中美會議（Sino-American Conference）。

理論的思考

社會不平等是一個重要的議題；它的原因應當受到注意。從資本的理論性觀點來看，我們或許可以提出一個最初的命題，也就是各種資本中的不平等，像是人力資本與社會資本，將導致社會的不平等，像是社經地位與生活品質。根據此一命題，我們或許可以進一步探究造成資本不平等的過程。在這樣的構想下，我們的計畫是界定造成資本不平等的特定機制，這些機制將對社會不平等造成影響。因此，這裡的任務是雙重的：界定與證明造成資本不平等的機制，並且說明社會團體間的資本不平等與社會不平等之間的關係。此一初步命題，連結著資本不平等與社會不平等，是關於各種資本類型的導引理論（第一章到第六章）。本章將探討用來說明資本不平等的的構想，包括社會資本。

一般認為，資本的不平等來自兩個過程：資本缺乏（capital deficit）以及回報缺乏（return deficit）。**資本缺乏**指的是不同的投資或機會，造成某一團體比其他團體在資本上（量或質）相對短缺的過程的結果。例如，相較於女兒，家庭投資更多人力資本或社會資本在他們的兒子身上。或是不同的社會團體或許鑲嵌在不同的社會階層或社會網絡，因此有助於或是限制他們成員所取得的資本。回

報缺乏是既有資本的質與量,對於不同社會團體的成員造成不同的回報與成果的過程的結果。舉例來說,男性與女性所具有的社會資本的量與質,使他們在地位取得上獲得不同的回報,像是組織中的位置、職業聲望或是收入。

社會團體之間的不平等可是來自於資本缺乏、回報缺乏或是兩者兼有。回想勞動市場性別不平等的問題。大量的文獻指出性別化的勞動市場,能夠說明男性與女性在不同職位上的收入差異（Treiman and Terrell 1975;Bose and Rossi 1983;Bielby and baron 1986;Jacob 1989;England、Farkas、Kilbourne and Don 1988;Reskin 1988,1993;Kilbourne、England、Farkas、Beron and Weir 1994;Reskin and Roos 1990;England 1992a, 1992b; Tomaskovic-Devey 1993）。但是,只有少數的理論或研究,能夠深入探究性別化的職業結構的實證發現,以及系統化地探究導致不同團體的成員在結構位置上的不同分佈,以及對於不同社會團體的成員的後續回報與獎賞的機制（請見 Tam 1997 的有力論點）。從資本的理論觀點來看,我們或許可以提供兩種可能的解釋來說明這些可能的關係。

資本缺乏的解釋著重於不同程度的資本取得。其中一項過程可能是投資的差異:我們假定家庭在對於男孩與女孩的投資資本有所差異。我們可以推測在絕大多數的社會中,家庭預期一個對於男性與女性提供不同報酬的勞動市場或是經濟體,因而希望藉由投資兒子更多的資本來增加競爭力。因此,我們或許可以預期男孩比女孩在教育（人

力資本）與社會網絡的廣泛（社會資本）上佔有優勢。另
一項過程則是機會的差異：既有的社會結構與制度（規則
與執行或文化，請見第十一章）爲男性與女性提供不同發
展資本的機會。男童因爲社會網絡的廣泛與異質而獲得鼓
勵與獎勵，而女童則被限制或甚至遭到處罰，如果她們這
樣做的話。這兩種過程造成分化的資本缺乏；女性在質與
量上，將獲得較少的資本。資本缺乏，從此一構想來看，
希望能夠說明男性與女性所接受到的不同配置與獎懲。

　　另一方面，回報缺乏則關注資本的回報，例如在勞動
市場當中。其論點在於正是勞動市場的資本所帶來的回
報，使得男性與女性有所差異。因爲如此，我們可以假定
即便男性與女性擁有（質與量上）幾乎相等的資本，他們
在勞動市場中也將獲得不同的地位結果。也就是說，勞動
市場對於男性與女性的資本給予不同的回報，像是組織的
位置、職業頭銜或聲望，以及報酬。有三種解釋可以說明
這樣的情況。第一，女性可能無法在工具性的地位取得行
動中，在勞動市場中使用或是動員適當的資本。舉例來
說，她們或許無法利用最佳的連帶，以及藉此在地位取得
過程中獲得最佳的社會資本，一方面是由於她們在認知上
無法界定可能而最佳的社會連帶與資本，或是因爲她們在
動員這樣的資源上有所遲疑，因爲她們意識到缺乏資源或
能力提供對方想要的回報。另一種解釋是儘管動員適當的
社會連帶，但是因爲實際或是想像的原因，這些連帶並不

樂意將他們的資本投入中心個人（女性）的利益。這些連帶可能會認為雇主較抗拒女性求職者，因此不會認真地看待他們的推薦或影響。如此浪費的影響力，對於他們向求職者的投資來說，是負擔而非好處。這樣的「不方便」（putting out）在文化與制度上是可以理解的，即便是對於女性與她們的家庭來說，社會連帶只會提供少量的努力來協助中心個人的利益。第三個回報缺乏的解釋可能是來自於勞動市場本身的相異回應：雇主對於男性與女性的工作與晉升的候選人，有著不同的回應，即便他們擁有相似的人力資本或社會資本，這是一個制度場域（制度場域指的是，分享一組盛行價值與實踐的組織所組成的社會社群；請見第十一章與 Lin 1994b）內的組織所共有的偏誤。

總而言之，我們可以從資本理論的觀點提出下列機制來說明社會不平等。

1. 資本缺乏是來自於(a)相異的投資與(b)相異的機會。
2. 回報缺乏是來自於(a)因為認知不完全與不樂意被動員，所導致的適當資本的動員差異；(b)中介行動者不同的協助努力；或是(c)組織與制度對於動員資本的不同回應。
3. 回報缺乏可能會也可能不會與資本缺乏連動發生。某種社會不平等可能來自於分佈於不同社會團體的資本缺乏。其他類型的不平等可能主要來自於報酬的缺乏：社會團體可能在數量與質量上具備類

似的資本，但是仍可能產生不同的報酬。而在另外
的不平等類型中，資本與回報缺乏可以共同說明社
會團體之間的不平等。這些機制在不同的社群與社
會中也可能有所變異。

　　接著我們發現關於不同資本類型（例如人力、制度與
社會資本）、不同社會團體（例如性別、種族與民族、宗
教）、不同勞動市場（例如經濟、政治、教育）與不同社
會不平等的假設。本章其餘的部份將使用最近收集自都市
中國的資料，把焦點放在男性與女性之間的社會資本不平
等，來說明如何進行這樣的描述與分析。儘管著重於社會
資本，這份資料也允許我們進行某些兩個團體的人力與制
度資本的分析。此一資料無法用來詳細說明與分析所有之
前提及的機制。但是，我們希望此一分析能夠說明此種「解
構」的取徑，如何對於社會資本中重要的不平等議題，與
其對於都市中國勞動市場男性與女性的影響，帶來豐富的
成果。

研究、樣本與資料

　　在這項探索性的研究中，詢問了三個研究問題：(1)
男性與女性是否擁有不同的社會資本？(2)答案如果是，
這樣的差異是來自資本缺乏、回報缺乏或是兩者兼有？(3)

對於進入勞動市場的男性與女性來說，社會資本不平等的結果為何？這裡所使用的資料來自一九九八年針對十八個城市的調查。其中的十五個城市是由所有城市的分層隨機抽樣而獲選。分層的依據是地區（沿海、中部與內地）以及經濟地位（高、中、低）。另外三個城市則從三個極端地區抽選出來（平涼、格爾木與塔城）。附錄 7.1 說明城市與這些地點的抽樣規模。城市等級的資料同樣也透過多重分析來加以收集。然而，目前的分析只是初步的分析，只集中於個人層次的資料。

樣本包括三千零五十名受訪者，年齡介於十九到六十九歲，在進行調查的當時，他們正在或已在這十八個城市中工作。表 7.2 說明這些受訪者的基本特徵。樣本包括百分之四十三點五的男性，以及百分之五十六點四的女性。平均年齡是四十一歲，在男性與女性受訪者的年齡上並無顯著差異。十分之九的受訪者已婚，百分之六點七的受訪者是單身，另外的百分之三點三則是離婚或喪偶。大約有一半（百分之五十二）的受訪者在十六歲之後便居住於大城市。女性受訪者居住在大城市的人數比男性稍多。

表 7.1 樣本特質的總結 （樣本數為 3050）

變項	百分比或平均數			性別顯著程度檢驗
	全體樣本	男性	女性	
性別－男性	43.5%			
年齡	41.3	42.0	40.9	Ns
婚姻狀況				
單身	6.7%	7.5%	6.2%	Ns
已婚	90.0	91.0	89.1	.08
離婚或喪偶	3.3	1.5	4.7	.00
十六歲時居住地				
大城市	52.0%	48.6%	54.6%	
中等城市	22.7	23.8	21.9	
城鎮	11.4	11.5	11.3	
鄉村	13.9	16.2	12.2	
教育				
低於高中	33.4%	31.4%	35.0%	
高中	41.4	37.4	45.0	
大學或以上	25.2	31.3	20.4	
經驗（年數）	21.6	22.3	21.1	.00
工作任期（年數）	14.7	15.0	14.4	Ns
在職訓練				
類型的數量				.00
無	67.4%	64.0%	70.0%	
1	28.0	30.5	26.1	
2	3.7	4.5	3.0	

3	.9	.9	.8	
4	.1	.1	.1	
證明的數量				.03
無	71.7%	69.3%	73.6%	
1	25.1	26.7	23.8	
2	2.9	3.5	2.4	
3	.4	.5	.3	
是否為共產黨員				.00
不是	73.0%	63.8%	80.1%	
目前是	21.3	28.16	16.0	
第一份工作時是	5.7	8.06	3.9	
目前的工作特質				
單位所有權				.00
國家	80.8%	81.8%	80.0%	
集體	12.7	9.2	15.5	
合資企業	2.7	3.8	1.7	
私人	1.2	1.4	1.1	
個體戶	2.6	3.8	1.7	
位置的等級				.00
無	75.6%	64.7%	84.1%	
團體領導	5.2	6.4	4.2	
股（Section）	2.05	2.4	1.8	
股長	2.2	2.9	1.6	
處（Department）	6.3	9.3	3.9	
處長	6.1	9.9	3.2	
科（Division）	1.5	2.4	.8	

科長	1.0	1.8	.4	
局	.1	.2	.0	
職業				
專業人員	27.8%	25.8%	29.9%	.00
管理人員	2.2	2.3	2.2	Ns
文書人員	17.5	18.4	16.8	Ns
商業	7.0	6.0	7.7	Ns
服務業	4.7	2.9	6.1	.00
農業	.1	.2	.1	Ns
製造業	21.4	26.1	17.8	.00
月薪	663.7	739.2	603.1	.00
年終獎金	1114.4	1231.5	1024.1	.00

Ns：無顯著關係

人力與制度資本的缺乏

　　此一研究檢驗三種資本的類型：人力、制度與社會。人力資本以教育、工作經驗、工作任期（tenure）與在職訓練作為指標。教育是由接受教育的年數來測量。如同我們在表7.1所見，大約有三分之一的受訪者低於高中的教育程度，百分之四十一高中畢業，而百分之二十五的受訪者則擁有大學或以上的學歷。男性比女性受到較好的教育。相較於女性（二十一點一年），男性同時也擁有較長的工作經驗（平均為二十二點三年），但是在工作任期與任職於目前工作單位的年數上，則並無差異。男性也比女性接受較多的在職訓練（以不同訓練類型的數目，以及因訓練而得到的證明數量來判斷）。簡而言之，男性在人力資本上，比女性展現出更大的優勢。

制度資本是和盛行的意識形態與權力的界定與連結有關的資源（Lin 1994b,1995b；同時請見第十一章）。制度資本可以用共產黨的黨員資格、工作單位的所有權以及目前位置的排序作為指標。黨員資格被登錄為(1)非黨員，(2)獲得目前工作時是具黨員資格以及(3)獲得第一份工作時具黨員資格。如同表 7.1 所示，男性（百分之三十二點六）具有黨員資格的比例遠較女性（百分之十九點九）來得高，而男性的共產黨員的黨齡也較女性來得長。直到最近為止，工作單位的所有權將中國勞工分為一個雙元的勞動市場（Lin and Bian 1991;Bian 1994）。但是，在一九九〇年代，一個更多元與市場化的勞動市場興起。合資企業（儘管這些企業中的中國合夥人多是國營或是集體企業）、私人企業以及家庭（個體戶）企業，創造了一個小型但是越加重要的市場。在這些工作單位的類型中，集體企業是最為弱勢的，因為它們不具國家級工作單位的保障與地位，以及合資企業的經濟與市場優勢。目前，私人與家戶企業在經濟的規模與範圍上仍較為小型。如同我們所

見，在集體企業工作女性（百分之十五點五）比例明顯較
男性（百分之九點二）來得高。

　　目前位置的排序則是另一個制度資本的指標，由於這
些位置能夠控制國家與集體企業的各種資源，而有超過百
分之九十的受訪者在此兩種單位中工作。同樣的，男性與
女性佔有的層級有著明顯的差異。超過五分之四（百分之
八十四）的女性並不具備任何頭銜，而男性則有三分之二
（百分之六十四點七）的比例沒有頭銜。大約有百分之二
十五（百分之二十三點六）的男性在部門的層級上獲得頭
銜，但是女性只有不到十分之一（百分之八點三）的比例。

　　簡而言之，男性在制度資本上，擁有超過女性的壓倒
性優勢。

社會資本的測量：地位產生器

　　第三種研究的資本類型是社會資本。我使用地位產生
器的方式來測量（此一方法的回顧，請見第六章）。從中
建構出兩種社會資本類型：一般社會資本與政治社會資
本。這裡所使用的調查工具的中翻英請見附錄7.2。

　　就一般社會資本而言，從所有職業的完整列表中，抽
選十三項職業，代表不同層級的社經地位（SES）（有關
職業社經量表的發展與中國不同職業的地位分數請見

Bian 1994,Lin and Ye 1997）。這些職業包括大學教授（社經地位分數為 91）、市長（83）、政府長官 （76）、律師（72）、記者（68）、企業領導（67）、股長 （60）、小學老師（58）、工人（45）、行政人員（45）、電工（44）、農民（30）以及家庭女傭（11）。地位產生器的問題是：「在您的親屬、朋友或熟人中，是否有人從事下表所列之工作？」。如果答案為「是」，便詢問受訪者當他在尋找現在所從事的工作時，是否認識此人。如果回答依舊是肯定的，受訪者便在此位置上得到「1」分，並且詢問他們一連串關於受訪者與位置佔有者之間的關係的問題。如果受訪者認識超過一位從事此工作的對象，我們要求他專注於他第一個聯想到的人。我們也收集間接接觸（透過中介者的接觸）的資訊，但是並未用於目前的研究。

　　從這些資料建構了三個變項：(1)接觸的位置數量，(2)接觸的最高位置的聲望分數，以及(3)接觸的位置的聲望分數範圍（接觸的最高與最低位置的聲望分數的差異）。這些是取得一般社會資本的指標。

　　由於政治連結在國家社會主義的中國仍舊相當重要，問卷上也列出三個共產黨的核心位置：(1)省或市的黨書記，(2)行政部門黨書記以及(3)工廠或機構的黨書記；這三個位置構成了政治權威階層。同樣的，我們也提出了三個變項：(1)接觸的位置數量(2)接觸的最高位置的等級分數，以及(3)接觸的位置的等級分數範圍。如同我們將見到的，這三個分數的變化非常有限，但是結果是相當有意義的。

女性社會資本的貧乏

表 7.2 說明兩種社會資本變項的基本統計結果。首先，我們總結一般社會資本。如同表中所顯示的，在十三項職業中，平均可接觸的位置數是六點七，而男性的平均接觸數是七，女性則為六點五，這樣的差異在統計上具有顯著性。接觸最高位置的聲望是七十五（接近局長的位置），而男性再次比女性擁有顯著的優勢（七十六對七十四點二）。可接觸地位的最高與最低聲望分數的差異範圍是四十，男性比女性佔有優勢（四十一點三對三十九）。從所有的三項指標來看，男性很明顯的比女性擁有更佳的一般社會資本。

表 7.2　接觸兩種社會資本類型

變項	百分比或平均數			
	樣本	男性	女性	顯著程度
一般社會資本				
接觸的位置數量	6.7	7.0	6.5	.00
最高接觸位置的聲望	75.0	76.0	74.2	.00
接觸位置聲望範圍	40.0	41.3	39.0	.00
接觸的位置(聲望分數)				
大學教授(91)	34.8%	39.4%	31.4%	.00
市長(83)	9.7	12.5	7.6	.00
局長(76)	23.8	29.3	20.0	.00
律師(72)	28.0	32.6	24.6	.00
記者(68)	27.4	31.2	24.6	.00
企業領導(67)	61.5	65.3	58.6	.00
小學老師(58)	75.1	74.6	75.5	.56
工人(45)	94.4	95.1	93.9	.18
行政人員(45)	70.8	72.8	69.3	.04
電工(44)	79.5	83.6	76.3	.00
農夫(30)	72.3	73.9	71.0	.09
家庭女傭(11)	25.5	24.7	26.1	.39
政治社會資本				
接觸的位置數量	.62	.72	.55	.00
最高接觸位置的聲望	.59	.69	.52	.00
接觸位置的等級範圍	.11	.15	.08	.00
接觸的位置				
城市黨書記	4.0%	5.5%	2.8%	.00
政府黨書記	8.4	11.5	6.1	.00
工廠黨書記	49.9	56.1	45.2	.00

最易接觸到的位置是工人（百分之九十四的受訪
者），接著依序是股長（百分之八十二）、電工（百分之
七十九）、小學老師（百分之七十五）、農夫（百分之七十
二）、行政人員（百分之七十一）以及企業領導（百分之
六十二）。而可及性接下來從超過百分之五十大幅地下降
到低於百分之三十的受訪者。下一個接觸的群集包括律師
（百分之二十八）、記者（百分之二十七）、女傭（百分之
二十六）以及政府長官（百分之二十四）。最少接觸的位
置是市長，只有百分之十的受訪者。這個模式反映具代表
性的都市受訪者之間在社會連繫上的差異，而不讓人意外
的，那些與他們本身位置相近或是較高或是較低的位置佔
有者，存在廣泛連繫並因此取得資源者，多處於聲望階層
中的中等位置。

男性在大多數的抽樣位置上皆顯示比女性具有優
勢。如表 7.2 所示，除了小學老師、工人、農夫與家庭女
傭以外，男性的受訪者比女性受訪者更能接觸到其他位
置，而女性易於接觸的位置都是位於聲望等級量表的後半
部。因此，男性在接觸與他們的聲望階層類似或較高的位
置上佔有優勢。

在政治社會資本上也是如此（也請見圖表 7.2），男性
在這三個變項中比女性來得有優勢。他們接觸到更多的核
心位置，高層級的核心位置以及較大的位置範圍。在每一
個階層等級中，男性具備更多的連繫。

　　為了評估此三個變項是否能在每個社會資本類型被視為某個群集，或是單一面向或許稱之為「取得社會資本」的指標，我們對於此三個變項進行因素分析（factor analysis）。這項分析（主要成分與最大變異轉軸），結果如表 7.3，為每種社會資本的類型建立一個三因素（three-factor）的方程式。

　　對一般社會資本來說，第一個因素的特徵值（eigenvalue）是 2.47，而第二與第三個因素的特徵值並不高。這些結果強烈地暗示這三個變項之間的單一面向性。當我們將方程式限制在特徵值高於 1.0 的因素時，三個因素在單一因素的因素負荷量均相當高（.84、.96與.92）。因此，一個因素分數對於三個變項具有不同的權重，而範圍變項得到最高的權重（接觸的位置數量.13，範圍變項.63 以及最高的接觸位置.25）。當分開分析男性與女性時，也出現類似的結果。因此，我們的決定是使用相同的權重為所有的受訪者建構一般社會資本的分數。

表 7.3　取得社會資本的因素結構

變項		樣本	男性	女性
一般社會資本		(N=2,713)	(N =1,147)	(N =1.566)
因素特徵量	因素 I	2.47	2.46	2.48
	II	.00	.01	.00
	III	-0.8	-0.8	-0.8
因素 I *的因素負荷量				
接觸的位置數量		.84	.83	.85
範圍		.96	.96	.96
最高接觸		.25	.25	.25
因素 I *的因素分數				
接觸的位置數量		.13	.11	.14
範圍		.63	.64	.62
最高接觸		.25	.25	.25
政治社會資本		(N=2,811)	(N=1,188)	(N=1,623)
因素特徵	因素 I	2.44	2.52	2.36
	II	-.01	-.01	-.01
	III	-.03	-.02	-.03
因素 I *的因素負荷量				
接觸的位置數量		.98	.98	.98
範圍		.73	.77	.67
最高接觸		.98	.98	.98
因素 I *的因素分數				
接觸的位置數量		.51	.54	.47
範圍		.03	.03	.03
最高接觸		.46	.42	.50

*主要成分，最小特徵值 1，最大變異轉軸

　　就政治社會資本而言，三因素的方程式也顯示變異的
解釋集中在第一個因素，而在男性與女性的方程式模式也
相當類似。這三個變項對於第一個主要因素的因素分數，
再一次地對於男性與女性帶來典型的模式。然而，與一般
社會資本不同，範圍變項在分數中具有最強的權重與係
數，接觸的位置數量與最高等級則具備高係數。這是可以
理解的，因爲範圍極端地限制以及大規模地與其他兩個變
項重疊。

　　一九九八年都市中國的男性與女性在社會資本中的
不平等，至少部份是來自於資本的缺乏。女性的資本缺乏
在三種資本的類型中極爲普遍：人力資本、制度資本與社
會資本。

社會資本缺乏的進一步分析

　　那麼，社會資本如何與其他兩種資本類型，人力資本
與社會資本相連結？這樣的關係可以說明女性社會資本
的相對缺乏嗎？人力資本與社會資本，如同其概念（請見
第二章），被認爲是相關的。評估此一關係在男性與女性
中的變異是相當有趣的。如同某些主張（第十一章），對
於組織與個人來說，勞動市場中的制度資本是相當重要
的，因爲他們希望對應社會普遍的價值與運作，並與之互

動。在中國社會，即便是一九九〇年代，共產黨掌握許多
珍貴資源以及指揮大多數人口的權威。無論這樣的制度資
本是否與男性以及女性的社會資本有著不同的關係，特別
是政治社會資本，都應得到更多的研究關注。

親屬之於非親屬連帶

　　除了這兩種資本類型以外，社會連帶的本質對於取得
社會資本的影響也被納入考量。我們所提出的問題是：不
同的類型的社會連帶是否造成不同社會資本的取得？如
同研究網絡位置的學者所認爲的（請見第三與第五章），
在網絡中作爲橋樑的連帶，更有利於取得社會結構中較佳
的鑲嵌資源。在本次調查的工具中並未評估每個接觸的位
置是否屬於共有網絡中的橋樑，進行直接的測量。但是，
此次調查確定受訪者與接觸的佔有者位置之間的關係（請
見附錄 7.2）。因此建構了一個簡單的親屬之於非親屬的分
類。我使用此一測量代表強連帶之於弱連帶（Lin 1989）。
我們不能說只有親屬連帶才是強連帶；即便是在中國的脈
絡下，其他的社會連帶（例如同事、校友、區域連帶）都
可能是強連帶（Bian 1997;Ruan 1998）。因此，這樣的測
量是較爲薄弱，對於連帶的強度也應保守的估計。順著葛
諾維特（Granovetter 1973、1974）的論點，初始的假設
是弱連帶（即非親屬連帶）可能取得較佳的一般社會資本。

　　然而，中國社會的文化背景代表著某種替代性的考量。討論多半涉及家庭連帶對於中國人的重要性（Fei, 1947/1992）。部份研究則大膽的提出家庭連帶建構了中國社會中富有意義的核心社會結構（Lin 1989）。由於中國人的家庭定義延伸到緊密的核心家庭以外，而包括多重世代與多重親族以及婚姻關係，如此廣泛的網絡可能也足以接觸到社會上的許多部份。除此之外，在一個政治制度阻礙許多合法取得資源的形式中，當人際互動因爲功利的目的而被使用時，信任是最重要的。證據（Bian 1997）顯示在找工作中尋求有效的協助時，人們偏好使用較強的連帶勝於較弱的連帶。因此，在社會主義系統中，接觸核心位置（政黨核心）可能是唯一取得無法透過正式管道與過程獲得的資源的非正式途徑。如果這樣的關係維持非正式與「看不見」（invisible）的條件，而能繼續在受限結構中進行交換，將是一段較佳的關係。爲了維持這樣的關係，需要在平常的交換與交易之外，建立某種承諾（請見第九章）。在既有的這些考量下，我們可以提出在中國社會中，親屬連帶在政治交換上具有一定的優勢。因此我們可以提出替代性的假設，**親屬連帶比非親屬連帶更能取得較佳的政治社會資本**。我們將實際檢驗這兩個替代性的假設。

　　在表 7.4 中，我們檢驗了親屬連帶之於非親屬連帶，在接觸位置上的優勢與弱勢。在一般社會資本中（表 7.4 的前十三個欄位），女性較男性更常使用親屬連帶來接觸

絕大部分的位置。唯二的例外是小學老師與家庭女傭，在
此位置上，男性與女性同樣或更經常透過非親屬連帶接
觸。換句話說，男性比女性更可能使用非親屬連帶來接觸
絕大部分的位置。當有需要接觸小學老師與家庭女傭時，
男性則傾向使用親屬連帶，像是他們的配偶。既然我們知
道男性在取得社會資本上佔有優勢，這些資料強烈地暗示
非親屬連帶更可能取得較佳的社會資本。當我們檢驗非親
屬連帶的使用與一般社會資本的三個變項之間的簡單相
關（zero-order correlation）時，這項假設獲得證實。我們
可以看表 7.4 接下來的三欄，所有的相關係數都是負向
的，指出使用親屬連帶與接觸的位置數量、接觸位置的聲
望分數以及最高接觸位置的聲望分數，呈現反比的關係。
因此，我們可以結論道非親屬連帶在取得一般社會資本上
佔有優勢。如果非親屬連帶代表弱連帶，那麼這樣的結果
可說是驗證了葛諾維特所提出的弱連帶效用的論點。

在表7.4的底部則檢驗親屬連帶的使用與取得政治社
會資本之間的關係。儘管在接觸市黨書記時，男性與女性
在親屬連帶的的使用上並無差異，但是男性同樣的更可能
使用親屬連帶來接觸行政部門黨書記與工廠黨書記。相對
於親屬連帶與較佳一般社會資本的反向關係，親屬連帶的
使用與政治社會資本的取得則呈現正向關係。這樣的關係
對於女性來說更為強烈。如果親屬連帶代表較強的連帶，
或許對女性來說，有某些證據顯示在取得政治社會資本

上，較強的連帶比較弱的連帶具些微的優勢。

表 7.4 透過親屬取得社會資本

變項	樣本	男性	女性	性別顯著水準
	使用比例 親屬連帶			
一般社會資本				
接觸的位置(聲望分數)				
大學教授(91)	34.5%	33.2%	35.7%	.41
市長(83)	15.1	14.8	15.6	.85
局長(76)	22.4	19.2	25.8	.04
律師(72)	15.0	12.4	17.5	.04
記者(68)	13.4	8.6	18.0	.00
企業領導(67)	11.5	8.8	13.9	.00
小學老師(58)	26.1	26.4	25.9	.79
工人(45)	19.2	16.4	21.3	.00
行政人員(45)	15.8	12.1	18.9	.00
電工(44)	13.7	10.9	16.0	.00
農夫(30)	74.4	70.1	77.1	.00
家庭女佣(11)	21.1	27.5	16.6	.00
相互關係(r)	使用親屬連帶的比例			
接觸的位置數量	-.26***	-.20***		-.29***
聲望分數的範圍	-.16***	-.11***		-.18***
最高聲望分數	-.20***	-.17***		-.21***
政治社會資本				

接觸的位置(聲望分數)				
城市黨書記(3)	13.6%	14.1%	13.0%	.88
政府黨書記(2)	11.4	7.3	17.2	.02
工廠黨書記(1)	5.4	3.8	6.9	.01
相互關係(r)	使用親屬連帶的比例			
接觸的位置數量		.05*	.04*	.08*
聲望分數的範圍		.05*	.05	.07*
最高聲望分數		.07**	.05	.10**

*p<.05; ** p<.01; *** p<.001

資本缺乏的模式

　　接著，我將進行多變項分析，以社會資本的取得與社會網絡的本質（接觸社會資本的親屬連帶的比例）、人力資本（教育）與制度資本（黨員資格）同時進行迴歸分析。對於兩種資本的類型（一般與政治）以及男性與女性建立不同的方程式。同時，在每一個方程式中，年齡、婚姻地位（已婚）與家戶規模（logged）均被控制。如同表 7.5 所示，男性與女性的社會資本取得，正如預期，受到人力資本（教育）的影響。制度資本（黨員資格）對於社會資本只有些微的正向影響。網絡的效應顯著，但是如同之前的說明，是較為複雜的。親屬連帶的使用對於一般社會資本具有負向的效應，而親屬連帶的使用對於政治社會資本則有正向影響。同樣的，網絡效應對於女性來說，較男性更為顯著。

表 7.5　取得社會資本的決定因素(淨迴歸係數)

外生變項	取得一般社會資本		取得政治資本	
	男性 (N=1,004)	女性 (N=1,393)	男性 (N=997)	女性 (N=1,389)
年齡	.10	.05	.01**	.01**
已婚	(.06)	(.03)	(.10)	(.12)
家戶規模(log)	-1.26	2.79**	-0.3	.00
教育	2.84***	3.1***	.10***	.10***
	(.21)	(.19)	(.19)	(.19)
黨員資格	1.01	1.67*	.04	.05
	(0.4)	(.16)	(.05)	(.06)
透過親屬取得的比例	-7.28***	-11.36***	.11	.21
	(-.11)	(-.20)	(.04)	(.11)
常數	27.92	28.24	.39	.31
解釋變異量比例(R^2)	.07	.09	.05	.06

P<.01;　p<.001

　　我們或許可以總結至今關於男性與女性社會資本分配的發現，也就是資本缺乏的問題。女性的資本缺乏是極為重大的。男性顯示出能夠接觸到更多數量的職業與政治位置，更高的階層位置以及更多樣的位置。社會資本被發現與人力資本顯著相關。由於男性較女性擁有較高的教育程度，因此在社會資本上也有對應的優勢。制度資本（黨

員資格）對於男性與女性社會資本的影響，則並無太大的
差異。弱連帶（非親屬連帶）有助於取得一般社會資本，
而強連帶（親屬連帶）則利於正式社會資本的取得。女性
似乎較男性更依賴這樣的網絡連帶來取得社會資本。是否
取得社會資本的差異，在勞動市場中產生回報的優勢與劣
勢，將在接下來檢驗。

社會資本的回報

接下來的分析任務是評估社會資本對於地位取得的
影響。我們在這裡使用四個地位取得變項：(1)工作部門
（工作單位所有權），(2)位置的等級，(3)工作聲望以及(4)
月薪（logged）。如同表 7.1 所示，受訪者目前的工作部門
包括國家部門、集體部門、合資企業與個體戶部門。在國
家部門工作佔有極大的優勢（Lin and Bian 1991;Bian
1994），並且許多人視爲地位取得的主要目標，超過工作
本身或月薪。儘管在一九八〇年代末期，社會階層體系快
速的變動，以及國營企業的重整，影響工人的工作偏好，
但是國家部門，特別是國家具有統治性的單位、組織與機
構，在職業保障、房屋津貼、醫療照護與退休金等範圍，
仍較比興起的私人或合資企業來得有優勢。

位置的等級（同樣請見表 7.1）反映階層結構的位置

安排。就目前分析的做法，這些位置被轉換到「1」代表無頭銜，到代表局處或是更高等級的「9」的順序列表上。職業的群聚，如同表 7.1 所示，以虛擬變項（dummy variables）的方式納入檢驗。在多元與邏輯回歸分析中，不管是遞增或遞減的順序，這些群集與其他的重要變項（例如部門、位階與收入）顯現線性關係（估計的係數），農業與製造業則顯示最低的相關係數。因此，根據林南與葉曉嵐（音譯）（Lin and Ye 1997）針對中國所發展的模型，我們可以將每個受訪者的職業轉換為聲望分數。這裡使用兩種薪資的測量方式：目前的月薪與目前的收入，後者包括月薪與獎金。

這些變項被視為地位取得的時序組合：個人最初進入一個工作部門，在組織中得到一個等級位置，佔有一項工作，同時賺取經濟回報。我們的分析將鎖定在這些地位取得變項，視為時序中的內生（依賴）變項。隨著分析進入後來的內生變相，之前的內生變項也就轉為外生變項。第一個分析組合評估人力資本（教育、訓練與文憑）、制度資本（黨員資格）以及社會資本（一般與政治）對於目前工作的工作部門的影響。因為存在著五種部門形式（國家、集體、合資、私人與個體戶），我們用多元邏輯迴歸來估計這些外生變項與進入特定部門的關聯比（odd-ratio）。如表 7.6 所示，國家部門是參考部門（未在表格中）。因此，這些估計是人力資本、制度資本與社會

資本，在這些變項上與國家部門比較的相對效應。而男性
與女性則進行分別的分析。年齡與十六歲時居住在城市這
兩個變項則受到控制。

表 7.6　目前工作部門的決定因素
(多元邏輯迴歸係數，以國家部門為比較基礎)

外生變項	部門							
	集體企業		合資企業		私人企業		個體戶	
	男性	女性	男性	女性	男性	女性	男性	女性
年齡	-.01	-.02*	-.02	-.09**	-.08*	-.02	-.05*	-.06*
都市	.09	.04	1.21**	1.36	1.67	1.52	.88	.84
教育	-.44**	-.57**	.11	-.41	-.68*	-.73	-.30	-.57*
訓練	.12	-.09	.34	.80	.97	-18.12**	-19.53**	.52
文憑	-.45	.16	-.33	-.47	-1.59	—	—	-1.13
黨員資格	-.24	-.20	-.06	-.10	.33		-1.14*	-.59
一般社會資本	.00	-.01	-.00	.02	.00	-.01	.01	.00
政治資本	-.42*	-.13	.08	-.24	.38	.02	-.41	-1.15*
常數	.82	2.47	-3.49	-.49	.29	-.80	-.29	1.01

*p<.05; **p<.001

　　經驗與工作任期與年齡呈現高度相關（.94 與.54）。
在中國的脈絡下，絕大多數的工人仍享受著終身雇用；因
此經驗與工作任期或許不會對於資深度（seniority）帶來
額外的幫助，而是由年齡來代表。由於年齡、訓練與文憑

已納入方程式中,因此經驗與工作任期被排除在外,因為納入兩者只會對於估計造成線性重合(multicolinearity)的偏誤。

由於大多數的受訪者均在國家或是集體部門工作,因此針對其他部門(合資企業、私人企業與個體戶)分析的樣本數較小,使得估計也較有偏誤。但是,其中的模式是一致的。如同我們的預期,除了國家部門以外,教育對於其他部門造成負向的影響。這樣的影響對於在集體企業中工作的受訪者最為顯著。相較於國家部門的人們,訓練同時也對於私人或是家庭企業的作業者具有某種程度的反向影響。然而,由於小樣本的緣故,這些影響並不準確。除了政府部門以外,黨員資格在其他部門具備輕微但是均為負向的影響。社會資本具備負向的效應,特別是處於集體企業而非國家部門的男性,以及處於家庭企業部門的女性。因此,我們發現,對於那些不處在國家部門的人們來說,人力資本、制度資本與社會資本具有中等但是一致的負向影響。

我們的分析現在轉向三個時序性的內生(依賴)變項:位於國家部門、位置的層級以及工作聲望。如同我們在表 7.7 所見,我在分析中使用路徑分析策略(path-analytic strategy),因為這三個依賴變項被認為具有因果時序性,我們假設進入工作部門,佔有某個等級或是位置,並且獲得特定聲望的工作,從而導致分殊的收入。同樣的，分析的進行將把男性與女性分開。

表 7.7 的前兩欄顯示，有關進入國家部門與其他部門的比較的邏輯迴歸分析。處於國家部門與教育呈現高度相關。訓練與文憑與教育相關（.24 和.21），而且並未顯示任何顯著的邊際效應。作爲共黨黨員也與處於國家資本呈現高度的相關。社會資本顯示正向但是邊緣的影響，除了對於女性以外。女性在進入國家部門中受益於政治社會資本。因此，只有些微的證據指出女性在進入國家部門時，面臨社會資本的回報缺乏。

表 7.7 的第三與第四欄檢驗這些變項與獲得高位階位置的關係。除此之外，進入的部門在一般迴歸分析中，成爲外生的變項（國家部門作爲參考部門）。如同我們所見，男性與女性均從人力資本（教育與年齡）產生回報，但是男性的受益較女性來得高。制度資本則對於男性與女性具有同樣的幫助。政治社會資本對於位置的等級具有正向影響，特別是對於女性。

表 7.7 的最後兩欄估計這些變項，加上位置的等級對於工作聲望的影響。同樣的，男性與女性皆受益於教育。社會資本不再具有直接的影響；相反的，他們對於工作聲望的影響，特別是政治社會資本的影響，是透過國家部門與位置等級中介，它們也是制度資本。在取得更具聲望的工作上，相較於女性，位置等級提供男性更多的助益。儘管處於國家部門（對照處於集體部門）有助於男性獲得更

具聲望的工作，但是女性也能因此取得較好的工作，如果她們處於集體部門的話。由於相較於國家部門，集體部門是次要的部門，我們了解到，對於男性來說，制度資本作為政治社會資本影響職業聲望的有效中介因素，對於女性則並非如此。

表 7.7 部門、位置等級與位置聲望的決定因素
（以國家部門為參考點）

外生變項	國家部門[1]		位置等級[2]		工作聲望[3]	
	男性	女性	男性	女性	男性	女性
年齡	1.02***	1.02***	.05***	.02***	-.15*	-.04
	(.21)	(.11)	(-.07)	(-.01)		
都市	.61**	.70**	.03	.08	-2.66*	-4.78***
			(.01)	(.02)	(-.06)	(-.09)
教育	1.34***	1.60***	.52***	.27***	3.73***	5.48***
			(.28)	(.19)	(.26)	(.23)
訓練	.84	1.05	-.04	.25*	2.34	1.47
			(-.01)	(.11)	(.07)	(.04)
文憑	1.14	.91	.37	.19	-2.69	1.92
			(.10)	(.07)	(-0.7)	(.04)
黨員資格	1.61***	1.49**	.93***	.75***	1.91	2.09
			(.28)	(.28)	(.06)	(.04)
一般社會資本	1.00	1.01	.05***	.05***	.05***	.05***
			(.21)	(.21)	(.21)	(.21)
政治社會資本	1.24	1.29**	.01	-.00	.06	.03
			(.04)	(-.01)	(.04)	(.01)
部門(以國家部門為參考點)						

集體企業			.29	.06	-3.00	6.20***
			(.04)	(.01)	(-.04)	(.09)
合資企業			-.14	-.28	1.38	5.48
			(-.01)	(-.03)	(.01)	(.03)
私人企業			-.49	.01	.02	9.48
			(-.02)	(.00)	(.00)	(.04)
個體戶			-.13	-.13	2.59	17.66***
			(-.01)	(-.01)	(.02)	(.01)
等級					1.70***	1.02*
					(.17)	(.06)
常數			-3.33	-.97	35.24	30.93
解釋變異比例(R^2)			.27	.22	.18	.11

1.邏輯迴歸估計(關聯比)

2.淨迴歸係數，括弧內為標準化係數

3.$p \leftarrow .05$; ** $p \leftarrow .01$; ***$p \leftarrow .001$

表 7.8　薪資的決定因素

外生變項	月薪(對數)			
	模型一		模型二	
	男性	女性	男性	女性
年齡	-.00	-.00	-.00	-.00
	(-.02)	(-.00)	(-.01)	(-.00)
都市	.01	.07*	.04	.10*
	(.01)	(.04)	(.02)	(.06)
教育	.05***	.02***	.52***	.27***
	(.21)	(.11)	(.28)	(.19)

訓練	.08***	.19***	0.7***	.18***
	(.14)	(.25)	(.11)	(.23)
文憑	.04	.06	.01	.03
	(.04)	(.05)	(.01)	(.03)
黨員資格	.03	.11	.05	.13
	(.02)	(.08)	(.04)	(.09)
部門(以國家部門為參考點)				
集體部門	-.28***	-.06	-.29***	-.03
	(-.21)	(-.03)	(-.13)	(-.02)
合資企業	.46***	.78***	.45***	.74***
	(.13)	(.14)	(.13)	(.13)
私人企業	.09	.28	.23	.27
	(.02)	(.04)	(.04)	(.04)
個體戶	-.08	.21	-.08	.28*
	(-.02)	(.04)	(-.02)	(.05)
等級	.04**	.04**	.04**	.04*
	(.11)	(.08)	(.12)	(.07)
工作聲望	.00**	-.00	.00*	-.00
	(.08)	(-.01)	(.08)	(-.01)
一般社會資本			.00**	.01***
			(.09)	(.09)
政治社會資本			-.04	.07*
			(-.04)	(.06)
常數	5.78	5.05	5.63	4.89
解釋變異比例(R^2)	.11	.15	.12	.16

1.多元迴歸估計(括弧內為標準化係數)

2.p←.05;** p←.01; ***p←.001

最後，我們轉向收入（月薪與收入 logged）。在表 7.8

中,前兩個欄位檢驗人力資本與制度資本對於男性與女性
的影響。雖然女性似乎更能從人力資本（教育）獲益,而
男性則更依賴制度資本。等級與職業聲望均顯示出對於男
性更勝於女性的較強影響。對於男性與女性來說,處於合
資企業能夠產生最佳的回報。然而,相對於處於集體部
門,處於國家部門對於男性甚有助益,對女性則無。當兩
個社會資本的變項被加入方程式後（第三與第四欄）,男
性與女性皆從一般社會資本產生回報。但是,女性能夠從
政治社會資本得到額外中等程度的利益。如同表 7.9 所
示,收入分析（薪資與獎金）所產生的結果,與那些只有
獲得薪水的人們的分析結果,幾乎是完全相同的。

　　總而言之,有部份證據顯示女性在進入國家部門、獲
得較高等級的位置以及賺取更高的薪資上,並未特別遭受
回報的缺乏。事實上,她們在透過政治社會資本產生回報
上具有些微的優勢,而能進入國家部門、獲得較高等級的
位置以及較佳的薪資。這些發現並意味著女性在地位等
級、職業或是薪資上獲得平等的結果。實際上,她們在階
層系統中的地位測量,顯示比男性遭遇更多的困難（請見
表 7.1）。這些發現僅能指出女性需要動員政治社會資本,
才能有效地縮短部份的差距。

　　政治社會資本對於女性造成何種影響？如同我們從
表 7.2 中發現,相較於男性,女性在一般社會資本與政治
社會資本均顯得不足。雖然社會資本與人力資本以及制度

資本有關，但是並無證據顯示女性因為這些其他資本類型，而取得勝過男性的優勢。事實上，女性在這兩個面向同樣遭受資本的缺乏。女性改變這些缺乏的能力的線索，某種程度上在於取得政治社會資本的社會連帶本質。如表7.4所示以及之前的討論，親屬連帶建構一個取得政治社會資本的正向因素，而更多女性比男性使用親屬連帶。

　　進一步探討取得政治社會資本的社會連帶，我們猜測接觸工廠與行政部門的黨書記是關鍵，因為女性比男性更經常使用親屬連帶來接觸這些關鍵位置（表7.4）。表7.10的資料指出，特別是接觸工廠的黨書記，這樣的連帶多透過女性的配偶，或兄弟姊妹的配偶。因此，女性可以透過這樣的強連帶，在取得當地政治資源上獲得某些助益，因為這些連帶協助某些女性工人，向上提升她們的工作單位等級，以及在薪資上有所突破。

表 7.9　收入的決定因素

外生變項	月薪(對數)			
	模型一		模型二	
	男性	女性	男性	女性
年齡	-.00	-.00	-.00	-.00
	(-.02)	(-.02)	(-.02)	(-.02)
都市	.01	.08*	.03	.11**
	(.01)	(.05)	(.02)	(.06)
教育	.08***	.19***	.07***	.18***
	(.14)	(.25)	(.12)	(.23)

訓練	.07***	.05	0.4	.02
	(.06)	(.04)	(.04)	(.02)
文憑	.00	.12	.03	.15
	(.00)	(.09)	(.02)	(.11)
黨員資格	.02	.07	.01	.06
	(.02)	(.05)	(.01)	(.04)
部門(以國家部門為參考點)				
集體部門	-.28***	-.08	-.30***	-.06
	(-.12)	(-.04)	(-.13)	(-.03)
合資企業	.48***	.77***	.46***	.73***
	(.13)	(.13)	(.13)	(.13)
私人企業	.08	.24	.22	.24
	(.01)	(.03)	(.03)	(.03)
個體戶	-.11	.15	-.11	.22
	(-.03)	(.03)	(-.03)	(.04)
等級	.04**	.04**	.04***	.04*
	(.12)	(.08)	(.12)	(.07)
工作聲望	.00**	.00	.00**	.00
	(.08)	(.01)	(.09)	(.01)
一般社會資本			.01**	.01***
			(.10)	(.10)
政治社會資本			-.04	.06*
			(-.05)	(.06)
常數	5.81	5.13	5.63	4.95
解釋變異比例(R^2)	.13	.15	.13	.17

1.多元迴歸估計(括弧內為標準化係數)

2.p←.05;** p←.01; ***p←.001

結論評析

　　社會資本研究的一個關鍵問題是，社會資本的不平等在何種程度上，造成快越社會團體的社會不平等。本章藉由針對由資本觀點所提出的兩個過程的分析，來概念化這個議題：資本缺乏與回報缺乏。資本缺乏是不同的社會團體，因為投資與機會的緣故，而擁有不同質與量的社會資本的程度。回報缺乏是既有資本在質與量上的不同，帶來不同的動員策略、行動者作為或是制度回應，而對於不同社會團體造成相異的回報。由於我們假定社會不平等肇因於資本的不平等，理解資本的不平等便顯得相當重要。這些構想透過產生於不同團體之間，不同資本類型的不平等，包括社會資本，以及這樣的不平等對於不同團體成員之間的社會不平等的潛在影響，有助於釐清其中的機制。

表 7.10　接觸工廠和行政門黨書記的連帶關係

| | 接觸位置的比例 | | | |
| | 工廠黨書記 | | 行政部門黨書記 | |
關係	男性 (N=710)	女性 (N=759)	男性 (N=137)	女性 (N=99)
親屬連帶				
父親	.70%	.53%	.73%	4.04%
母親	.00	.13	—	—

兄弟姐妹	.42	.26	.73	.2.02
配偶	.14	1.05	—	—
配偶的父母親	.14	.13	—	—
兄弟姐妹的配偶	.42	.40	—	—
配偶的兄弟姐妹	.00	.53	—	1.01
兒子	.00	.00	—	—
女兒	.00	.00	—	—
女婿	.00	.00	—	—
媳婦	.00	.13	—	—
父親方的親戚	.42	.13	2.19	2.02
母親方的親戚	.42	.66	1.46	2.02
內孫	.00	.00	—	—
外孫	.00	.00	—	—
其他親戚	1.13	1.71	2.19	6.06
非親屬連帶				
同事	10.42	5.93	9.49	6.06
長官	66.20	70.75	57.66	50.51
屬下	4.08	1.98	6.57	3.03
鄰居	2.25	3.24	2.19	6.06
好朋友	4.37	2.90	4.38	5.05
一般朋友	8.45	7.91	12.41	12.12
其他	.23	.26	—	—

　　我們使用都市中國居民的資料，來探究男性與女性在勞力市場中的地位取得的相關機制。地位產生器被用來測

量一般與政治社會資本,而結果證實中國女性勞工在社會
資本與人力資本以及制度資本上面臨缺乏的情況。男性顯
示能夠接觸到更多職業與政治的位置,階層較高的位置,
以及更多樣化的位置。社會資本被發現與人力資本高度相
關。因為男性擁有較高的教育程度,他們對於社會資本也
有對應的優勢。而制度資本(黨員資格)對於男性與女性
社會議資本的影響則無太大差異。

另一方面,部份證據顯示女性在進入國家部門、獲得
高等級位置與賺取較高薪資上,特別遭受到社會資本的回
報缺乏。事實上,她們在透過政治社會資本產生回報上佔
有些許的優勢,包括進入國家部門、獲得高等級位置與賺
取較高薪資。這些發現並非意味著女性在等級、職業或薪
資上獲得平等的地位。事實上,她們在階層系統中的地位
測量,顯示比男性遭遇更多的困難。這些發現僅能指出女
性需要動員政治社會資本,才能有效地縮短部份的差距。

為何女性能夠跨越鴻溝建立聯繫的線索之一,是她們
用來取得社會資本的連帶本質。女性較男性更常依賴親屬
連帶來取得社會資本。由於弱連帶(非親屬連帶)有助於
獲得一般社會資本,女性因此在取得此一資源上有所困
難。然而,強連帶(親屬連帶)增強政治社會資本的取得,
因為這樣的關係在中國需要信賴與承諾。因此,某些女
性,依賴她們的配偶或親屬的配偶,可能取得較佳的政治
社會資本,而有助於她們克服她們在進入國家部門、獲得

較高等級位置與較佳的薪資上所遭遇的劣勢。

　　如同第六章所提及，不同的社會資本取得值得更多研究的關注。這意味著社會團體（性別、種族）因為它們的結構位置與社會網絡的優勢與劣勢，而在社會資本的取得上有所不同。對於那些希望獲得較佳地位的劣勢者來說，策略行為要求他們取得超越他們一般社會圈子的資源（Ensel 1979），找尋企業中的支持者（Burt 1998）以及參加由男性主導的俱樂部（Beggs and Hurlbert 1997）；找尋他們的鄰里與工作夥伴以外的連帶（Green, Tigges and Browne 1995）；或是找尋跨越種族將借的連帶（Stanton-Salazar and Dornbusch 1995; Stanton-Salazar 1997）。本次研究，使用有限的方式，說明資本觀點在分析社會不平等的可行性。

　　資本不平等、資本缺乏以及回報缺乏的概念，有助於我們分解與釐清造成社會團體之間資本不平等（特別是社會資本）的機制，以及這些不平等對於社會不平等的影響。同時，它們也有助於釐清既有社會不平等的文化與制度本質，並且指出在此制度脈絡下對於劣勢者的策略重要性（即使用親屬連帶取得政治社會資本的女性）。本章所描繪的研究議題與進行的實證研究，指出配合特定測量與設計，對於制度與文化變異的系統性實證調查，為進一步地理解不同社會圖體的資本不平等與社會不平等、不同的社會不平等，以及不同的社群與社會帶來豐碩的成果。

附錄 7.1 都市中國的樣本城市與受訪者數量，1998

城市	樣本數	1996 年相對勞動力（萬人）
北京	300	326.58
太原	150	144.09
瀋陽	300	304.36
丹東	150	113.11
上海	400	560.02
南京	150	160.92
安慶	100	33.73
南昌	150	44.29
文登	100	34.99
懷化	100	30.81
廣州	200	240.23
南充	100	96.79
重慶	300	324.18
玉溪	100	21.78
西安	150	165.21
平涼（甘肅）	100	19.71
格爾木（青海）	100	4.62
塔城（新疆）	100	7.66

附錄 7.2　社會資本的地位產生器

在您的親屬、朋友或熟人中，是否有人從事下表所列之工作？如果有，您跟他的關係爲何？如果沒有，您認爲透過何人最可能找到從使此一工作的人？您跟這位聯絡人的關係爲何？

職業	您是否認識從事此一工作的人嗎？ 1是 2否	當您在尋找目前的工作時，您是否認識這個人？ 1是 2否	您跟他／她的關係爲何？	如果您不認識從事此一工作的人，您認爲透過何人最可能找到？	這位聯絡人的職業爲何？	您跟他認識多久了？	您們之間很熟稔嗎？
小學老師							
記者							
公私部門的行政人員							
電工							
Chief of a section							
公私企業的領導							
大學教授							
農夫							
政府長官							

律師							
家庭女傭							
市長							
省或市黨書記							
行政部門黨書記							
工廠黨書記							

第二部份

概念的延伸

第 8 章
社會資本與社會結構的浮現：
一個理性選擇的理論

　　本章[27]的焦點在於理性選擇如何造成社會結構的問題。在本書至今的討論中，我們已經發展了社會資本的理論，並且進行研究以理解社會脈絡下的意義行動（meaningful action）。也就是說，這個理論在承認與認知社會結構的事先存在與其效應的同時，也強調行動的議題。我在本章將探討的是行動將帶來社會結構的可能性。換句話說，我希望發展某些理論論點來回應理性是否立基於資源維持或防衛，以及資源擴張或取得的問題，讓我們更加了解互動的規則與初級社會團體（例如原初團體）的形成。除此之外，是否社會資本之於個人資本的相對效益的動機，能夠提供理論的可能性，指出理性行動在實際上造成的社會結構或許超越原初團體。

　　本章將簡單說明行動如何造成社會結構浮現的理論假設。我選擇理論化此一過程，是因為就理論上（邏輯上）

---

[27] 本章重要的部分，在獲得許可下，改寫與修正林南的作品（Lin 1994a）。

來說，這是在處理結構與行動的互賴與相互影響之前，所
必須進行的工作。一旦清楚說明導致結構浮現的行動之
後，兩者之間的互賴與互動也就接續而下（行動影響結
構，結構影響行動）。藉由鎖定社會結構的興起，我希望
把重心放在關於行動理論的重要議題：理性為何、指導行
動與互動的原則為何，以及為何社會結構（團體與集體）
不僅可能，更無疑的將從這樣的行動與互動原則中產生。

　　我的基本論點有三。第一，理性行動被視為與珍貴資
源有關的多重動機。其中至少有兩個基本的動機：極小化
損失與極大化取得。儘管在實證研究上有關，但是兩者是
相互獨立的計算，而前者的優先性又高於後者（請見第四
章）。第二，這些計算以及後續的問題，造就資源轉換的
規則以及原初團體的重要性。原初團體內的互動與集體行
動，主要受到維持與保衛資源的情感，次要受到取得資源
的需求所引導。第三，普遍來說，社會資本（鑲嵌於社會
連帶的資源）的效用大幅地超越個人與人力資本。在面對
貴重資源的缺乏時，這樣的計算會驅使行動者將互動延伸
到原初團體以外的部分。只要這樣的連帶與交換形成，特
定的規則便依循其後。這些規則超越互動的行動者的原始
議題與利益，為社會結構的形成建立了基礎。

　　本將將依循幾個由社會資本理論所提出關於行動與
互動的基本命題（第五章），描述原初團體的形成與重要
性。接著將說明人力與社會資本的相對效用，並且指出社

會資本的相對效用，建構了行動者與外於原初團體的世界
互動與交換的動機。本章以某些關於社會結構興起的本質
的進一步討論作結。這些探討基本僅是推論，因此無疑的
將是簡短的說明。但是，我們的目的在於呈現重要的論
點，以及描繪一組命題，使得進一步的精緻化與評斷變得
可能。

在我們開始之前，在社會結構與行動的理論化脈絡
中，定位此一問題將有助於後來的進行。

社會學式的理論化

在社會學中一個分類理論的方式，是捕捉這些理論如
何說明兩個社會層級之間的因果概念：結構與行動者。如
果將此兩個層次區分開來，就如表 8.1 所呈現的簡單分
類。這樣的類型分析將理論區分為四種類型。鉅觀理論說
明結構層次上的因果概念，而微觀理論則在行動者層次上
指出兩者之間的關係。結構理論將原因的結構概念與行動
者的結果概念加以連結，行動理論則假定行動層次的概念
對於結構的影響。

表 8.1 以鉅觀與微觀區分的社會學理論類型

結果概念	原因概念	
	結構	行動者
結構	鉅觀理論	行動理論
行動者	結構理論	微觀理論

這是一種簡化，因為我們能夠指出更為複雜的理論，同時涉及結構與行動層次的因果概念，或是牽涉超過此兩個層次的概念（例如個人行動者、組織與社會；請見 Hannan 1992）。舉例來說，關切行動者心理福祉的理論（個人層次的結果概念），或許能指出這是他或她的社會網絡（結構層次的支持）以及他或她的自我評價（行動者層次的概念）的結果（請見，例如，Lin、Dean and Ensel 1986）。同樣的，理論也可能關心收入等級是教育等級（個人層次的概念）、企業的本質（組織層次的概念）以及產業部門（經濟或是社會層次的概念）（請見，例如，Kalleberg and Lincoln 1988）。

當我們有此警覺之後，表 8.1 的分類告訴我們在某個特定理論的位置中，其基本的理論進行。就我來看，在這四種類型中，行動理論是最具挑戰性與爭議性。之所以具有挑戰性，是因為它的因果概念明顯地橫斷那些主要，同時經常被界定為其他科學學科的次領域：經濟學、心理學或是文化人類學。例如，理性選擇（rational choice）理論廣泛地借用經濟學有關自我利益最佳化或極大化的選擇預設（Coleman 1990）。心理學與個人特質帶來像是**福祉**（well-being）、**沮喪**與**態度**等概念（請見 Elias 1939/1978 有關羞恥的討論，以及 Scheff 1992 的有關情緒的討論）。規範、價值與傳統很難與集體以及社會化經驗脫離關係（Marini 1992）。行動理論並未希望與行動的潛在來源脫離關係（或是**行動之泉**，spring of action，Coleman 1990 如此稱呼）。它只是將它們視爲外生於行動的因素。但是，此一理論需要說明它涉及的不僅只是偏離其他學科已經主張的概念而已。

行動理論也是引起爭議的，因爲它關於從行動（個人層次的概念）到結構的因果關係的主要命題，似乎暗示著整體可以透過其互動的部份來加以說明。普遍來說，轉換層次的因果關係較同一層次來得難以說明。然而，結構理論至少在對於行動者的結構全景上佔有優勢。因此，當宣稱行動者的找工作行爲是受到勞動市場緊密度的影響時，我們便很難將這樣的行動置於勞動市場的脈絡以外[28]。另一方面，行動理論並未具備此一優勢，因爲它經常假設結構不只是行動以及行動的互動的總合（結構或組織韌性的討論，請見 Hannan 1992）。除此之外，一旦某一結構出現，在理論上就難以排除結構與行動之後的持續互

---

[28] 這裡無意質疑或主張此一命題的正確性。

動。行動理論面對的持續挑戰，是在納入結構影響的考量後，說明行動的結果是否以及如何持續。阿貝爾（Abell 1992, p.186）正確地指出理性選擇理論的主要謎團，在於提出「互賴的個別行動」如何「生產系統（或是集體）層次的結果」。

行動的原則：損失最小化與取得極大化

理論的開端是兩個有關行動動機的簡單預設：行動主要是受到求生存的固有需求所驅使或驅動，而生存被認為與珍貴資源的累積有關。這些關於行動動機（根源）的假設無需進一步闡述。需要被探討的是行動的原則，即選擇以及選擇之間的優先性。同樣的，為了簡化起見，我假定行動是受到保衛資源或是尋找（擴大）資源的需要所驅使[29]。受到保衛資源所驅使的行動，是某種損失資源最小化的計算（耗費的相對損失）。另一方面，受到擴張資源所驅使的行動，則是屬於極大化資源取得的計算（耗費的相對所得）。根據之前關於評估得與失的相對重要性的社會學理論（同質性原則以及情感性需求的傾向）以及研究證據（請見 Marini 1992 對於支持在慣常行為中，防衛損失

---

[29] 此一假設與目的性行動的取向一致。

比尋求取得資源受到的更大關切的證據回顧），我現在提出防衛資源比擴張資源具備更高的優先性[30]。

命題一：資源的保障與維持是行動最初的動機。因此，行動的第一個原則是最小化（資源）損失的計算。

命題二：取得與擴張資源是次要的行動動機：因此，行動的第二個原則是極大化（資源）取得的計算。

這些命題代表兩個重要的論點。第一，損失的最小化與取得資源的極大化是兩種不同的功能，而非彼此相反的功能[31]。它們可能牽涉到不同的選擇（何種以及多少的資源）以及不同的偏好。其次，它們形成具有位階差異的行動組合而非二分並列。一連串的行動或許顯示出兩種動機：極小化損失以及極大化取得。若既有的機會許可，行動被採取以滿足兩種動機。但是，當行動者必須作出抉擇時，維持資源將是他們的優先選擇：極小化損失的計算具有較高的優先性。

認可與利益：互動的原則

這兩個行動的原則如何牽連到互動？首先，它們指出

---

[30] 只有在行動者一開始便擁有資源的情況下，此一論點才能成立。

[31] 在實證上，它們可能是負向相關的。

互動主要是受到最小化資源損失，以及次要受到極大化資源取得的驅使。依循最小化損失原則的行動是防止資源流向他人。最好的可能結果是絲毫不損。如果兩個行動者採取最小化原則，將形成一個局部（local）的平衡，也就是兩者接受對於雙方絲毫未損的結果。用社會學的術語來說，此一結果是對於他人針對他們個別的資源宣稱的相互認可，有就是財產權[32]。因此，認可是每一位行動者，在中心個人放棄對於連帶成員的資源主權的任何挑戰時所耗費的成本[33]。這是最小成本。

之所以是一個局部的平衡，是因為它受到相當的限制。第一，它假定只有兩個行動者參與互動。當多位行動者（三位或更多）參與其中時，可能導致結盟的出現，而局部的平衡變得越發難以維持。其次，很少有案例顯示在兩名行動者帶著同等的資源進行互動。因此，認可本身成為某種變項而非經常發生的情況。也就是說，認可可能與兩方不對等的成本同時並存。當中心個人不僅否定連帶成員對於資源的主權，也要求本身防衛連帶成員在與其他行動者互動時所遭遇的主權挑戰時，行動者可能願意給予連帶成員更多的認可。或是認可只會發生在行動者同意放棄

---

[32] 信任或許是另一個替代用詞。但是，認可可以在沒有信賴的情況下形成，而有較強的影響意義。請見第九章關於認可的進一步討論。

[33] 請注意這可能被視為某種僵局或是最糟的結果，如果納入極大化原則的話。

某些資源給予連帶成員後，才可能發生。因此，至少存在著兩種認可的類型。在第一個例子中，相互的認可是透過雙方的最小成本而達成（Pizzorno 1991），我們或許可以將認可視爲某種同意或社會同意（Lindenberg 1992）。在第二個例子中，認可意味著合法性，透過普遍爲人接受的回應行動的特定規範來確保認可。第三，行動者在一系列的行動中，很少只是單純地使用極小化原則。認可或許是暫時的結果，直到某位或是多位行動者開始採取極大化資源取得的原則時。

因此，在現實的情境中，認可通常是伴隨著各方不對等成本的結果，我將在下一章詳細地說明此一議題。但是，我在這裡要指出的是互動的基本原則，此一基本原則保證行動者的最小生存，同時與行動的第一個原則（命題一）相符合。

命題三：依循著行動的極小化原則的互動，將尋求其他人對於資源宣稱的認可。

我認爲認可的元素，與某些爲理性選擇學者所承認與發展的概念相契合（Pizzorno 1991;Lindenberg 1992）。這些說明的更清楚的部份是，互動中的認可可以被理解爲受到極小化損失而非極大化所得的原則所驅使。

我將省略對於根據極大化所得原則的互動的進一步討論，因爲它們僅僅只是反映一般的經濟計算，而在文獻中早已有廣泛的發展。此刻我們必須研究的是這些行動與互動的原則如何提供我們社會結構興起的線索。

資源的繼承與轉移：原初團體的重要性

人類的行動進一步地混合著並非與生俱來，但是重要的生活情境：即生命的終結與生命的再製。個人行動者的生存時間有限。當行動者過世後，一個可能的結果是所有與此行動者有關的資源將由其他的行動者競逐之。但是，此一策略意味著一輩子努力（行動與互動）維持與擴張的資源，將完全拱手讓給其他的行動者。

相反的，資源或許會被轉移給其他行動者（們）。這是極小化損失原則（命題一）優先性的延伸，意味著行動者偏愛轉移擁有的資源給另一位被認為是最適合代理人的行動者。適合與否在某種程度上反映著行動者能夠輕易分辨此一代理人，能夠持續其他行動者對於這些資源的認可與合法性。在絕大多數的社會中，生命的再製提供了辨別代理人的簡單規則。因此，就絕大多數的社會而言，家庭成為行動者直接與自然的延伸[34]。

---

[34] 我在其他地方（Lin 1989）討論轉移的規則以及轉移資源的類型。在家庭的脈絡中，轉移的規則有所差異。例如，繼承的規則因社會的不同而有差異，而關於一人繼承（unigeniture）、長子繼承或是平分的原則並未統一，但是似乎較傾向男性優先。在最有趣的案例中，中國傳統體系使

　　原初團體對於資源的繼承與轉移的重要性，進一步地將非經濟的考量整合到行動中。原初團體內部對於繼承的限制，降低代理人的選擇範圍。端視繼承的規則，選擇的可能性可能降低到零（例如以長子為繼承者）。因此，認可與合法性的考量比有助於極大化所得的競爭與技術，即經濟計算，更具優先性。由於原初團體盛行於人類歷史，它的存在很明顯的讓任何單單立基於經濟計算的理論無法成立。這個最終的結論並未帶來另一個結論：即行動並非是理性的。如果理性被界定為計算選擇的思考過程，那麼很明顯的，如同之前所提，認可與利益提供互動選擇的理性基礎。

人力資本、社會資本與社會網絡

　　極小化損失與極大化所得的需求，建立兩個區塊來理解原初團體以外的互動。然而，我們必須介紹另一個區塊：也就是對於兩種資源相對效用的考量，及人力資本與

用分割的原則：長子繼承用於權威性的遺產，而兒子間的平分則用於資產性遺產。後續的衝突與混亂，以及縮小的資源總量無法藉由任何的經濟原則解釋。家庭團體（在絕大多數的系統中是重要的原初團體）也不是唯一的原初團體。原初團體可以建構在其他的基礎上（例如民族、宗教與性別認同）。但是這些變異並未影響本章之後的論點。

社會資本。

　　人力資本是行動者擁有的資源，而可以決定（運用權威）它們的使用與處置。這些被行動者擁有的資源，也可以轉移給行動者認為適合的指定繼承者。社會資本則是附著於其他行動者的資源。互動以及和其他行動者的關係，提供因為中心個人的目的而商借這些資源的可能。作為回報，商借的資源必須被歸還、替代或是互惠使用。用最簡單的例子來說明，在收成期間，借用鄰居的收割工具是取得與使用社會資本的一個例子。一旦收割結束，工具必須還給（完好如初或用替代品歸還）鄰居。更重要的是，預期發生的是鄰居可能也借用中心個人的資源，像是他的兒子來協助收成。

　　由於在社會資本的使用上有所限制，維持關係與互惠交換所需的能量與資源也是如此，因此在情感上偏好個人資本而非社會資本的累積。也就是說，在使用的相對成本上（暫時的使用、歸還或是以替代品歸還的義務以及互惠的承諾），使用人力資本可說比使用社會資本低上許多。那麼，我們如何說明社會資本的使用，以及因此而維持的社會關係？當然，這是任何連結結構與行動的理論所面對的重要與關鍵議題。

　　對我來說，最重要的論點來自於兩個核心的理論命題。

命題四：社會資本的累積比人力資本來得快速。也就是

說，人力資本的累積在本質上是連加（additive），而
社會資本的累積則傾向指數增加（exponential）。

命題五：當外於某人原初團體的互動是為了取得資源
　　時，他們使用更多的取得的社會資本，而非本身擁有
　　的人力資本。

人力資本是透過行動者，及其所屬的原初團體成員所
採取的行動而累積。每個行動產生一定數量的額外資源。
因此，存在著某種擴大原初團體（例如大家庭）的傾向，
以加速資源的產生與累積。

另一方面，社會資本是透過社會連帶的創造與維持而
產生。社會連帶的關係意味著某種連結，並因此得以取得
連帶的資源：也就是中心個人的社會資本。除此之外，一
旦連帶建立，不僅連帶成員的資源變成中心個人的社會資
本，連帶成員的社會連帶也可能作為他的社會資本。我們
可以想像，社會資本可以藉由中心個人的直接與間接連帶
的網絡來取得。當然，取得社會資本的程度端視社會連帶
有多少資源可供處置，以及連帶的本質與緊密度。當這些
連帶延伸到一個由直接與間接連帶所構成的網絡時，社會
資本的總量將以指數增加。因此，藉由使用網絡的原則，
社會資本的可能總量將快速地延伸。圖 8.1 說明假設的速
率。

進一步的思考必須納入發展社會資本指數累積的可
能模型。圖 8.1 的說明完全是推測的。S 形曲線的斜率所

根據的假設，是互動與網絡起初是緩慢的延伸，可能是位於具有類似資源的少量行動者之間，接著透過間接連帶擴張網絡，加速朝向具有不同與較佳資源的大量行動者。而此一曲線將進入平原期，並觸及上方的界線，因為連帶的功能將受到效率因素的限制（這可能是中介連帶數量的功能，與認可以及合法性呈現負相關，以及與互惠義務的成本與多樣性呈正相關）。

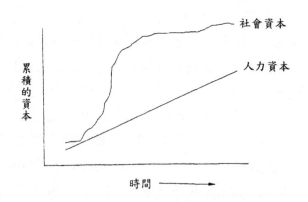

圖 8.1　人力與社會資本的累積率

　　儘管累積與使用社會資本的相對成本較高，但是在某些情況中，社會資本累積速率的相對優勢不僅能彌補，甚至能超越此一成本。對於絕大多數的行動者來說，他們的計算無疑地將偏好社會資本，因為人力資本的累積面臨兩個限制性的情境：即原初團體的規模最終受到限制，以及缺乏尋求資源所需的物資。

　　如同之前提及，迅速累積人力資本的方式之一是擴張原初團體，團體成員在資源的生產與交換中共享利益。但是，當原初團體的規模增加，同時也帶來維持對於資源的集中權威，以及資源權力的繼承競爭等問題。為了保持原初團體的擴張，必須創造更多的資源足以讓團體成員共享。只要擁有充分的原料供資源生產，原初團體的擴張便能持續下去。

　　然而，多元團體為求增加規模而尋找資源，必將進入競爭原料的地步。稀有質料的競爭可以是，以及終止在粗糙的層次，像是某個團體奪去其他原初團體擁有的資源，同時將這些團體的成員轉為資源生產的工具，即奴隸式的工人。但是，除非奪取其他團體擁有的資源的能力在規模與設備（科技）的優越性上，佔有壓倒性的優勢，否則這樣的對抗總是存在著奴役中心個人的團體的風險。

　　在面臨資源缺乏時，另一個奴役的替代物，是取得與利用社會資本，儘管這樣的使用，如同我們討論過的，將耗費比使用人力資本更大的成本。一旦完成理性的選擇，與某人原初團體以外的行動者互動，不僅將隨之發生，他們也會積極地尋找取得社會資源的路徑。這樣的路徑與行動的動機（極小化損失與極大化所得）以及互動的原則（認可與利益）完全相符。社會資本可以被動原來達成這兩個目的。

結構的浮現

　　這樣的資源取得需要重要的成本，也就是認可與利益的互惠意願與準備。必須存在著某種提供某人擁有的資源予他人作為社會資本的承諾。為了確保社會資本的穩定取得以及展現互惠性，互動因此而被常規化，也就是說，形成社會關係。社會關係的維持可能是立基於兩個理性的原則，也就是命題一與命題二。社會資本主要被依賴用來維持、維護與保障某人的資源。其次則是用來取得額外的資源。當常規化的社會關係，直接或間接涉及到多元行動者以及他們的原初（與延伸）的團體時，計算就更加複雜。儘管這樣的關係促進社會資本的取得，但是關係與義務的認可與合法性很快地讓計算更加複雜。也就是說，共享的社會資本以及合法性規範的需求增加是不可分開的。在後續的行動中，行動者的計算必須考量是否其行動符合保障與／或擴張互動對象的資源的義務。常規化社會關係的多元性與複雜性，需要更多認可與合法性的規則。這些規則認可人力資本（財產權）的基本權利，同時指出互動網絡中的行動者，具有貢獻資源的義務與責任。事實上，認可是克服不對等交換的重要途徑，也就是為何較高社會位置與擁有較豐富資源的人們，會與。較低社會位置與資源貧乏的人們進行重複的交換。我將在下一章細緻化這樣的作用。

集體與公共資本

　　一旦建立與維持這樣的社會關係與資源共享，某個集體（collectivity）便於焉產生。所謂**集體**是行動者的總合，並由原初團體爲了社會資本的共享而維繫在一起。集體也可以決定進一步生產屬於集體而非特定行動者的資源，也就是**公共資本**（public capital）。集體的維持仰賴著統理行動者與其他行動者，以及共享資源的取得與使用的正式與非正式規則。這些規則爲成員行動者建立相異的義務與獎賞。

　　之所以需要**相異的義務**，是因爲集體的持續存在依賴共享資源的維持與取得。義務包含兩種類型：(1)對於集體及其規則的認可與忠誠，以及(2)共享資源，特別是公共資本的生產表現（工作）總合與類型。忠誠因素極小化公共資本的損失，而表現的要求則極大化此類資源的取得。而之所以需要**相異的獎賞**，是因爲被認爲對於集體的義務有不同的達成方式。因此，更多的獎賞被給予那些展現較高程度忠誠與／或高水準表現的成員。獎賞可以是符號或是物質的。物質的獎賞包括對於行動者或位置佔有者的資源賦予與分配（人力資本的取得），以及取得與使用

共享資源（公共資本）的權威。符號的獎賞包括行動者或
位置佔有者的公開表揚，以及確保將這樣的榮譽轉移給行
動者的後代。另一個越加重要的獎賞系統，是關於在集體
中分配與執行代理人位置的規則與程序。我們將在之後討
論。

　　這些義務與獎賞，儘管是集體持續存在所必要的，對
於同時爲了本身與所屬原初團體的基本義務行動者來
說，兩者是互補又競爭的。兩者是互補的，因爲集體中的
共享資源補充了人力資本，因此人力資本的缺乏不再永遠
是生存的威脅。兩者是競爭的，因爲資源生產的能量分配
與忠誠的承諾可能會有所折扣。

　　但是，出現利益衝突是無可避免的。由於主要的動機
驅使行動者維持與取得人力資本而非公共資本，因此表現
的意願以及對於集體與集體良善的忠誠至少依賴兩個重
要的因素：(1)公共資本對於行動者有多重要，以及(2)集
體的義務或獎賞，或說忠誠與表現，如何同時成爲主要的
義務與獎賞。這兩個指標越正向，行動者變更可能樂意表
現，以及忠於集體與集體良善。在最極端的情況中，行動
者可能會作出全然的犧牲，例如生命，只爲了保存原初團
體與集體的共享資源。

　　如果兩個因素並未符合，可能會發生兩種結果。行動
者可能會選擇離開集體，冒著失去公共資本的風險，但是
希望找尋另一個較符合個人與所屬原初團體的利益的集

體。相反的，行動者也有可能轉爲搭便車（free rider），
而將共享資本當成或威脅當成人力資本。當然，兩種選擇
皆有其風險。離開讓保護本身與尋找生存資源變成嚴重的
問題。搭便車冒著受到由集體建立的懲罰的風險（人力與
公共資本的剝奪），我們將在稍後討論。

　　當集體的規模擴大，互動變得碎裂（網絡的局部化），
共享資源變得斷裂（根據共享資源與特質的局部化）。在
集體的層次上，義務與獎賞必須持續修正以涵蓋越來越多
行動者，以及他們對於公共資本的需求。因此，集體義務
與責任與個人行動者及其所屬的原初團體，重疊的比例下
降。常規化的認可與合法性維繫行動者與集體之中的能力
也將下降。

社會契約

　　爲了確保集體義務與獎賞被成員行動者所意識與符
合其需求，克服碎裂與斷裂的結構問題，忠誠與表現的運
行，以及讓出走與搭便車降至最低，集體可以發展與採取
三種策略：(1)透過教育與同化，將集體的義務與獎賞內
化來養成行動者，（Boudieu and Passeron 1997;Marini
1992）；(2)進行群眾活動，讓行動者爲共享資源與集體所
吸引，加強他們的認同（Putnam 1993）；以及(3)發展與執

行**強迫服從**的規則。卡爾曼（Kelman 1961）關於這三個
過程（內化、認同與強迫服從）的討論，暗示著這些策略
分佈於兩條軸線上。順從可以及最快的速度達成，但是效
果持續的最短。當控制存在，順從便能很快地達成（例如
戰犯的行爲）。但是當控制消失或解除，這樣的順從行爲
將迅速地改變或消失。另一方面，內化需要長時間才能完
成，但是在最小控制的情況下，之後的行爲仍能維持下
去。採取這些策略的討論超過本書的範圍。我們要強調的
是這每一個策略，精細化集體施加於行動者的規則的發
展。除此之外，執行規則的代理人與單位也應加以發展。

這些執行的個人進行管理與因應行爲，以及執行集體
的規則。他們根據對於其表現的評價而獲得獎賞。這些執
行代理人的出現及其必要性，產生行動者與集體之間進一
步的關係。這些代理人獲得對於個人資源，及其對於集體
利益的行爲的權威。儘管他們被期待也能保護與擴張個人
行動者的資源，但是他們最終的獎賞是來自於展現對於集
體的忠誠，以及公共資本的擴張。

當資源越加貧乏，而集體規模越發成長時，執行代理
人在成員中將獲得優越的地位，因爲集體的生存更加依賴
代理人對於規則的執行。一項整合行動者、共享資源以及
規則的重要手段，是藉由界定角色與資源類型及總合、與
規則執行以及與分配行動者爲位置佔有者的關係，來說明
位置（士官行動者，corporal actors）。因此，行動者之間

階層的出現，不僅是因爲相異的義務與獎賞，也是由於成爲執行代理人的不同機會與分派所致。

這些義務、獎賞與機會形成與行動者佔有的位置有關的主體施爲的依據。

社會系統的緊張來源

受限於篇幅，本章無法細緻化士官（執行）行動者與自然行動者之間的關係、現實社會系統中的合法性與利益規則的形成，以及社會系統的忠誠與利益，和其個人與士官行動者之間的永恆緊張。但是，我能指出幾個社會系統中，並能被加以發展的緊張來源。最明顯的是人力資本與社會資本的緊張。由於最終的生存本性以及取得公共資本所需的成本，自然行動者更爲傾向爭取人力資本。社會系統必須在爲參與者提供機會，以維持與取得合理的人力資本總量，以及要求他們生產與維持公共資本的意願之間達成平衡。

第二個緊張的來源是動員（mobility）與團結（solidarity）之間的平衡。動員代表在社會階層中向上攀升的機會，而團結則必須分享對於其他參與者的利益與資

源的情感與合法性[35]。動員鼓勵行動者脫離他們共享利益
與資源的社會圈子，以便在社會系統中獲得更多或更佳的
資源。團結則依賴著共享類似情感與資源的人們的認同。
過於強調動員可能導致社會認同與團體凝聚的破碎。過分
強調結構中碎裂部門的團結，將帶來潛在的階級認同與衝
突。達成此二者的平衡，對於社會系統的生存是至為關鍵
的。

　　另一個緊張的來源則與系統的規模有關。規模增加的

---

[35] 我將團結定義為對於他人資源的情感與合法性的程度，而由集體的行動
者來表現。這個概念與海契特（Hechter 1983）的概念有些類似。海契
特使用理性選擇的觀點，指出若具備兩個元素，團體的團結即變得可
能：(a)個人與團體的依賴關係，由取得資源的替代來源而決定，以及(b)
團體監視個人的行為以及透過領導禁止行為的監督能力。因此，海契特
的研究可以被視為企圖進一步說明互動將個人與義務以及互惠連結，並
因此與各種市場、權威與道德系統連接，而這些是柯曼（Coleman
1986a，1986b）從未詳細說明的。海契特所指出的第一個元素，是愛墨
生與庫克所發展的依賴權力理論（dependence-power theory）的直接應
用（Emerson 1962；Cook、Emerson、Gillmore and Yamagishi 1983;
Yamagishi、Gillmore and Cook 1988）。此一理論強調個人網絡的重要
性，以及資源的議題被認為是對個人有價值的。從此基本論點衍生的是
個人透過與多重行動者的互動，尋求資源的極大化。但是，我認為這樣
的資源依賴或權力的論點，對於團結來說並非是必要條件，對我來說，
團結反映更多的相互情感，並因此在成員中，有強化與防衛他人或共享
資源的傾向。第二個元素，透過領導的團體監督能力，創造了隱含在合
法性過程的元素。

一個結果，是降低每一個行動者得到的共享資源量。因此，附加於共享資源的通用價值在成員間將下降。因此讓成員行動者傾向與其他分享共同利益與價值的人們，建立關係的次集合。次集合行動者與集體透過特殊利益與遊說努力，讓他們偏愛的規則能夠競爭成為具備合法性的系統可及共享資源的分配規則，特別是公共資源。當共享資源變得較為缺乏，這樣的競爭若被未被察覺與處理，可能導致忠誠的的碎裂。忠誠將轉向到系統內的團體與群集，而非包含整個系統，危害系統作為整體的認同與續存。如何在系統規模持續擴大，以及面對共享資源的需求增加時，繼續維持整個結構，是所有開放性社會系統所不可避免的問題（請見 Coleman 1986a 1986b 類似的討論）。

結論評析

在本章中，我提出兩種理性的互動原則，即極小化資源損失與極大化資源取得，而前者具有優先性。這樣的論點，以支持行動的優越性與理性的可行性為理論主張，挑戰了被廣泛使用，並視為說明人類行動、互動與社會組織功能的唯一基礎的經濟學利益極大化（或是利益理想化）取向。除此之外，非經濟的部份是合乎自然與邏輯的理性計算，依循著與人類生活有關的基本議題，像是生育與繼

承、財產權的主權以及認可此一主權的需求,這是所有人
類社會理論所不可忽視的議題,但是經濟學的取向卻是如
此進行。

討論這些議題並非讓社會學比心理學或是文化人類
學更為重要。有關財產權、認可、資源的轉移以及繼承的
主張,明顯地是來自於所有的社會。它們說明了社會生活
與社會行為,並且只有在互動與網絡的脈絡下才有意義。

不僅是行動的理性源自於人類生活的初始本質,我們
也不能提出忽略兩種不同類型資源的互動原則:個人的與
社會的。只考慮到人力資本交換的模型,將無法說明行動
者與社會結構的連結,因為社會網絡與社會資本正是微觀
鉅觀連結的核心。權力、依賴、團結、社會契約與多層次
系統的概念,在未納入社會資本的考量之前,都是不具意
義的。

本章說明幾個關於行動與互動原則的簡化命題,如何
以及被認為能夠從互動與行動的基礎,解釋社會結構的浮
現:即社會的行動理論。這裡所呈現的命題與理論主張,
我相信能夠作為進一步分析社會制度與組織的形成與發
展打好基礎。舉例來說,討論可以延伸到多重社會契約,
以及藉由不同的社會(認可)、政治(合法性)與經濟(利
益)規則,包含這些契約的後續階層結構。

一旦某個社會系統運作,無疑的將成為社會生活的統
治面向。它對於個人的強制越加普遍。因此,當我們在描

述可觀察的社會系統時，我們必須將結構影響視為是既有的。我同意漢南（Hannan 1992）的觀察，組織的特質並非是個人行動所意圖或預期達成的。但是，我相信社會系統的堅韌（robustness）原則，也是從引導個人行動與互動的相同原則所衍生。也就是說，損失最小化與所得極大化的原則、資源轉移與繼承的規則，以及社會（公共或共享）資本在引導制度與組織建立它們的權威、機會與社會文化結構的規則時，比人力資本更具優位性。集體利益代替個人利益，正如原初團體的利益代替個別行動者的利益。忠誠代替獎懲規則中的表現，正如認可代替了個別行動者的利益。儘管原則相似，集體之於個人的優位性所產生的不同結構，是個人行動與互動無法說明的。

　　最後，一個可行的社會理論必須整合個人與結構的要素。我認為對於兩者的廣泛與平衡看待，是社會學家所必須接受的，以便提供在分析與描述上有效的理論。在下一章，我將延續本章的理論取徑，並且探討為何是認可而非資源取得，成為交換中的重要因素。

第 9 章

聲望與社會資本：

社會交換的理性基礎

　　本章將延續前一章有關行動與社會結構的對話。如同我們已經指出的，集體中多元而複雜的慣習性社會關係，需要許多認同人力資本的基本權利（財產）的認可（recognition）與合法性規則，而這些規則同時也指出行動者有貢獻資源的責任與義務。因此，認可也意味著個人行動者克服不對等交換中的可能成本的重要過程，也就是為何社會位置較高，以及資源較豐富的行動者，會與社會位置較低，和資源較貧乏的行動者進行重複的交換。這樣的過程如何在互動層面運作並未獲得清楚的說明。我們必須了解的是交換中的不平等運作會以及之所以發生，是因為付出比所得更多的行動者能夠從其中獲益，而這也就是為何此一運作與認可有某種程度的關連。本章將鎖定此一議題。我將先擱置合法性的問題，而關注認可的社會過程以及它在交換中的重要性——也就是一個行動者與集體的基本建構根基的重複性互動的過程。

社會交換：社會與經濟元素

交換，作為一個社會學分析的核心概念，可以被界定為兩個（或多個）行動者一系列資源交換的互動。根據此一定義，交換具備兩個重要元素：它需要行動者之間的關係，而這樣的關係導致資源的交易（transaction）。因此，這樣的關係可以被看成互動關係而被視為是社會的（Simmel 1950），一位行動者在過程中所採取的行動，是經過對於其他行動者（們）的行動的計算（Weber 1947, pp.111-115）。此一過程也是經濟的，因為資源的交易典型的是經濟行動。因此，一個基本的交換，產生於兩個行動者的關係與資源的交易，而包括社會與經濟的元素。將交換的**關係**（relational）層面分為**社會交換**（social change），**交易**層面則視為**經濟交換**（economic change），這樣的區分對於之後的討論是有益的。

此一交換的社會與經濟元素的區分，經常因為兩者普遍的共同存在，而在研究文獻中顯得模糊。而**社會交換**一詞的使用更是如此。社會交換不僅只是社會互動，因為我們知道社會交換包含資源交易的附加因素。由於此一用語的經常使用，學者在他們的理論或研究圖像中，選擇性地將社會交換著重於兩個元素的其中之一。

有關社會交換經濟元素的討論可以追溯到韋伯

（Weber）[6] 在指出四種行動類型的同時（目的取向、價值取向、情感與傳統行動），他也將分析重點放在工具性的理性（或是理性的目的取向）行動，這樣的行動是根據對於目標的替代性手段的計算（Weber 1968,p.25）。價值取向行動是由對於信仰的道德、美學、宗教或是其他與其本身未來無關的行為形式所決定。兩種行動類型皆基於有意識的規律性比較與選擇，也就是基於理性（Misztal 1996, p.54）。因此我們可以指出，交換的交易層面，理論上是鑲嵌於行動的理性中。

討論的進行將被何門斯（George Homans 1958）有力的帶回原點，他明確指出這樣的論點：「個人之間的互動是財貨、物質與非物質的交換。交換理論的一個附帶優勢或許是讓社會學更為貼近經濟學——這是最為進步、最可被應用以及在智識上，最為隔絕的人類科學」（p.597）。對於何門斯來說，社會行為或交換[36]著重於行動者在交易中的獲得（價值）與成本；「基本的社會學問題是指出，有關每個人在所有可能行為中，他的行為的經常分配的價值與成本的變化，而某人在這些變項上具有的價值（就數學的意義而言），將部份決定它們對於其他人的價值」（p.598）。因此，讓兩名行動者持續他們的互動與關係的

---

[36] 何門斯將社會行為視為「至少兩人的交換的行為，有形或無形，同時或多或少帶來回報或耗費成本」（1958 and 1961,p.13）

利益，是在每次交易中，偶合取得的相對效益與回報。當相對的回報（邊際效益）減少時，關係中的利益也隨之消失。因此，何門斯指出「基本的經濟學原則能夠與這些基本的社會行為完美的調和，只要考量特殊條件下所有的行為運作即可」（1961,p.68），是合乎邏輯的。

　　布勞（Blau 1964）關於交換的研究也反映此一重點。在承認社會交換可能是來自於社會吸引的同時，也有著外生[37]的基本心理傾向，但是他的分析理論重點在於交換中的交易以及權力的分配之間的關係。當行動者（中心個人）不願意或是無法在與其他行動者（連帶成員）的交換中，進行等值的互惠[38]交易，中心個人可能的選項之一，是與連帶成員維持從屬或是順從連帶成員所欲的關係，也就是權力關係的產生（p.22）。權力的集體認可賦予權威合法性，成為社會組織的骨幹。因此，在布勞的分析圖像中，交易的模式指涉到關係的模式，而此一基本的微觀結構過程，儘管不能完全解釋，但是引發更為複雜的鉅觀結構（組

---

[37] 「統治人類關係的基本社會過程根源於基本的心理過程，像是支撐個人間的吸引感，以及不同報酬的需要。這些心理傾向只是在我們的主觀上是基本的，也就是它們被視為是給定的，而無需進一步質問其產生的動機，我們的關切在於從它們所產生社會力量」（Blau 1964,p.19）。

[38] 互惠，在本案例與許多其他社會學研究中，意味著等值（例如價格或是金錢）的平衡交換或交易。這樣的要求超越韋伯對於社會行動的原始概念，他唯一的標準是將其他人的利益納入考量。在此脈絡下，互惠並不需要平衡的交換。

織）的過程。

柯曼（Coleman 1990）在他的社會行動理論中，進一步延伸此一分析，在他的理論中，社會交換是一種手段，擁有不同利益與資源（事件）控制的行動者與其他行動者進行協商（透過他們控制的資源的相對價值，或是權力），以便極大化他們對於利益資源的控制（建立新的平衡）（pp.134-135）。此一交換與權力之間的機制，與布勞的圖像極為接近，但是它的焦點在於行動者在過程中極大化他們的所得（對於所欲資源的控制）。

現在，交換過程在社會學上的應用似乎充滿著何門斯的預言，或是，儘管並非典型，讓社會學與認為理性選擇在經濟行為中極為重要的經濟學立場更為接近。也就是說，在市場中給定的選項中，行動者將選擇極大化他或她的利益（例如以較少的成本獲取較多的報酬）的交易。新古典經濟學家已經認識到尋求利益（profit-seeking）理論的預設無法與現實貼合（完美的市場、完整的資訊以及開放的競爭），並且進行指出某些情境與制度（有限理性、交易成本）將調整尋求利益的行為（請見 Williamson 1975;Coase 1984;North 1990）。許多相同的論點與條件被社會學家用來分析組織行為、權力關係、制度以及社會網絡與社會交換，而被掛上新制度論與經濟社會學的旗幟。

然而，關係在交換中的重要性並未被忽略。從早期開始，人類學家便注意到交換的關係層面，並且強烈的主張

許多這樣的模式並非基於經濟或理性的考量。舉例來說，
瑞特理夫布朗（Radcliffe-Brown 1952）將安達曼
（Andaman）群島住民的交換描述爲「道德上的交換，爲
參與互動的雙方之間帶來友善的感覺」（p.471）。馬林諾
夫斯基（Malinowski 1922）在他關於托伯連德（Trobriand）
島嶼上庫拉（Kula）交換的研究中，清楚地區分經濟交換
與社會交換，並且指出「真實的（交換）報酬，在於他的
位置所賦予他的聲望、地位與特權」（p.61）。李維史陀
（Levi-Strauss）在他的論述中，引用毛斯（Mauss）、佛
斯（Firth）與其他人類學家的研究，指出交換，包括經濟
的交易，是「建立另一種秩序實體的引擎與工具：影響、
權威、同情、地位、情感」，並且指出「交換是計算而非
交換物品」（Levi-Strauss 1969,p.139）。舉例來說，禮物在
行動者間交換，但是在聖誕節爲某人購買禮物是無意義的
（Ekeh 1974,p.47）。

　　在社會學家之中，孔德（Comte 1848）指出將個人附
屬於社會的論點，而涂爾幹（Durkheim）否定史賓塞
（Spencer）關於社會團體發展的經濟預設。沒有學者否
認社會交換中經濟交易的應用，但是他們也認識到社會交
換中，超個人（李維史陀）與超經濟（Radcliffe-Brown 1952）
的本質以及關係的重要性。在每一個分析架構中，社會交
換的關係取向是透過特定行動者，根據特定資源交易的效
用以外的承諾基礎所展現。

　　如何調和這兩個交換的面向？有幾種方式可以使用。一種方式只是忽略關係的重要性，任何的特定關係皆歸屬於極大化或是擴大利益的決策選擇。當關係在交易中產生利益時，這樣的關係便能維持；而當無法產生利益時，關係被會被拋棄。然而，絕大多數的新古典經濟學家與他們的社會學盟友，則採取折衷的立場，而將關係視爲是一個不完美的市場以及不完整資訊的條件下不可避免的「交易成本」或「計算信任」（calculative trust）（Williamson 1985、1993）。在這個修正的立場上，不但認知到關係，更清楚地將之納入交易分析之中。

　　相對的，這些強調關係的學者認爲，關係之所以必須與重要，是因爲並非所有的行爲與互動皆爲理性。此一論點同意經濟行爲依循著理性選擇的原則，但是也指出並非所有行爲皆屬於經濟行爲，並因此而爲理性的。社會吸引與情感是基本的生存本能，而非各種可能損益的計算結果。這裡的問題在於理性選擇被視爲自然的傾向：報酬或增強造成行動與交易，以及最恰當的生存。當此一原則被用於鴿子與人類時（Homans 1961,p.80），是無關乎感知或未感知的。進一步推展此一分析，爲何某些本能是理性的而其他不是，則變得是一個問題。

　　另一個可以辨別的論點則退讓承認，有時是隱約而非外顯，理性可以應用於社會交換，但是除了個人尋求利益的動機外，尚有其他理性的原則。由於人類在互動與交換

中將其他人的利益納入考量,關係或許可以在調和這樣的
理性下維持。有許多次要的論點依循著此一推論路線。而
在文獻最爲可見的有二。第一,有人指出社會認可、尊敬、
偏好、吸引與諸如此類的項目是交換的重要動機。特別是
在交易不平衡的關係,對於獲得較少的行動者來說,回報
可能是其他行動者的認可、尊敬、偏好或是吸引。在此情
況下,是這些象徵性的回報,而非經濟交換所界定的物質
回報(及其普遍性的中介物,金錢),建構了有意義的報
酬。然而,對於何門斯、布勞與柯曼而言,這些報酬的差
異在於形式而非本質。無論是相爭或是物質,只要它們代
表某種價值(收益或利益),它們就是理性計算的一部份。
除此之外,這些價值是如何發展與社會交換的理論發展並
無關係。

　　另一個次要論點是人類需要信任(Luhmann 1979;
Barber 1983;Misztal 1996)。信任可以界定爲對於連帶成員
在交換中,將考量中心個人利益的信心與期待。它代表某
事件或行動必將或將不會發生的信仰,而這樣的信心被認
爲在重複的交換中是相互的。米斯陀(Misztal 1996)指
出,由於信仰的道德性,信任具有三種功能:它促進社會
的穩定(作爲一種習慣)、社會的凝聚(友誼)以及合作。
換句話說,它的動機是團體或是社群的維繫。涂爾幹
(Durkheim 1973)指出義務與利他的情感可說是某種道
德的壓力。「人類無法在缺乏承認,以及,最終相互犧牲,

以及缺乏用一條強而持久的連帶將他們與其他人串連在一起的情況下，一起共同生活」（Durkeim, 1964, p.228）。涂爾幹強烈地堅稱社會生活中道德元素的存在，這些道德元素帶來對於其他行動者犧牲的回報，無論是在質與／或量上。

如果團結與社群是人類生存的基本元素，爲何它們可以不立基於理性選擇或是經濟行爲呢？齊美爾（Simmel）嘗試作出回應，指出交換涉及「用犧牲換得回報」（Simmel 1971, p.51），以及交換的「功能之一是創造人們內在團結，也就是社會，而非僅僅只是個人的集合」（Simmel 1978, p.175）。他補充道，「缺乏人們對於彼此的普遍信任，社會本身將會瓦解，只留下完全根據確實認識某人的極少數關係，如果信任的強度無法和理性證據與個人觀察相同或甚至是超過，將只有極少數的關係將延續下去」（Summel 1978, pp.178-179）。複雜社會的功能運作仰賴著具備承諾、契約與安排的人們。由於「單一的個人無法追溯與確認他們的根源」，我們必須「讓他們具有信仰」（Simmel 1950, p.313）。**忠貞**，或是忠誠，代表「保存與他人關係」的感覺（1950, p.387）。在複雜的現代社會中，建立互動與信任的規範的需求，清楚地由派森思（Parsons）所指出，信任是達成集體目標與社會整合的合法力量的基礎（Parsons 1963）。海契（Hechter 1983）對於團體團結的分析，也進一步推展集體的理性基礎。

盧曼（Luhmann 1988）進一步精緻化派森思的媒介理論（media theory）以及符號普遍化的概念。信任被視為溝通的普遍化媒介之一（其他是愛、金錢與權威），而且藉由提供「對於或長或短的連串行動選擇的互為主體性傳遞」（Luhmann 1979,p.49）能力，降低個人行動者面對的社會的複雜性。但是米斯陀指出「盧曼並未注意到此一功能如何有助於解釋信任的實際形成的議題」（1996, p.74）。

接著，信任的解釋基礎，對於在複雜社會中，依賴為許多人接受，同時引導人際與非個人交換——也就是制度——規則的個人來說是必須的。缺乏這樣的共識性規範與其中的信任，社會的運作將會終止。但是，何門斯提醒我們，「制度，作為統治許多人的明確規範，之所以被遵守，是因為遵守它們能夠得到基本以外的回報，但是這些其他的回報無法獨自發揮功能。遲早都必須提供基本的回報。制度自身擁有的能量無法讓它們永久運作」（1961, pp.382-383）。當然，藉由基本回報，何門斯指出追求利益的基本個人需求。米斯陀同意道，「在派森思的理論中，信任作為單一解釋工具的重要性明顯地被高估。信任的概念，被當成親近、服從與象徵合法性的替代品，並未提供我們分析社會實體的有效工具」（1996,p.72）。根據威廉森（Williamson 1985）的論點，除非合作也滿足某種利己的動機，否則合作的運作將是不穩定的。這意味著立基於信任而非自利基礎的社會秩序將是不可預期與不穩定的；因此，信任並非永遠實用的。

總而言之，只要提及交易的理性便似乎足夠，而沒有論點捍衛關係在交換中的重要性。在本章剩餘的篇幅中，我將嘗試確立關係在交換中的重要性。論述將以理性應當作爲理論發展的基礎來使用爲前提。理性並非討論有意識之於無意識的行爲。它們也並非依賴某些規範或制度；這些是後來產生的。理性也不是基於對於長期的最終交易平衡的期待（例如，重複的交易將平衡所得與成本）（請見何門斯如何拒絕這些將基本的社會行爲視爲理性的論點：1961,pp.80-81）。簡單的說，在這裡交換被視爲涉及兩個行動者的過程，而他們的行動是根據關係與交易中，所得與成本以及替代選項的計算。只要完成這些的計算與選擇，這樣的過程便是理性的。除此之外，我假定這樣的計算是根據自利。此一假設並未排除集體利益的重要性。我們假定只有在集體利益鑲嵌於個人利益時，集體利益才會被納入計算；也就是如果滿足集體利益能帶來個人所得。我們並未假設排除個人利益的集體利益，驅動計算與選擇。

交易與關係理性

　　相對的，重要的部份在於最終的回報：維持或破壞關係與／或交易的報酬或資源。在社會結構中，對於人類來說，有兩種最終（或是基本）的報酬：經濟地位與社會地位[39]。經濟地位是根據財富的累積與分配（可由商品與它們的象徵價值所顯示，例如金錢），而社會地位則是根據聲望的累積與分配（可從社會網絡與集體的認可程度顯示）[40]。每一個地位反映個人在結構中對於相關「資本」的控制，相對於他人的排序。因此，財富是商品在其代表價值上，即金錢的價值的功能性計算；聲望則是在社會網絡中，公共察知（awareness）在其代表價值，即認可的價值的功能性計算。財富是經濟資本的指標，因為商品與它們的代表價值，可以用於投資而產生特定的回報。同樣的，聲望反映社會資本，因為社會網絡與它們的代表價值，可以被動員來產生特定的回報。透過聲望，我們便有

---

[39] 第三個回報是政治地位（或說權力），也相當重要，但是可能並非如另外兩者來得基本。權力，或說合法化的過程，反映其他兩種基本回報的保存或取得的過程。財富、聲望與權力（合法性）的關係在前面的章節與本章中已有討論。

[40] 社會地位的一般指標包括地位（對位置而言）以及名望（prestige，對佔有者而言）（請見第三章的表 3.1）。我採用更普遍的聲望（reputation）一詞來捕捉兩者，作為其他人給予某一行動者的整體尊重。

可能在工具性與情感性行動中，動員其他人的支持。這是
透過社會連帶，或說社會資本，動員資源的能力，而讓社
會關係成爲參與交換的個人行動者的有力動機。經濟與社
會交換皆強化個人在結構中（對於其他成員）的權力與影
響，以及，因此也增強個人的精神福祉與身體生存。

　　經濟地位與社會地位是互補的，前者要求對於其象徵
價值（金錢）的社會合法性與強化，而後者則建立在團體
的經濟福祉之上（或是網絡中的鑲嵌資源），在其中聲望
得以維持。缺乏社會的強化，經濟地位將崩解；缺乏集體
的福祉，社會地位將顯得毫無意義。但是，每一個地位在
交換中應被視爲獨立的動機。交換可以用來取得經濟資本
（透過交易的資源）或是社會資本（透過社會關係的資
源）。

　　因此，交易理性驅動著交換中交易得失的計算，而關
係理性則驅使關係得失的計算。交易理性將關係視爲交易
得失計算的一部份，而關係理性則視交易爲關係損益計算
的一部份。關係理性傾向關係的維持與促進，即便交易不
盡理想。交易理性則偏向交易的理想結果，甚至是必須中
止特定的關係。儘管兩者爲行動者在絕大多數交換中採
用，但是對於特定時刻的既存社會而言，制度偏好其中一
種理性勝過其他，判斷其中之一的資本類型的相對價值
（經濟或社會）高於其他資本類型。本章接下來將精緻化
這些論點。

關係理性的精緻化

　　根據自然的法則與天生的直覺，理解交易理性的論點似乎是簡單的：交易中所得高於成本，以及透過交易維持與累積資源。除此之外，它的計算也從普遍化的金錢媒介獲益甚多（Simmel 1978）。所得與損失可以簡單地被計算，信用與債務也可以輕鬆地被紀錄。關係理性的計算就不是如此簡單或清楚，即便柯曼（Coleman 1990）指出社會債權（credits）[41]（或是借條）也是社會資本概念的核心。在經濟交換中，並非每次的劇情都是對稱或平衡的財貨交換。不平衡的交易帶來經濟上的債權與債務。然而，他們強烈地假定就長期，但為一個有限的時間架構而言，重複的交易將達成債權與債務的平衡。

　　在社會交換中，重要的是關係的持續，每次的交易不必然是對稱或平衡的。然而，即便是有限時間架構中的重複交易，平衡的交易也並非必要條件。維持夥伴之間關係的重要元素是社會債權（與社會債務）。在一段持續的關係中，即便是就長期來看，交易也不會是對稱的，參與其中的行動者涉及無比巨大的債權人（creditor）與債務人（debtor）的關係，也就是某位行動者在不平衡的關係中

---

[41]　譯者註：social credits 亦可譯為社會信譽，但在本處為了對應社會債務，故譯為社會債權。

給予另一人恩惠。雖然債務人有所獲得，但爲何債權人願意維持關係，因此而承受這樣的交易？我們認爲債權方的行動者在社會關係的維持中，取得了社會資本。那麼是如何取得呢？我們假定債權人可以要求（或是威脅）債務人償付債務。但是，只要債權人無此需要，債務人將一直虧欠債權人。爲了維持與債權人的關係，債務人被期待採取特定的社會行動，降低債權人的關係成本（或是增加交換的效用）。也就是說，債務人將透過他或她的社會連帶，把對於債權人的債務傳播給他人，對於債權與債務交易的社會認可，或是賦予債權人社會債權。債務的傳播，或是社會認可，是債務方欲維持與債務人關係的必要行動。它讓債務人在廣大社會網絡或社群的能見度提升，以及讓大家知道某位行動者（他或她的名聲）願意在交易中損失，以便維持與社群中另一成員的福祉。社會債務越重，債務人就更需要採取行動散播（認可）債務。從債權人的角度來看，不平衡的交換促進債權人與債務人的關係，以及產生認可的可能性。

除此之外，兩個行動者可以維持關係，如果他們的彼此之間不同的物品交換的不平衡交易中（給予對方不同的恩惠），同時成爲債務人與債權人。接著，雙方被期待散播由他或她生活圈子中的他人所提供的恩惠，因此促進對於他人的認可。交易是維持與促進社會關係、創造社會債權與社會債務，累積社會認可的手段。

在大眾社會中,認可可以利用公共媒體為傳播手段而擴大。大眾社會中的公眾認可讓任可成為一種共善,而與金錢相同。公眾的認可具有多種形式,包括對於某人榮譽的證詞或宴會、榮譽的頭銜、獎章、傑出的獎賞、服務的證書以及各種形式的典禮,其中沒有一樣涉及巨大的經濟報酬。因此,認可能夠超越特定的社會網絡,而如金錢般,成為社會團體中大量流通的資產。

接下來,聲望可以被界定為具備(1)債權人維持不對等交易的能力(人力與社會資本),(2)持續債權與債務的關係,(3)他或她的社會網絡對於關係的認知(認可),以及(4)傳播與擴散認可的社會網絡(以及普遍化的網絡,及大眾網絡)規模(大小)的功能[42]。也就是說,聲望是得到的認可的整合資產。這是一個關於某人在社會團體中得到的認可程度的功能。就集體而言,某個團體的聲望被界定為團體中具有聲望的行動者的數目,以及成員為其他團體所知的共享聲望的程度。因此,社會網絡與社會團體中的行動者聲望,促進社會團體的集體聲望。

---

[42] 另一個元素是行動者間的網絡密度與關係強度,也影響著聲望的形成。然而,兩者的關係不一定是線性的(不一定是正向[網絡密度越高,認可便容易傳播]或是負向[網絡越分散,認可越可能傳播]),如同謠言的散播(Burt 1998b),有時密度較低的網絡傳播較快,因為這樣的網絡具有夠多的橋樑。由於兩者關係的不確定性,我將之排除於目前的討論。進一步的研究或許能夠指出兩者恰當的關係形式。

　　社會債權、認可與聲望在理性與結構上全都立基於效用。缺少持續的社會關係，這些益處將會消失。因此對於行動者而言，參與以及建立穩固的關係是理性的，讓社會債權與社會債務仍舊具有意義，同時有助於認可。某些行動者的聲望越高，以及更多行動者享有較高的聲望時，團體的聲望也隨之提升。具有較高聲望團體的身分資格，也能增強行動者擁有的聲望。因此，在團體的聲望與個別成員的動機之間，在參與穩固而維持的社會交換，以及與團體的識別，即團體的身分資格與團體的團結上產生關連。同樣的，團體的聲望以及團體內部某位行動者的聲望，驅使著行動者持續參與以他或她作為債權人的交換。聲望與團體團結增強資源的分享，也就是創造與維持公共資本。同時，聲望與團體團結也提供不對等交易、社會債權人與債務人關係，因此也包括行動者的社會資本的正向回饋與增強。

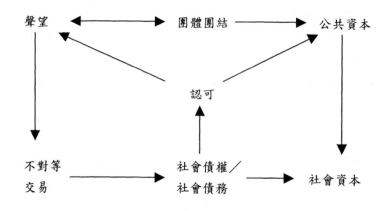

圖 9.1　從社會交換到資本化

　　圖9.1說明微觀層次的交換與鉅觀層次的聲望以及團體團結的假設過程。由於說明的需要，此一過程將從交易被視爲產生社會債權人與債務人關係的手段的交換開始。這樣的債權人與債務人的關係，接著驅使認可在社會網絡中的散播，最終創造普遍化的聲望，加強團體團結與促進公共資本。伴隨著聲望與團體團結，社會債權人與債務人獲得社會資本（鑲嵌於網絡，並且是強連帶與豐富的資源），並且進一步加強交換的參與。這裡的微觀與鉅觀之間的互惠與互動過程，得到社會網絡的協助，而後者是交換與資本化的必要元素。

　　團體或許可以藉由徵補在社會別處已有聲望的成員，來促進本身的聲望與團結。透過賦予特定行動者認可，團體希望這些行動者將參與團體，並且準備與其他團體的成員在未來進行交換。在此過程中，聲望與認可並非是微觀層次的交換結果，而是先於它們。雖然行動者在此特殊的團體中，無須擁有交換夥伴便能獲得認可與聲望，但是他們有義務在未來從事這樣的交換，才能接受這樣的認可與額外的聲望。因此，微觀層次的交換以及較為鉅觀層次的認可與聲望，在因果關係上最終是互惠的。

總結

總結來說，部份兩種理性的區分特徵呈現在表 9.1。對照必須明確以便進行比較。交易理性，典型地運用於經濟交換的分析中，其意圖在於獲得**經濟資本（透過交易取得的資源）**，以及交換中的交易層面的利益——即資源處理的程度，有時透過價格與金錢中介。交易的效用是極大化交易的利潤，而理性選擇是對於產生不同交換得失的可能關係的分析。在此基礎上，參與交換的規則有二。第一，如果與某一連帶成員的關係產生相對所得，作出的選擇是為了進一步的交易而維持關係。如果這段關係無法帶來相對所得，可能的選擇有二：(1)尋找能帶來相對所得的替代關係，或是(2)維持此一關係，但是必須承受或是降低交易成本。兩種選項的選擇，是根據從可能的替代關係可

能帶來的所得，以及交易成本或是降低維持現有關係的交
易成本的相對份量。經濟交換的重要分析是每次或重複交
易的對稱交易。

表 9.1　經濟交換與社會交換的理性

要素	經濟交換	社會交換
交換的重點	交易	關係
效用（極大化）	交易中的相對得失（交易成本）	關係中的相對得失(關係成本)
理性選擇	替代性關係 交易成本與降低	替代性交易 理性成本與降低
每次的回報	金錢（經濟債權、經濟信用）	認可（社會債權、社會債務）
普遍的回報	財富（經濟地位）	聲望（社會地位）
詮釋邏輯	自然法則 行動者的生存 所得的極大化	人類法則 團體的生存 損失的極小化

　　交易理性可以被視為新達爾文（neo-Darwainian）理
論在交換上的運用，也就是最適者生存。我們發現，透過
與中心個人的交易，而極大化所得的交換夥伴是一種傾
向。中心個人尋找交易所得較高或較正向，以及交易成本
較低為不存在的關係的能力，便是基於這樣的傾向。與特

定連帶成員行動者的承諾，可能是插曲式或是短暫的，因此期待交易是有利的（較多的所得與較低的損失）。夥伴關係並非必要的交易條件，並且可能受到契約性規則的束縛，因此降低交易成本，而證成它們的存在。因此，交易理性遵循自然的法則與自然選擇的理性。那些從重複交易中獲益的行動者，不僅富裕了本身，也集體建構了一個較富裕的集體。此一論點是交易理性中看不見的手。

另一方面，關係理性指涉到社會交換，關注交換的關係層面，也就是維持與促進關係的程度，通常由認可來中介（或是對於其他行動者將散播認可的期待）。這裡的動機是**透過網絡與團體取得聲望**，而交換的效用在於極大化關係的所得（社會關係的維持），同時也是所得與成本的分析。在此基礎上，存在著兩種交換的參與：第一，如果特定的交易促進關係的維持以及認可的擴散，那麼這樣的交易將延續下去。第二，如果交易無法促進關係的維持，那麼有兩種可能的選擇：(1)尋找能夠促進的替代交易（例如在交易中增加恩惠，誘使或鼓勵認可的產生），或是(2)維持交易，但是承受或是降低關係成本（無法取得或是減少取得認可）。同樣的，這樣的選擇是涉及尋找可能的替代性交易，以及相對關係成本的評估過程。

持續的關係促進某人的認可透過社會連結的延生與傳播。較為穩固的關係增加認可傳播的可能性。為了讓認可繼續傳播，穩固關係的維持與促進是極為重要的。只有在網絡或團體的成員分享與擴散對於特定行動者持續的情感時，社會地位才有意義。因此，較大的社會連結，無論是直接或間接，對於認可與聲望有較大的影響。個人依賴生存、穩固與生活圈子的擴大本質，來維持與促進他們的生活地位。即便是那些社會地位較低的人們，如果他們仍是社會網絡與團體的參與者，也可能從交易中獲益。

交易理本在從個人資本建構集體資本時，並不易察覺，因為它並不依賴普遍化的金錢媒介——這在每個交易中，是清楚可見的資本形式。關係理性也從個人資本建構集體資本；集體成員擁有的聲望越高，團體的地位就越高。這依賴較易察覺的媒介：認可，或是對於某一社會團體的行動者的情感擴散。正是這隻看不見的手驅動持續的社會關係與團體團結。

交易理性可以在個人的基礎上成立，只要交換的夥伴能達成彼此對於交易效用的需要，而可互相替換。關係理性依賴團體與團體成員的生存。鑲嵌於社會網絡的資源越高，連帶關係越強，團體的集體利益以及團體中每個行動者的相對利益就越大。

關係理性根據的是最適團體生存的原則，一個成員之間具有穩固關係的團體。儘管動物的天性在家庭與家族成員中展現這樣的關係理性，但是只有人類顯現，在親屬與家族標準以外，建構團體團結的廣泛與普遍的關係理性。人類展現在合理的交易成本下，維持穩固而有利的關係的

興趣與能力。因此，關係理性是人類的法則，並且立基於
人類選擇的理性。

進一步的分析

本章剩餘的部份將用來釐清某些進一步的議題。首
先，為何聲望一詞比其他出現於文獻的用詞，像是**社會認
可**（social approval）、**社會吸引**（social attraction）以及特
別是**相互認可**（mutual recognition）或**社會債權**（social
credits）來得較好？其次，為何在某一社群或社會中，會
傾向其中之一的理性類型（交易或關係），以及是否能指
出某一理性（交易）優於另一理性（關係）的歷史傾向？
第三，如何破壞此一交換與集體團結的連結？最後，社會
資本與經濟資本是否是單一面向的兩極，而必須對此作出
選擇？

聲望作為個人與團體的資本

至今為止，關於社會地位的論點，像是聲望或是社會
資本似乎與其他相似的論點並無二致。債權被視為在之後
的交易中，可以被回收的債務。舉例來說，皮佐諾
（Pizzorno 1991）認為相互認可將促進自我的保護。為了

保護本身，付出的代價是足以保護他人的自我，這樣的代價被認為能帶來他人對於保護某人權利的認可，這是一個符合本處論點的原則。然而，以相互認可作為交換的動機或證成的困難之一，是相互性意味著互惠與對稱的行動，以及行動者的等級平等。這些行動將帶來團結但是成員同質的團體，也就是團體凝聚程度高，但是成員之間並無差異。這裡所發展的是認可是可以在交易，以及行動與反映的每次計算中得到不對稱的回報。其他的用詞，像是**社會認可**與**社會吸引**，也面對同樣的問題。我們在這裡要爭論的是有必要踏出下一步：認知到在關係中可能存在不對等的交易，而這些不對等的交易形成團體中，成員之間的分殊社會地位（聲望）。

認可提供連帶成員（債權人）對於其宣稱的資源的合法性。當認可在每次互動中增加，並且散播於網絡時，我們便需要更普遍的概念來捕捉帶給社會團體或社群成員的認可整合。**聲望**是選擇之一，因為它能捕捉資產可以被團體或個人持有或分化的概念。團體可以建造、維持或是失去聲望。同樣的，在團體之內，個人取得、達成或是承受不同等級的名聲或惡名。另外兩個概念也可以包含這樣的資產：名聲（prestige）與尊敬（esteem）。然而，名聲適用於並在文獻中被理解為階層結構的等級位置（例如職業聲望）。尊敬則被廣泛的用於社會與心理過程中（例如自尊）。

　　我們應當注意，經濟學家藉由聲望來說明經濟學解釋的失效（例如市場的失效或是資訊不完全的市場）。聲望被當成說明投資資訊或信號（Klein and Leffler 1981）、品質（Allen 1984）、紀律（Diamond 1989）以及承諾（Kreps and Wilson 1982）的潛在變項。接著，這些其他的因素被認爲在交易的行動之間流動，以降低道德風險或是交易成本（Williamson 1985），或甚至是增加價格（Klein and Leffler 1981）與回報（請見 Zhou 1999 對於這些說明的回顧）。即便葛里夫（Grief 1989）提到同盟可以作爲某種疆界，聲望可以在其中建立與維持，經濟學家仍較不關心與討論聲望的社會或集體本質。缺乏對於其社會本質的正確認知，聲望一詞降級成爲無法觀察的概念，來說明無法預期的經濟現象，如市場失靈。

　　在現今的論點中，聲望被理解爲某種網絡的資產（請見，像是 Burt 1998b 類似的但是不同的觀點）。它建構在交易過程以及債權人與債務人的關係，和社會與大眾網絡的認可與散播的行動上（請見圖 9.1）。聲望加強行動者對於其宣稱的的資源與位置的合法性，同時提供進一步社會交換以及行動者間不平等交易的動機，增加他們的社會資本。它同時也增強團體或集體的聲望，並因此增加團結與公共資本的建立。我並未排除其他帶來聲望的途徑；然而，目前的討論在於釐清聲望的建構路徑與效用。

理性的制度化

如果交易理性依循新達爾文主義與自然法則,我們可以推論自然的篩選過程,最終將偏向交易理性勝於關係理性。實際上,許多例子與研究指出命令式的關係交換,特別是從人類學的研究中,源自於對於古代或原始社會的資料與觀察。我們曾經指出,對於人際關係的強調,反映社群較為同質、低度科技發展或是地度工業發展的特質,以及在社群中界定交換的儀式、歸因與情感。當社會在科技與工業上有所發展,在技術、知識與生產上越加分殊,勞動的分工便需要更為理性的資源分配,包括在交換中,有關資源交易的理性日趨重要。我們也進一步指出,今日經濟交換的關係重要性,代表著過去的殘餘影響。當篩選過程飛快地進行,關係的重要性最終會被交易的重要性所取代與替代。交易關係的研究可以在特定的社會中進行,像是中國脈絡下的 guanxi(Lin,即將出版),或是俄羅斯脈絡下的 blat(Ledeneva 1998)。

此一觀點的矛盾之處在於,如果交易理性是自然的法則,我們會發現在一個較為原始或古老的社群中,交易將更為貼近自然的本能。確實,何門斯(Homans 1961)發現較為複雜社會的發展由於制度的增加,而以此作為說明為何較為「原始」的社會行為(與交換)越來越少見的證據。但是,這些「次制度」仍舊有其效用,而且除非它們被新制度與「良好的行政」所滿足，它們將與這些制度產生衝突與破壞。接著，現代社會與其制度被視為交易理性與關係理性的敵人。

除此之外，此一理論並未被事實所支持。在當代社會的研究中（像是中國、日本、北義大利與東亞的許多地區），即便是已開發或是經濟競爭的社會，例如美國、英國、德國與法國，關係即使在經濟交易中仍舊是重要的因素。證據顯示交易中的關係不僅存在，更是在多元的當代社會中越加茁壯（Lin 1989）。

如果沒有邏輯基礎或證據來支持關係理性與交易理性的發展觀點，那麼又如何說明某一理性將統治另一理性？我認為由某一理性統治是一種意識型態，反映對於某一社會利用其歷史經驗為資料，尋求生存的格式化說明。當這樣的理論說明鑲嵌於其制度時，它們便變成「真理」（Lin，即將出版）。

我們不難指出在某些社會中，生存與持續皆是歸因到財富的發展。財富及其發展的理論，支配著交易理性的制度化，例如建立個人財富因此帶來集體財富的特徵。在一個開放的市場（以及因此可以自由選擇交易的關係），競爭與交易資本的降低，支配分析的預設與組織的原則。在其他的社會中，生存與持續是歸因於社會關係的發展。團體情感的理論支配關係理性的制度化，而具有建立集體團結，進而帶來個人忠誠的特徵。合作、網絡以及因此所謂

維持的關係（guanxi），主宰分析的預設與組織的原則，
即便是在交易成本的部份。

　　一旦某種理性成為統治性的意識形態，制度便被工具
化、操作化以及強化特定的個人與集體行動。除此之外，
它的解釋架構也將威脅其他的理性，將它們打為不理性、
雜音或是加以限制。

　　制度規則的盛行以及統治意識型態的衰落與流動，與
歷史經驗的興衰相一致。從十九世紀開始，英美的工業
化、科技創新以及選舉民主的經驗，已經讓它的理論說明
成為統治性的意識型態。建立財富成為政治策略與智識分
析的重要舞台。社會交換是交易的市場。任何犧牲交易所
得的關係都是因為缺乏訊息的不完全市場，而社會組織與
社會網絡則因為這樣的不完全，而必然遭受限制。就算是
到後來，它們也必定帶來交易成本，而必須以此角度加以
分析。

　　另一方面，在許多社會與社群中，例如關係（guanxi）
在中國的脈絡下，維持社會關係的意願被視為道德、倫理
與對其他人義務的高層法則的表現與實踐。行動者的聲望
與社會地位是最重要的。聲望與面子（face）是政策策略
與智識產業的核心概念，而交換中的交易只是次要。犧牲
關係以便在交易中有所得，被認為是低層理性，是不道
德、不人性、不合乎倫理或是如禽獸般的。

誤認與壞聲望

交換、關係、認可與聲望的破壞，在過程中的每個環節發生。起初可能是在交換的層次，當交易中的回報性的恩惠未被認可時。當債權人與債務人關係不被認可時，維繫交換的唯一基礎就是交易的效用，而關係與夥伴是偶然的，在選擇的考量中也只是次要的。當交易成本超過利益，維持關係的動機便不復存在。

雖然恩惠受到認可，但是債權人仍然可以脫離關係，如果網絡中的認可對於債權人來說，並不屬於豐富資源。乞丐圈的認可對於時尚設計師或學者來說並無意義。錯誤網絡或團體的認可，可能對於債權人是無用而毫無需要的。三流期刊對於某位學者出版作品中的意見表示肯定，並無法增進學者的聲望，而在油印（mimeographed）期刊出版的文章，甚至將傷害學者的聲望。除此之外，如果認可不足以反映施與恩惠的程度，也可能導致脫離的情形。舉例來說，當協助者進行所有的資料收集分析，卻只在註腳中認可它的協助，將毀損未來提供同樣協助的動機。

如果債務人並不相信將得到預期的恩惠，負面的認可也可能出現。在網絡中散播壞話，將導致負面的認可與不好的聲望（壞聲望）。在此情形下，債權人可以考慮是否在未來的交易中增加施與的恩惠。這樣的考慮是一種權衡的過程，關係的所得（或是認可的所得）與增加的交易成本以及脫離債務人關係的成本，或是評估脫離本身在團體中聲望有汙點，但是仍舊資源豐富的網絡的成本。

　　類似的考量也運用於債務人或團體的觀點。何時債務人將被驅離進一步的交換？當獲得交易利益或是進行債務人遊戲，而從未思考獲得的恩惠時，是否算是傳播壞話的行為？何時團體的團結會破裂？如果團體的團結，確實是部份根據其成員的聲望程度，以及其領導「公民」的聲望程度，那麼是否團體的規模，或債權人或債務人的相對數量或是功能，將侵蝕團體的團結？

　　簡而言之，儘管本章把重點放在正向的過程，但是關於社會交換過程的破裂仍有很大的發展空間。此一發展與社會交換的理論同樣重要。

社會與經濟資本的互補與選擇

　　前面格式化的論述指出經濟與社會資本，皆是為了生存與構成理性選擇基礎的有意義標準。由於擔心這樣的論點聽來像是主張連續體上兩種極化價值的理性類型，以及兩種相互排斥（只有其中之一）的理性類型，讓我暫停而補充說明，並無理論或實證的理由指出存在這樣的情況。一般認為，關係與交易的交換是互補，而在某種條件下是相互增強的。在理想的情境中，特定的關係可能同時有利於關係與交易的目的。它可能對兩方行動者產生交易所得,而雙方都參與彼此對於雙方所得的貢獻的社會傳播,因此而增加每位行動者的社會資本。在這樣的情況下,我們認為對於關係與交易來說,存在著某種同形效用功能(isomorphic utility function)。同型效用功能促進兩個行動者間的交換,而個人的生存與互動團體的生存也同時強化。在理想的情境下,兩種理性的類型共存,彼此互補而互動。

但是我們並未隱藏兩種理性之間的可能衝突。交易理性鼓勵放棄特定的關係來取得較佳的交易。交易的夥伴是偶然的;他們的存在,並且在某種程度上只存在於產生交易所得的夥伴關係中。此一原則明顯地把關係理性放到選擇的第二位。因此,更經常的情況是,我們必須在交易理性與關係理性之間作一選擇[43]。也就是說,極大化交易與極大化關係並不一致。接著,根據我們之前指出的選擇原則,極大化的交易將導致替代關係的尋找,而極大化關係將帶來不平衡的交易。我們可以推論,兩種交換類型的選擇與大型團體內的公共資本有關,財富抑或聲望。我們可以提出幾個替代的假設。第一,當某個集體資本偏低,假定是財富,我們可以預期個人將偏好另一種集體資本的取得,也就是聲望。在此情境中,有兩種可能的相互替代與

---

[43] 對於原初團體來說,將偏好關係理性勝於交易理性(後代繼承財產權;請見第八章)。

競爭假設。在第一個假設中，邊際效用原則將引導詮釋。那麼，我們將看到的是一個擁有豐富財富，但是缺乏聲望共識的社群（例如，一個具有大量新住民與移民，他們擁有大量物質與經濟的資源的社群），對於個人來說，聲望比財富更有價值。同樣的，在一個具有良好聲望但是缺乏財富的社群（例如，一個穩定但是物質或經濟資本匱乏的社群），個人將偏好取得財富。然而，在另一個假設中，集體的效用將驅動個人的需要。當集體的資產在其中一項資本顯得偏低，假設是財富，但是在另一資本則顯得豐富，假定是聲望，集體將會偏愛較爲豐富的資源的地位，也就是聲望。個人也將賦予聲望更高的價值。這裡我要指出的是，存在著集體效用原則的運作。

第二，當兩種公共資本均豐富時，我們預期兩種資本類型將具有較強的對應與計算。也就是說，獲得更多的某一資本類型，將增加取得更多另一資本類型的需求與可能性。在一個財富與聲望均豐富的社群中，爭取更多的財富或是聲望，任何一個選擇都是理性的。獲得某一類型的資本，將增加取得另一資本的可能性。因此，在一個擁有豐富物質與經濟資源的穩定社群中，財富與聲望是同等重要而互補的。

當某個社群同時缺乏財富與聲望時（一個不穩定，而且缺少物質或經濟資本的人群），我們可以預期社群將是分裂，並且在財富與聲望的價值方配上有所競爭。個人被期待爭取財富、聲望或是兩者，而端視他們鑲嵌的社會網絡規模（網絡越大，更可能偏好聲望的所得），以及與物質或經濟資本的可及性而定。缺乏集體共識與交換的模式，讓集體承受混亂或變動之苦。其中的關係應被加以研究。

然而，超越僅爲生存的考量，或是資本僅被少數成員累積，所欲的經濟或社會資本，可以在交易關係中取得。一個擁有高社會地位的行動者以及一位富有的行動者，可以借用彼此的資本，進一步地促進他們擁有的資本，或是建立其他類型的資本。某一資本的累積，也讓行動者得以參與交換，促進他或她的其他資本類型。假如一位銀行家捐款給窮人，而這樣的交易廣爲人知，便爲銀行家帶來社會債權與社會認可。同樣的，一位受人尊敬的物理學家，或許會將他或她的聲望出借來廣告產品，並且帶來可觀的金錢回報。好的資本家了解他們必須是本能而人性的，這對於本身或他人來說都是件好事。

在最後的分析中，注意到交易與關係理性都是社會建構的，也是極爲重要的。缺乏合法性與社會以及政治系統的支持，和構成系統的成員，根據其象徵與普遍化媒介，也就是金錢的經濟系統，將蕩然無存。將關係理性納入交易理性的說法，具有本能的吸引力，但是從人的角度來看卻是不可能的。

第 10 章
階層結構中的社會資本

在前面兩章，我建立了一個概念性的架構，行動的動機將導致特定的互動類型，以及社會資本的效用。我認為這些行動將帶來具備越加複雜的位置、權威、規則與主體施為的社會結構的興起（第八章）。本章的目的在於透過檢驗複雜社會結構脈絡下的社會資本的取得與使用，延伸此一概念的發展。我將從假設穩定而功能化的階層，像是組織，以及行動者如何藉由他們的位置，可以或無法取得較佳的社會資本，也就是鑲嵌於其他位置，特別是較高階層位置的資源為開端。因此，這裡的關切，首先是說明結構的限制，其次則是指出在這些限制下，行動如何運作以取得社會資本。

回想社會資本理論，除了社會資本產生回報這個主要的命題以外，還提出兩個影響取得社會資本的因素（第五章）。地位效用命題假定階層結構中的既存原始位置，部份決定了某人能夠取得較佳社會資本的程度。這是一個結構因素，並且獨立於結構中的個人，儘管個人或許能因為作為位置的佔有者而得益。相對的，位置（網絡）效用命題假設個人行動的潛在回報。由於常態的互動受到同質性原則的指引，因此超越經常互動的慣習組合（routine set），與尋找較弱的連帶或橋樑，代表超過絕大多數互動與結構位置的規範性期待。**在相對關係中，地位效用對於社會資本比網絡位置效用更具影響力**。這段陳述認知到社會結構中無所不在的結構限制的重要性。這些命題的理論運用將在之後進一步討論。在實際的系統中，兩個因素都將發生作為，即便它們的相對效果有所差異。在有關檢驗地位取得過程中的社會資本的研究中（第六章），實證證據強烈地支持三個假設中的其中兩個：社會資本假設以及地位效用假設。那些原始地位較佳的人，較可能在找工作時找到較佳的社會資本來源，以及接觸較佳的資源來源，或是普遍來說增加找到好工作的機會的較佳社會資本。即便在控制一般的地位取得變項後（例如教育與第一份工作的地位），這些關係仍舊成立。

然而，有關弱連帶效用的證據卻模糊不清。有許多因素可以解釋；舉例來說，某人或許會指出，連帶的效用並非是測量網絡位置效用的適當指標。更合適的測量方式必須反映作為橋樑的一部份或是接近橋樑，或是處於或靠近結構洞，或是位於較少結構限制的位置（Burt 1992，1997）。或是弱連帶的效用應該更以角色界定（親戚、朋友或點頭之交），或是親近性的缺乏（Marsden and Campell 1984）來測量，而非網絡位置。就目前來說，我們缺乏實證的證據來確認這些替代性的測量方式是否將產生不同的結果。

另一條概念推論的路線指出，這樣的結果或許是因爲兩個外生變項的互動所致：工具性行動的地位效用與網絡位置效用（例如較弱的連帶）（請見第五、六章）。林南、恩索與范恩（Lin、Ensel and Vaughn 1981）假設弱連帶的天花板效應（ceiling effect）。在階層的頂點，使用弱連帶並無優勢，因爲這樣的連帶通常指向較低的位置，因此也指向較差的資源。他們並不認爲對於階層的底部來說，弱連帶將同樣無法發揮作用。馬斯登與賀伯特（Marsden and Hurlbert 1988）同樣也發現最低的原始地位，並無法從較弱的連帶互動取得益處，而接觸到比藉由較強的連帶互動更佳的資源。假設地位效用與連帶效用的互動效應，只有在極高與極低的原始位置發生，那麼思索爲何會發生這樣的互動是有趣的。我們不難解釋接近或是位於階層頂端的位置。但是我們卻難以理解爲何接近或位於階層底部的位置，無法從弱連帶中獲益，因爲理論上他們可以透過這樣的接觸，增加觸及較佳社會資本的可能性，對於處於階層性社會結構最低位置的佔有者來說應當是如此。

爲了繼續此一推論的方向，我們必須思考支配地位效用與網絡位置效用互動的結構參數。我們需要的是在既有

的結構特質下，能夠預測結構限制（由地位效用代表）與
個人行動（由網絡效用代表）的相對重要性的架構。這些
思考將帶來結構參數的探討，以及評估它們對於這些命題
的影響。本章其他的部份將描繪一組結構參數，而它們的
變動將提供進一步說明兩個理論命題的脈絡。

　　某些用詞需要在此釐清。我假定一個社會結構包括不
同的層級，而每個層級包含一組結構上平等的位置。它們
之所以平等，主要是根據相仿的珍貴資源與權威等級，其
次是由於類似的生活型態、態度或是其他的文化與心理因
素。就我們這裡的目的來說，**層級**（level）與**地位**（position）
兩個用詞是可以替換的。同時，這裡所使用的**社會流動**
（social mobility），指的是內部勞動市場的自願性層面。
非自願的社會流動，像是工作數短少、缺乏選擇或是其他
「推力」或強迫性的力量，被排除與討論之外。葛諾維特
（Granovetter 1986）指出，自願性的社會流動普遍地帶
來薪資的上升。同樣的，自願性的社會流動也被認為是說
明階層，例如組織中報酬的主要來源（較大的權威、較佳
的薪資與獎金以及較快的升遷）[44]。

---

[44] 找工作一開始通常是沒有計畫的（請見 Granovetter 1974）。許多工作機
　　會的出現是由於非正式的場合（像是宴會），以及透過與熟人的互動。
　　找工作在一開始不必然是有目的而積極的尋求接觸。然而，這並未否定
　　個人在結構中處於不同層級，並且因此在一般場合接觸到掌控特定類型
　　與總合的資源與社會資本的人們。事實上，實證研究顯示（Campbell、

結構參數與其效應

我認為一個階層可以用四個普遍性的參數來描述其變動與變換：結層中的等級數量（層級差異，level differential）、跨越層級的佔有者分佈（絕對與相對數量）（規模差異，size differential）、跨越層級的珍貴資源分布（絕對與相對總量）（資源差異，resource differential）以及結構中所有佔有者與資源的總合。

普遍來說，社會資本的命題，社會資本理論的主要命題，應當是無視這些參數變化而成立的。只要結構是階層性的，較佳社會資本的取得與使用便被認為，無論在何種結構變動中，均有助於社會經濟的回報。然而，我們需要進一步說明其他兩個假設與結構參數變動的關係。在接下來的章節，我將說明每一個參數，並且評估它們的變化對於這兩個命題的影響。為了簡化起見，這兩個命題被界定為**地位效應**（原始位置的效用）以及**位置效應**（網絡位置的效用）。同樣的，我們仍就必須意識到結構限制的統治

Marsden and Hurlbert 1986;Lin and Dumin 1986）高層級的佔有者比低層級的參與者，更能接觸到階層中多元而異直的層級，因此掌握更多的社會資本。因此，我們可以預期，對於高層級位置的一般場合來說，在結構上具有較豐富的工作訊息，以及其他類型的訊息與影響。由金字塔狀的理論預設所推論的結構優勢，當個人最終開始尋找工作時有著重大的影響。

性影響。地位效用在結構的任一處都比位置效用鉅有更強
的影響,而其他的因素在不同的結構部分可能有所差異。

　　同樣的,為了普遍性的緣故,我將檢驗結構(地位效
用)與網絡(位置效用)的相對影響。就網絡效應而言,
我將採取一般的位置論點:也就是,對於工具性行動來
說,處於或是接近橋樑的位置,泛指**結構洞**、**弱連帶**或是
較少結構限制的位置,反映較佳位置對於取得較佳社會資
本可能性的提升。儘管相關的描述通常牽連到組織與企
業,但是我們希望這些命題能夠泛用於所有的階層結構。

層級差異

　　首先,階層結構可以用其中的層級數量來說明。**層級**
被界定為社會地位的組合,而每一位佔有者擁有類似的資
源掌控與資本取得(包括社會資本)。舉例來說,在職業
結構中,最初的差異是來自於既有社會一致同意的職業分
類。然而,每一個這樣的分類是依據要求條件的結合,包
括學位以及具備特定技術、訓練、經驗、年資以及在產業
與資源中的位置。一個較佳的區分是立基於對於每個職業
位置的資源掌握以及資本取得的實證檢驗。相等位置的叢
集成為結構中的一個層級[45]。

---

[45] 布萊格的研究(Breiger 1981)指出職業的階級階層是根據流動的內部

　　如同圖 10.1 頂端的圖(a)所說明的，我們能夠藉由區分兩個理論的極端來描述變異。在一個極端，也就是左圖，結構中只有兩個層級，而另一個極端，即右圖，則具有許多層次。兩層級系統被認為與喀斯特（caste）系統類似，其中之一的層級擁有全部或大多數的珍貴資源，而另一層級則無或是擁有少部份。因此，地位的影響應當是較為強烈。在多層級系統中，層級的分化降低跨越層級的珍貴資源相對不平等，也因此降低地位效應。因此，我們預期層級的數量將與位置效應呈負相關。

與外部異質原則。因此，分類系統可以推論自流動模式而非資源與社會資本。我質疑根據流動與資源標準所產生的實際分類有著強烈的對應。由於理論與套套邏輯（tautological）的理由，我們有必要對於以資源為根據的階層進行實證調查與說明。

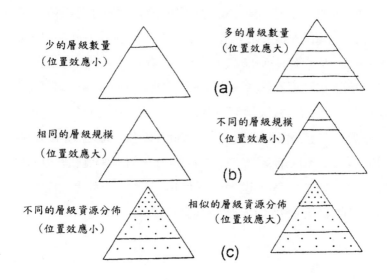

圖 10.1　位置效應的三種分化與相對重要性：
(a)層級分化　(b)規模分化　(c)資源分化

　　兩層級的結構極小化層級間的互動，降低找尋與使用
橋樑的機會。然而，在多層次的結構中，橋樑化卻被極大
化。這並未否認即使是兩層級系統也存在網絡的效應，只
要跨越兩個層級的社會連帶形成。然而，在此一類喀斯特
的脈絡中，這樣的連帶是難以形成與維持，因為高層級佔
有者不太需要回應由低層級佔有者所提供的關係，因為所
有的報酬（財富、權力與聲望）皆可以透過高層級內部的
社會連帶取得。我們認為結構中的層級數量與網絡效應呈

正相關。

因此，結構中的層級數量對於結構限制與個人行動具有相反的影響。在一方面，在兩層次系統中，結構限制最為強烈，而個人行動只有些微的可能性能產生影響。另一方面，結構中許多分化的層級，減輕結構的限制，並且為取得珍貴資源的個人行動提供更多的可能。這些影響與一般的實證觀察一致，社會流動與職業結構或是勞動市場的階層變化或數量有關。相較於單以結構的用詞解釋這樣的關係，這些次級假設指出結構限制的鬆散，以及更多行動選擇的可能性，可以用來說明多層次結構中較為巨大的社會流動。然而，這些效應必須假定每個層級的佔有者數量相同，抑或是佔有者數量的變化不具任何影響。而在絕大多數的階層結構中，這並非事實。

規模差異

跨越層級的佔有者數量的差異，被認為將影響地位與位置的效應。依照前面的做法，我們可以根據檢驗兩種極端的情況來討論其影響，如圖 10.1 中段的圖組(b)所示。在一個極端（左圖），每一個層級擁有相同的佔有者數量，而在另一個極端（右圖），每個層級具有不同數量的佔有者，相對數量從結構的底部向頂端遞減。在此討論中，層級的數量是固定的。為求方便，我們假定具有充足的層級數量，使得地位與連帶的效應皆可能發生。

在規模相等的結構中，所有成員異質性互動的機會極大化。也就是說，每個佔有者擁有相等的機會與其他層級的人們接觸。在布勞關於團體間交往的研究中（Blau and Schwartz 1984;Blau 1985），他假定在兩團體互動的情境中，團體間的交往較常見於小團體（換言之，團體 A 的每個人與團體 B 的成員接觸的可能性，將隨著團體 A 的規模與團體 B 的規模下降而增加）。如果假定在階層結構中，相對規模是向頂端遞減，我們可以得到當兩個層級的規模差異擴大時，由較低（而且規模較大）層級（像是團體 B）向較高（而且規模較小）層級（例如團體 A）的團體間交往減少的推論。然而，當層級的規模差異減少，這樣的向上接觸將會增加。因此，我們認為在極端的情況下，當所有的層級具有相似數量的佔有者時，將極大化跨越層級的異質性互動的可能性，並因此在社會經濟回報上有著平等的機會。換句話說，每個層級中的個人有同等向上爬的機會。這並非意味著每個結構中的個人將有平等的機會取得相同的最高地位。根據他或她在結構中的初始地位，每個人將有平等的機會與不同層級的他人互動以及向上發展。

當跨越不同層級的佔有者數量差異增加時，也就限制了向上跨越層級的接觸。層級內部的互動機會將隨著層級規模差異的擴大而增加，因為某一層級絕大多數的佔有

者，傾向與相同層次的他人互動。假定規模較小的層級屬
於結構中較高的層級，那麼若缺乏由低層級佔有者所發起
的跨層級互動，將降低弱連帶效應的潛在可能性。因此，
我們認為規模的差異與網絡位置效應呈現負相關。

然而，當較低層級的規模較小時，這樣的預測便不存
在。在這樣的結構中，低層級的佔有者有更多的機會與高
層級的佔有者，進行較為頻繁的接觸，而倒過來促進向上
流動的機會。舉例來說，在一個農業層級的佔有者比非農
業的藍領部門來得少的結構中，連帶的效應在地位取得過
程中較為強烈。

就地位效應而言，不同層級的佔有者的數量差異具有
正向的影響。當規模的差異增加，規模較大，而且可能同
時是較低層級，層級內部的佔有者互動將變得頻繁。這些
層級內部的互動加強了地位效應。矛盾之處在於當規模擴
大，它們也增加規模較小層級的佔有者，與那些處於較大
規模的佔有者接觸的機會。在金字塔狀的層級中（層級越
高，佔有者越少），越接近頂端的層級，對於其佔有者有
來說，跨越層級的可能接觸範圍也就越廣；但是這些佔有
者的獲益並非來自從異質性互動所帶來的社會經濟回
報，而是來自於他們同一層級的互動。相反的，處於或是
接近結構的底部，需要透過異質性互動取得社會經濟回報
的佔有者，他們的機會受到他們層級的規模較大的結構性
限制。

資源差異

　　階層結構的第三個特徵是不同層級的資源分配差異。層級的差異因此可以用資源的分配以及佔有者的數量來加以描述。資源的差異可以透過社會結構中跨越層級的資源差異，或是比較兩個層級來計算。為了說明描述這樣的社會結構，如同圖 10.1 下方的圖組(c)，資源差異可以從差異最小的左圖（每個鄰近層級的資源皆相等），到右圖的極大差異（每個鄰近層級的資源皆不等）。在前者的情境中，層級在資源上是**等距的**（equidistant）。在後者的情境中，我們假定差異由資源的底部向頂端擴大。也就是說，結構的層級越高，兩個鄰近層級間的資源差異也就越大，而較高層級的佔有者比較低層級的佔有者擁有更多的資源。儘管這樣的預設並未受到實證檢驗，但是這是根據對於既有資源總量的邊際動機或回報，向階層頂端遞減的論點。因此，一個增加的資源總量被認為將向上發展，以維持相同等級的動機或獎賞。

　　一般認為等距的結構增加位置效應的可能性。異質連帶在每個層級發生的機會相等。然而，在不等距的結構中，較低層級的佔有者較難克服跨越層級的資源距離，特別是向頂端的層級。因此，我們認為資源的差異與位置效應呈現負相關。

　　就地位效應而言，將得到反面的推論。當資源的差異擴大，原始地位對於社會經濟的回報的重要性也隨之增加。在一個資源差異極大的結構中，任何的向上流動都是困難的。但是在這樣的系統裡，若發生向上流動，原始地位將比網絡位置的使用更能說明這樣的移動。如果結構是等距的，地位效應也就隨之降低。

如果此一假設成立，任何既存的實際結構將出現兩個結果。首先，根據定義，既然階層結構透過資源的排序它的層級，我們可以推論跨越層級的互動經常出現於鄰近的層級，同時因為兩個層級在結構中的距離遠近而降低。因此，我們可以預測社會流動（特別是社會經濟的回報）應當較可能發生於鄰近的層級之間。

除此之外，跨層級的互動限制與兩個層級的每人平均資源量的差異有關：當資源的差異增加時，鄰近層級的互動可能會變得薄弱或被抑制。在一個資源向上增加的結構中，我們預測朝向此一方向的社會流動將越加困難。然而，在極為底部的部份，層級間的資源差異極為微小，因此跨層級的互動將是頻繁的。

一個關於這些變化有趣之處，在於它們涉及所有關於社會經濟回報的互動。從進行到目前為止的討論，我們清楚的知道，朝向高層的層級，主動（向上）的跨層級互動具有較大的優勢，因為資源的差異將讓它們獲得更多。然而，這樣的主動行動並非是互惠的，因為高層級的佔有者與其他低層級的佔有者互動時，並無相當的所得。其結果

是跨層級互動的少見，而一般來說，這樣的行動所帶來的
影響也較低，因為較高層級的佔有者較不可能從較低層級
佔有者所發動的行動產生互惠。但是，當這樣互動成功，
主要可能是由於地位效應，求職者的回報將是巨大的。相
反的，在結構底部，跨越層級的互動只有些微的好處，或
是毫無助益，因為資源的差異較小。因此，儘管我們預期
跨層級的互動相當頻繁，但是這樣的互動將不會對於參與
者帶來重大的利益。

佔有者與資源的總合

社會結構的最後一項特徵，是關於全體結構（例如工
業部門）的佔有者與資源的絕對數量。**必須數量**（critical
mass）在這裡用來標示對於某一結構的人口與資源量的最
低要求。這些要求，因結構所接觸的外在環境的相對人口
與資源規模而有所差異。然而，絕對數量是一個結構的重
要特徵。結構內部的連結受到取得外部環境資源的限制與
機會的強烈影響。因此，分析必須延伸到更大的結構，讓
最初的焦點結構轉為次級結構。舉例來說，為了理解特定
勞動市場的社會流動，我們或許希望分析這個部門的結構
參數。然而，分析最終必須延伸到對於其他部門的思考，
因此跨越部門的相對流動程序也將被評估。對於較大的結
構來說，相似的參數（層級差異、位置差異以及資源差異）

可以用來檢驗可能的跨部門流動。在本章中，我們不需要
進行進一步的分析與延伸。

結構與個人的意涵

　　總結來說，對於結構參數的討論，讓我們得以指出地
位效應與連帶效應變化的條件。從理念型的用詞來看，當
結構具有(1)最小的層級數量、(2)跨越層級的佔有者的差
異大，以及(3)跨越層級的資源差異大的特徵時，地位效
應將極大化。當結構具有(1)較多的層級數量、(2)跨越層
級的佔有者差異小，以及(3)跨越層級的資源差異小的特
點時，位置效應將極大化。同樣的，我們必須謹記在心，
即便連帶效應發揮到極致，地位效應仍舊是統制性的因
素。

　　地位效應可以被視為結構效應的指標，而位置效應
（特別是較弱連帶的使用）意味著個人行動的結果。如同
之前的說明，互動的規範性模式是同質性的，涉及類似社
經特質的參與者。相對的，在互動中使用弱連帶，則牽涉
到不同社經特徵的參與者。對於較高層級的參與者而言，
異質性互動並非全然不具利益，因為他們最終需要或是要
求來自較低層級參與者的服務。然而，由較低層級的人們
發起與建立這樣的互動，代表著行動與努力。在此脈絡觀

之，這些原則對於結構限制與個人選擇的相對影響具有理
論性的意涵。它們同時也刺激我們思考在一個穩定的社會
結構中，垂直（異質）與水平（同質）的動力平衡。這些
意涵將在這裡作一簡短的分析。

結構限制之於社會資本

　　這裡將描述結構限制與個人行動影響社會流動的結
構條件。因此，展開有關結構之於行動效應的辯論是重要
的。在當代的社會學中，結構觀點是壓倒性的。過去三十
年，許多理論發展與實證研究支持與開展結構觀點。這裡
所提出的理論並非是要否定結構效應優先的論點。舉例來
說，它也主張地位效應在整個結構中，比連帶效應更為重
要。然而，結構參數的說明讓我們能夠提問，在何處以及
在何種程度上，個人行動將成為可能並有意義。接下來的
討論將進一步關注到此一理論與選定的盛行結構理論之
間的關係。

　　布勞的異質性與不平等理論，與愛默生及其同僚的依
賴理論，有效地擴大結構性的觀點。在堅硬的外殼下，布
勞（Blau 1977、1985;Blau and Schwartz,1984）指出某一
面向（特質）的分配，以及在群體之中，團體間變項差異
的數量，將決定跨越團體的連繫程度。當某一面向的分配

因爲一定數量的**名稱**（nominal）或**等級**（graded）團體而改變時，這樣的異質性（對於名稱團體而言）與不平等（對於等級團體而言）將促進團體間的連繫，並且可以透過多重面向（特質）來檢驗。不同的異質與不平等之間的一致程度，同樣也影響團體間的連繫。當特質的差異是緊密相關 （統一，consolidated）時，團體間的連繫降低；當它們並非緊密相關（跨領域，cross-cutting）時，團體間的連繫提高。

儘管目前的理論可以被視爲布勞的理論的精緻化與延伸，但是兩者之間仍有幾項差異。第一，目前的理論強調兩種類型的社會行動：取得貴重資源的工具性行動，以及維持珍貴資源的情感性行動。雖然本章著重於處理社會經濟的回報與流動，因此指向工具性行動，但是工具性與情感性行動的區別仍舊在理論結構中扮演吃重的角色，並且對於互動的模式具有即時的影響。工具性與情感性的行動模式並不相同（Lin 1982）。我們預期垂直（異質）的行動與互動將有助於工具性的目的，而水平（同質）的行動與互動則有利於情感性的意圖。在布勞的架構中，存在著兩種行動類型的混合物，而主要的重點或許是後者。舉例來說，團體間的婚姻可以被視爲主要是情感性的，但是也存在某些情境，婚姻被視爲工具性的層面。兩種行動類型的清楚說明，應當釐清實際結果的可能衝突。我們可以指出布勞的理論，在因爲情感性目的的互動類型上較爲有效。

　　其次，兩個理論界定團體與位置的主要元素不同。雖然兩者均假定這些元素必須是共識性地形成，但是基本的標準是有所差異的。對於布勞而言，它們是根據人們在他們的社會關係中納入考量的特質。對於這裡所呈現的理論而言，它們是根據資源。雖然布勞有力地指出，根據對於微觀層次的社會關係影響的歸因，並不必然影響之後的社會關係，但是目前理論所使用的資源標準，並不會陷入此一概念上的套套邏輯。在之後的作品中（例如1985），布勞承認資源在界定特質時的重要性。以資源的用詞來修正特性的定義可以解決許多難題。

　　另一個由於界定團體或位置的標準差異所產生的結果，是布勞的理論同時適用於未等級排序與等級排序的團體，而目前的理論則假定階層結構是根據等級排序的位置。在目前的理論中，社會結構的決定性因素是不同層級所掌握的不同珍貴資源總量。因此，層級是階層排序的。

　　此一更為限縮的社會結構觀點，在消除等級性類屬變項的進一步爭議上具有優勢。種族與宗教的類屬在某些社會系統中是可以排序，而在其他則不行。就目前的理論來說，珍貴資源必須是分等的，甚至某些資源代表著社會類屬（例如種族與性別）。只要它們被共識性地認為是某一社會系統的珍貴資源，它們便形成結構中的層級基礎。即便是情感性行動，如同我在別處所指出（Lin 1982,1986），這樣層級性的結構觀點，將有助於形成關於層級之內，與層級之間的行動與互動模式的預測。這樣的說明或許有助於精緻化不同的團體連繫模式。例如，某人可能假定當類屬變項代表既存社會的珍貴資源時，異質性假設與不平等假設或許仍同時成立，但是將因為其他類屬變項而有所改變。

最後，布勞視個人數量的分配變化為結構改變的主要來源。就異質性與不平等原則來看，不同類屬或地位的人口分配將影響團體間的互動。儘管他也發現次級團體的數量也有其影響，他仍在他的許多研究中，假定次級團體的數量可以透過比較分析而標準化（1985,pp.10-11）。換句話說，他的理論傾向將次級團體的數量視為常數。

目前的理論則清楚地指出層級差異、規模差異以及資源差異是不同的結構參數。因此，布勞所提出的異質性與不平等的影響，可以也應當進一步透過層級（或團體）數量，以及其中的成員數量的變化來加以釐清。舉例來說，如果比較金字塔狀的結構與倒金字塔狀的結構，不平等係數可能會相似，但是層級間（團體）的連繫則可能有巨大的差異。實際上，倒金字塔狀的結構可能不存在，如同之前的討論，但是絕大多數的結構都有某些較低的層級，比鄰近的較高層級具有較少的佔有者（例如農業部門之於服務業部門）。對於這樣的結構或次級結構，層級間（團體間）的連繫被認為比一般的狀況，即較高層級擁有較少佔有者時，更爲困難。同樣的，在一個兩層級的喀斯特系統中，極少數成員握有絕大部分的資源，兩個層級的佔有者之間的連繫，與另一個兩層級的系統，其中層級與規模差異相去不遠，同時資源差異不大，必定有著明顯的不同。

　　藉由注意到其中的差異，我們現在可以更細緻地描述布勞的連繫理論。跨越層級或團體的偶然相遇，是根據階層結構的變化，並且可以透過層級差異（更多的層級或團體，偶然相遇機會就越高）、規模差異（佔有者跨越層級與團體的分佈越平均，偶然相遇機會就越高），以及資源差異（不同層級的每人平均資源差異越小，偶然相遇機會就越高）來加以預測。然而，階層的影響（特別是資源差異）限制了這些連繫的普遍原則。在以獲得社會經濟回報爲目的的工具性行動中，連繫的互惠變得是有困難的。雖然來自較高層級的某人，與來自較低層級的他人相遇，在結構上是無可避免的（例如銀行家與清潔女工），但是需要更爲堅實，特別是改變地位的連繫（如婚姻）來克服結構上的差距。正是因爲此一行動類型，目前的理論正企圖釐清個人行動的可能影響。

　　同樣的，愛默生與庫克（Emerson and Cook）的結構理論可以透過目前的理論觀點清楚的說明。在他們的權力依賴（power-dependence）理論中，愛默生與庫克指出結構參數主宰交換的模式與結果，即便參與這些交換的個人是爲求極大化他們的資源（Emerson 1962;Cook and Emerson

1978;Cook 1982;Cook、Emerson、Gillmore and Yamagishi 1983; Emerson、Cook、Gillmore and Yamagishi 1983）。在他們的有關交換的理論架構中，結構依賴、或是限制（可作為交換夥伴的人數，以及與擁有資源的來源的距離）、交換類型（例如在負向的網絡連結中，只有一對個人參與某一類型資源的交易，而在正向的網絡連結中，新的資源依賴兩種或多種資源類型的結合）與資源顯著（每個個人擁有的資源總量），導致個人間的進一步資源差異。

透過釐清這些階層結構的參數，目前的理論有助於預測在何種或是結構的何處，依賴增加或是資源分化的速率是快或慢。如果我們假定資源差異向結構頂端遞增，我們可以預期權力或資源差異，對於接近結構頂端的位置佔有者來說，是快速增加的。規模差異同時也預期分化速度的不同。差異越大，這樣的分化也就越大，因為較低層級的龐大佔有者將只有少數的機會，與較高層級的佔有者互動。層級差異描述資源的距離，並且有助於將愛默生與庫克的實證研究成果，普遍化到更大的結構中，位置與層級以及佔有者的數量將必然受到限制。

除此之外，目前的理論也具體化類似結構位置的個人可能的行動變異。庫克與愛默生（1978）透過展現對於平等的強烈意念，以及對於承諾的強烈意識對於資源差異的影響，簡短地檢驗這樣的變異；他們發現某些關於權力的運用，或對於資源的需求被消減（特別是女性）或提升（特別是男性）的證據。這樣的資料暗示著個人行動的變化，有可能超越根據他們的結構特性的預測。目前的理論，伴隨著足以預測個人行動的結構參數的清楚說明，或許能夠重新闡釋與細緻化依賴理論對於這些實際變化的嚴謹結構詮釋。

個人行動之於社會資本

如同之前所提及，個人的觀點，但是並非心理推論的觀點，已在美國社會學文獻中浮現。個人行動的效應可以透過兩個觀點來探討。第一個觀點著重於這些行動所導致的結構形成或變遷。例如，柯曼（Coleman 1986a、1986b、1990）主張社會行動者為促進其利益而參與社會關係，依據特定的行動目的介入其中，可能會形成某個市場體系、權威體系或規範體系。他透過每個系統的發展過程來加以說明，強調規範與懲罰的形成是來自於帶有不同利益的互動行動者。理性或認知行動被假定是形成社會關係與後續結構的力量。相對的，柯林斯（Collins 1981）視情感為互動背後的最終力量，個人在互動中尋求正向的加強與成員資格的宣稱。這樣的互動慣習鏈，最後將形成與提供重複互動的文化（慣例）與能源，而發展成為正式組織與非正式團體。這些論點集中於個人行動如何造成結構形式。

從第二個觀點來看，個人行動在結構限制下是可能發生而且具有意義的。伯特的研究（Burt 1982、1992）探討結構行動，或是由相同或鄰近位置的個人所採取的行動，以保障或促進他們的共同資源與利益。他認為不同位置的個人，能夠合作以減輕結構的束縛，在過程中也能修正關係的結構。

這兩個觀點與目前理論的整合，帶來有趣的結果。在第八章中，我們認為社會資本提供個人利益與結構浮現之間的重要連結。為了擁有資源，某人必須主動與他人形成連帶，以保護並最終獲得資源。資源的維持與保障被視為由情緒或情感性的力量所驅使，而資源的取得則需要工具性與認知性動機與行動的動員。而所造成的水平（同質）與垂直（異直）的互動與關係，則建構了社會結構的基本形式。社會結構允許取得或使用不一定屬於個人所有的資源。管理與處理社會資本的不同能力，帶來階層位置的產生。結構參數的變化是產生的過程，及其與外在結構和資源互動的發展結果。

一旦結構參數成為統制性的力量，社會資本的取得與使用，將持續驅動階層結構內部無論何時何地可能的個人行動。這些參數（層級差異、規模差異與資源差異）假定不同類型與不同部門的階層結構，具有不同的重要性。舉例來說，某一層級佔有者的集體行動程度，以及此類行動的後果，不僅受到此一層級的佔有者數量，同時也受到其他層級的佔有者數量的影響。假定此類的集體行動在某些結構條件下，將造成此一層級的進一步鞏固，或是消除結構參數的差異。在下一節，我們將提供這樣的分析作爲說明

流動與團結：某些政策的意涵

　　我曾經指出（Lin 1982），一個穩定的社會系統需要同時在同質性與異質性交換的機會上達成平衡。一個系統若無法提供異質性交換充分的機會，將降低流動的可能性，並將面臨強大的層級內部團結，但是分裂的人群。這樣的層級內部團結將促進層級（階級）意識的發展，與潛在的階級衝突。相反的，一個大力鼓動異質性交換的系統，將遭遇過多的流動，以及隨之而來的結構不穩定，因爲團結在人群團體內部並不具優勢。結果可能是一個混亂的社會，其中的短暫互動，以及團體團結的缺乏，將威脅系統本身的整合。

　　而這意味著結構必須在層級數量、這些層級間的佔有者與資源的分配，以及佔有者與資源的累積上，尋求調整。當層級的差異擴大，可能是工業化過程無可避免的後果，必定伴隨著佔有者與資源的重新分配。也就是說，層級之間的規模差異與資源差異將保持在一個合理的比

例。明顯的規模與資源的差異，通常指涉一個嚴密的結構。

作為初步的說明，讓我們假定美國的職業結構是由性別與種族區分。我們假設職業流動是依循性別與種族的標準（例如由白人女性空出來的位置，由另一位白人女性填補）。五項美國主要的職業類屬（管理與專業人員、技術人員、銷售與行政人員、生產與作業人員與農業人員）在一九九九年的佔有者，依據性別與種族的分配如表 10.1 所示。從每個種族與性別的結合，我們可以建構兩個假定鄰近的職業類屬之間的佔有者差異，藉由「較高」層級的佔有者規模除以「較低」層級的佔有者規模而得。例如，就白人男性而言，服務業與製造／作業員的佔有者差異是 0.25（5,694/23,084），而行政工作與服務業的佔有者差異則是 2.12（12,069/5,694）。假定跨越這三個職業類屬的資源差異相等，那麼目前的理論將預期從製造業與作業員向服務業流動的結構限制極高：地位效應強，而連帶效應弱。然而，結構限制在從服務業流動到行政工作上卻相當的低，而預期地位效應低，而連帶效應高。這些與其他的佔有者差異如表 10.2 所示。

表 10.1 美國受雇勞工依據性別、種族與職業類屬的分類
（1999）

職業類屬	受雇勞工（千人）			
	白人男性	黑人男性	白人女性	黑人女性
管理／專業人員	18,196	1,231	17,074	1,954
行政人員	12,069	1,273	20,652	3,032
服務業	5,694	1,216	8,333	2,204
製造／作業人員	23,084	3,244	4,345	836
農業人員	2,847	164	767	16

資料來源：美國勞工部，Employment and Earnings （1999, p.20）

表 10.2 依據性別、種族與職業類屬的佔有者差異

職業類屬配對	佔有者差異			
	白人男性	黑人男性	白人女性	黑人女性
管理：行政	1.51	.97	.83	.64
行政：服務	2.12	1.05	2.48	1.38
服務：製造	.25	.38	1.92	2.63
製造：農業	8.11	19.83	5.67	52.00

注意：差異是根據表 10.1 的數字，由較高層級之於較低層級的比率
計算。數字越小代表較低層級佔有者流動到鄰近較高層級的機會降
低。

　　現在我們可以比較流動機會的模式，以及對於白人與黑人的男性與女性的正向以及連帶效應。如表 10.2 所示，相較於同一職業的白人來說，黑人男性與黑人女性在向較高的白領職業流動上，遭遇更多的結構限制（從服務業到行政工作，黑人男性與黑人女性的佔有者差異分別是 1.05 與 1.38，而對應的白人則是 2.12 與 2.48；從行政工作到管理工作，黑人男性是 0.97，黑人女性為 0.64，而對應的白人則是 1.51 與 0.83）。因此，我們認為黑人男性與女性若流動到這些白領職業，應當具有相對較強的地位效應與相對較弱的連帶效應。比較男性與女性，我們發現女性在從服務業轉向行政工作時，並未遭遇太多的結構限制，但是他們在由行政工作轉向管理職業時，比對應的男性遭受到更大多結構限制（白人男性與黑人男性分別為 1.51 與 0.97，而白人女性與黑人女性則分別為 0.83 與 0.64）。在企圖轉向職業金字塔的頂端層級時，女性應當期待相對較強的地位效應與相較弱的連帶效應。

　　這些都是非常初步的資料。事實上，我們並無法肯定美國的職業結構是依照種族與性別而嚴格區分的（事實上，我們知道在某種程度上，這是一個錯誤的假設）。這裡的職業類屬是一個最小的分類（例如，布萊格（Breiger 1981）提出八個類屬的分類，作為美國職業的階層結構）。而且，跨越層級（職業類屬）的資源差異不變的預設可能是無效的。但是在既有的這些預設下，目前的理論告訴我

們，在此結構之中，種族與性別造成職業流動的差異。面
對向上流動到白領職業時的強大結構限制，黑人與女性將
難以動員社會資本來克服此一結構缺陷。因此，研究的議
題應轉為，尋找如何讓結構劣勢的黑人與女性更可能取得
社會資本。

　　此一論證（在我的預設限制中），從結構與個人觀點
說明社會資本的效用。在鉅觀結構的層次，此一研究提供
克服相關限制的方式，刺激政策的思考。是否有可能創造
空位以平衡規模的差異？是否可能用某些方式結合這些
改變？或是結構是否應提出跨越性別與種族類屬的空位
的重新配置，因此強調企業間的勞動市場，而非內部勞動
市場的觀點（請見葛諾維特（Granovetter 1986）所倡議
的論點）？除非結構可以作出這樣的調整，否則流動的機
會將仍舊是結構不平等的，同時引發更多的不滿。在極端
例子中，這樣的不可流動性是社會革命的原因。

　　在個人的層次上，結構限制的察覺以及它們的彈性，
可以反映在認知評估的過程中。在某種程度上，這樣的評
估是主動的，個人透過尋找異質性的連帶與較佳的社會資
本，而擁有發起行動的選擇。由於這樣的連帶的本質、範
圍與品質在階層中的不同層級有所差異，尋找它們的利益
也有所不同。非互惠的行動也存在著風險，當結構分歧過
分巨大時，將伴隨著與其他原初層級的佔有者的認同喪
失。兩者均可能導致疏離感（alienation）。

第 11 章
制度、網絡和資本建立：
社會性轉變

在第八章中，我們曾經提及由情感性和工具性需求所引發的行動，將導致和其他超越原初團體的互動，並藉此取得社會資本。誠如在第九章中所描述的，這些目的性的行動將帶來兩種交換類型——以獲得（gain）和維繫（maintain）兩種根本的收益：財富和聲望。這兩章所探討的是由行動到結構的過程。第十章則轉而透過呈現層級結構如何限制取得社會資本的行動，來突顯結構至行動（structure-to-action）的過程。這些都可謂是行動與結構間連結的理想型；實際上，這些行動將因為行動者和層級結構之間存在的結構與過程而更為複雜。除非我們能夠區辨和描述出這些中程（middle-level）的結構與過程運作的模式，否則我們將無法理解行動與結構的互動。此外，這兩種過程——從微觀到鉅觀且反之亦然——不應該被視為單獨發生的情形，或者將其描述為單向發生的歷程。描述社會資本的完備理論必須要能夠捕捉介於行動與結構之間的雙向歷程,亦即透過特定中程結構與歷程所中介的過程。

在本章中,將探討兩種這類構成社會基礎的中程結構——制度與網絡。我們主要的理論架構是將制度和網絡視為引導行動者、層級結構與資本流動間互動模式的兩個主要社會力量。

許多學者,如柯曼(Coleman)、懷特(White)、葛諾維特(Granovetter)、伯特(Burt)、布萊傑(Breiger)、威爾曼(Wellman)、愛力克森(Erickson)、馬斯登(Marsden)、佛萊普(Flap)和諸多其他論者,都曾經採用網絡分析來描繪這種微觀至鉅觀的過程。對那些涉入社會網絡分析的學者而言,社會資源和社會資本構成了社會性詮釋的核心要素。目的性行動係以極小化損失與極大化所得兩項動機原則為基礎,這導致了同時滿足情感性與工具性目的之社會網絡的誕生(首先是原初團體,接著是次要連帶)。因此,社會網絡,如同我們在本書中所指出的,不僅存在於階層(例如經濟)組織(如經濟組織的社會鑲嵌;參見 Granovetter,1985),同時也存在於個別行動者的互動中(Granovetter,1973,1974;Lin,1982;Burt,1992),因此交易和交換不只出現在組織內部和不同組織間,也出現於行動者之間。

制度分析其實還提出另一項有意義的工具,去理解組織應如何被視為通往更大環境的連結(DiMaggio and

Powell,1983,1991; North,1990; Powell and DiMaggio,1991; Meyer and Scott,1992;Scott and Meyer,1994）。一個組織的存續與持久，不只仰賴它在市場中所表現出的效能和競爭性，還必須倚賴在面對社會中較大社會制度的要求時，它所展現的調整與遵從期望行動之能力。對於這類社會規範的遵守，可能導致的是多元組織結構與行動的同形化（isomorphic），或者制度性同形（institutional isomorphism）（DiMaggio and Powell,1983），上述情形並不能單純地透過競爭性與表現準則來加以解釋。

制度性與網絡的觀點之所以令人感到興奮，是因為它們清楚地提供數種模式，讓我們能夠用來分析不同的社會力，以及經濟力是如何影響互動與交易。舉例來說，它們釐清了為何交易成本總是存在且不平均地被分配。它們也解釋了為何個體與組織行動的動機與理由總是超越單純的經濟考量。假使不將這些力量納入考量範疇，則顯然我們無法理解個體與組織如何以及為何採取某種行為，甚至該行為的持續存在。然而，由於概念間以及連結這些概念的過程間仍舊存在著斷裂的事實，於是我們的興奮必須有所保留。許多例子可以作為證明。

制度分析中一個重要的預設是制度影響甚至支配行動者與組織的行為。此一過程如何作用目前並不清楚。個體如何學習規範，且人們為何需要加以遵循？組織如何配合著個體行動者改善其制度性資源，且以此提升它們存續

的機會？換言之，哪些社會機制確保與促使個體行動者與
組織遵從制度儀式與行動？

　　另一個斷裂在於制度與網絡是如何被連結。一個鮮明
的答案在於網絡藉由提升結構的凝聚來強化制度
（Zucker,1988）。但隨之而來的問題是，我們該如何解釋
通常涉及行動者的連結團體（interconnected group）動員
資本以對抗普遍存在的制度的社會運動？或者，更確切地
說來，我們是否有可能去區分出社會資本，如何在某些特
定的脈絡中有助於在普遍制度和組織中獲取利益之工具
性行動，但在某些其他情況下卻成為制度轉變的工具？

　　本章試圖探討某些上述的議題和疑問。我的研究取徑
是提出一個概念性架構，藉此區分出我在圖 11.1 所描述
雙向過程的關鍵要素：亦即，過程一（鉅觀至微觀效應）
以及過程三（微觀至鉅觀效應）。為了要在單一的章節中
完成討論，我做了兩項決定。首先，我將集中於探討提出
架構的關鍵點，並犧牲其他同樣顯著，但在時間考量下，
必須被視為背景因素的重點。舉例來說，本章將鮮少提及
國家或科技，儘管這兩者在探討各種要素如何互動中佔有
重要地位。我將在第十二章花費較多篇幅討論科技與社會
資本。其次，我將集中於較為普遍的議題而捨棄特殊議
題。例如，我將略去對於特定殊異元素的探究，諸如性別
和種族，這些在不同社會中均普遍存在，且選擇普遍性的
討論（使用**普遍制度**的詞彙來加以涵蓋）。

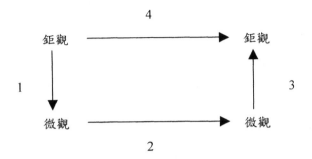

圖 11.1 四個基本的社會過程(引述自 Coleman.1990,頁 8)

　　基本上,我將制度和網絡視為社會的基礎——連接、
維持與穩固社會行動者與組織的重要社會力量。它們或許
並非最有效的社會機制,但卻為行動者與組織界定了內聚
力與外部差異。在這兩者中,制度為行動與互動提供組織
化原則。它們提供了言詞理性(rhetoric rationality),也因
此為組織與功能刻畫地圖。最重要的是,它們維繫個體與
集體的認同。另一方面,網絡提供彈性(flexibility)以壓
低超越組織所能負擔的交易成本。它們也提供動員力以填
補與連結社會必要存在之裂隙。同樣重要的是,它們也作
為制度轉變的可能載具。

　　本章的後續篇幅將討論制度與網絡如何接續發揮作
用。特別是,我們將呈現制度如何組織和與其他主要的社
會要素互動(例:制度化組織、其他社會與經濟組織和社
會網絡),並促進其他這些要素的資本流動。最後一個部

分則強調社會網絡在制度轉變的顯著性。

制度範疇和組織——社會同形

　　制度，被視爲互動的組織性原則，可以直接被界定爲
一個社會中的遊戲規則（North,1990,p.3），且可能是正式
或非正式的存在。這些規則如同行動者間貨品（同時包括
物質性與象徵性）流動與交易的交通指引，這兒所謂的行
動者同時包括個體與組織。某些規則之所以顯得較諸其他
規則更爲重要，是因爲行動者更加有意識地察覺到這些規
則，也因此更謹慎地體認到彰顯他們的行動與交易乃是遵
循這些原則的需求。有許多不同的解釋可以用來說明特定
規則和制度是如何出現，且在社會中佔據主導性位置。它
們可能導因於戰爭、革命、叛亂、殖民、佔據、災難、具
有卡里斯瑪與權威領袖的行動、支配階級的偏好與後見之
明。廣義而言，規則與制度可以說是歷史路徑依賴的結果
（見 David,1985,對於標準打字機鍵盤制度化的說明）[46]。
制度化通常是文化而非科學的結果，因爲它們並不需要邏

---

[46] 論者們對於標準打字機鍵盤（QWERTY）是否果真比所謂的 Devorak
系統來得遜色存在著爭議。然而，即使兩者的確表現得一樣好，標準打
字機鍵盤在歷史上較早出現的事實，意味著它奪得先機，且也是它在今
日較爲普遍的重要原因。

輯或實證性的肯證或證偽。這些規則以道德、信仰、意識型態、儀節或（治療與表現）能力的模式，創造了行動與互動的偏好價值。

當組織與個體將自身從屬於類似的制度脈絡時，我們便可以說他們座落於相同的**制度範疇**（institutional field）（Lin,1994b）。在同樣的制度範疇內，行動者（包括個體、網絡和組織）認知、展現與分享儀式與行為，且服從於社會制度所要求的限制與動機。循此，它們降低了不同行動者間行動和互動的算計（計算能力）和壓迫性（North, 1990）。

所謂制度範疇也可以被界定為一個社會。然而，範疇可能會超越社會慣常的空間界線。舉例來說，我們可以說種族上的中國社群居住在世界各地許多都市的少數民族區，均屬於所謂中國社會的相同制度範疇，我們也可將其界定為中國民族國家的界線內。儘管這些社群和它們的成員可能使用不同的語言，生活在不同國家的規則與法律下，且從屬於不同的社會階層、動員限制與機會，他們遵守由家庭成員結構關係所延伸與放射出的相同基本規範（Lin,1989,1995b）。這些規則引導著它們的家庭生活、對於特定假日與節慶的慶賀、對於祖先的祭祀、依據哪些原則與方式教育孩童、在商業交易中對於正式與法律契約抱持的法定與非正式協議的偏好、對於特定殊異關係的認知（特別注重家庭、宗族和村落情感）、以及繼承的特殊規

則（權威的轉移是依據長子繼承權的規範，而財產的讓渡
則是依據兒子間分配的規範）。於是，制度性的中國
（institutional China）要比中國國家本身來得更爲廣闊。
在既定的國家內部存在其他的制度範疇。在接下來的討論
中，社會（Society）一詞被用來指稱制度範疇。

在制度範疇中，組織的存續與存留程度必須同時仰賴
它們的經濟（技術性，technical）與社會（制度性，
institutional）表現。狄瑪喬（DiMaggio）和鮑威爾（Powell）
（1983,p.148）使用組織範疇的概念去指稱一個「制度生
活的確切領域：關鍵的支持者、資源和產品消費者，管理
機構和其他提供相同服務或產品的組織」，並假設屬於同
樣組織範疇的組織，之所以在它們的形式上趨於制度性同
形，且在實踐上成爲同質，是因爲在相同事業上互動、資
訊和參與體認的共享提高。制度範疇也牽涉到制度定義與
結構化的過程（Giddens,1979），但它將延伸超越特殊的
組織類型（例如經濟企業），或者需要所有組織的互動。
當組織有意識地遵守某一特定制度脈絡的規則時，我們會
說該組織屬於此一制度範疇。組織會藉由調整它們的內部
結構和行爲模式，來降低與其他遵循相同制度的組織進行
互動時的交易成本。組織－社會的制度化同形
（Lin,1994b），也因此，可以說是組織同形的首要與強制
條件。我們可以藉由這樣的強制要求中衍生出一項預設，
亦即組織滿足制度任務的能力及其在社會中的階層位置

間存在著正相關。同樣地，我們也可以假設大多數的社會網絡結構均達成所謂的組織同形。**組織－網絡的制度化同形**，反映在不同網絡間（以及非正式組織像是教會、商會、退除役軍人團體和保齡球俱樂部）遊戲規則以及分派於特定資源（意識型態）的價值重疊上。圖 11.2 描繪的是功能性的制度範疇，我們可以發現組織、網絡和個體在遊戲規則和特定資源價值上均協調一致。

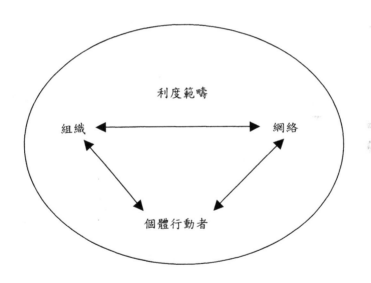

圖 11.2　**制度範疇**(Institutional Field)

資本流動

　　由於組織─網絡─社會同形的強制性和在階層系統中
取得較佳位置的動機，組織被期待爭取與保留有用的物
品，以交易制度與技術本質。這類物品的一個重要類型是
勞動者有能力去完成制度和／或技術性的任務。相同地，
個別行動者在社會中尋求獎勵與報償的動機也很清楚：他
們需要證明自身擁有知識和技術，同時他們也有意願與能
力接受進一步的訓練與教導。於是，我們可以將勞動市場
視爲個別行動者與組織交易這類物品的市場。在我們進一
步討論勞動市場的物品交易前，很重要的是去探討流入制
度範疇的物品本質。

　　如同我們在前面所述及的，物品可以是物質性的或象
徵性的。當特定物品著眼於目的性行動而被有意識地動員
時，他們便成爲所謂的資本。資本是資源的投資，其目的
在於產生收益。因此，它適於讓行動者用以滿足組織需
求。而所謂的收益，是讓行動者取得社會（聲望）、經濟
（財富）或政治（權力）資源。若我們將組織視爲行動者，
則這類資本所產生的收益讓它們能夠在社會或制度範疇
內存活與繁盛。對個別行動者而言，這些則是在勞動市場
中被交易的資本。

　　有兩種資本類型支配著這些交易：**人力資本**（human

capital）與**制度資本**（institutional capital）（Lin,1994b）。
人力資本反映的是技術性知識與技術。組織需要人力資本
以成功地在市場中競爭。制度資本反映的是對於制度範疇
規則的社會文化知識和技術。組織需要代理人來使用這類
知識與技術，以做為它們的代表。制度資本涵蓋了所謂通
常被描述為文化資本 （Bourdieu,1972/1977, 1980, 1983/
1986）與社會資本（Bourdieu, 1983/1986; Coleman, 1988,
1990;Flap 和 De Graaf,1988; Flap, 1991）的要素。文化資
本包括支配性制度範疇所認可的價值、規則與規範。社會
資本反映的是社會連結的程度，在此間資源可以被用來維
繫或取得在某制度範疇中有價值的資源——包括財富、權
力和聲望。擁有或能夠觸及文化或社會資本的個別行動
者，是可以達成與滿足制度範疇中組織責任的潛在勞動
者。因此，組織在勞動市場中尋覓這類應徵者。

　　個別行動者應如何證明他或她所擁有的人力資本與
制度資本？當然地，人力資本可以透過測驗被檢證。許多
組織使用這種方法來測知技術知識與技巧。但測驗本身鮮
少能夠探知人力資本的深度與廣度。更常見的情況是，評
比需要提出努力與投入的證明，以及在此過程中成功取得
檢定、證書或有力評估者評價等形式的資本證明。學位、
畢業文憑、證書，以及同樣重要的，推薦函已成為人力資
本的重要象徵物。

　　制度資本的證明則更為複雜。許多特殊的測驗與其他

驗證的方法被設計來滿足此一目標。舉例來說，在中國歷史內，對馬克思與列寧的意識型態、毛澤東或孫中山思想、以及儒家的認識均出現在測驗中，而父系傳統、宗族和地域傾向，或階級／意識型態也必須提出證明。在大部分的情況中，這類證明反映在證書、證明和推薦函中。這些象徵性認同反映的是行動者對於普遍制度的親近性與情感，且它們通常會隨著不同制度範疇而有所轉變。即使在當代中國，這些認同包括了共產黨黨員身份、宗族和種族，以及對於國營事業單位的情感，但卻不包含對於教堂、寺廟或社會或專業社團的認同[47]。讓此一情況更加複雜的是，許多社會使用同樣的證明與檢證程序來同時檢測制度與人力資本的事實。我們將很快地　回到這個議題。

　　現在我們要轉而討論的是資源如何被動員成爲資本，以及資本如何被證明的議題。

---

[47] 舉例來說被禁止的協會和認同，可參考中國 1999 年法輪宮事件的文獻（可利用網際網路搜尋引擎，如 Copernic 99 去搜尋法輪宮或法輪大法的列表）。

制度化組織和社會網絡：
信任與執行的行動者

　　同時取得兩種資本類型的過程是從代際間的資源轉移展開。在這種轉移中，許多過程涉入其間。其中一種過程爲社會化，在這樣的過程中，家庭提供脈絡來訓練行動者（透過模仿與認知訓練），使其發展出這類有價值的資源。另外的過程是透過家庭的社會網絡發生作用。父母親的（parental）網絡提供機會讓人們接觸到坐擁有價值資源的行動者。而在另外一個過程中，父母親的資源讓行動者有機會藉由本身取得額外的資源（例如透過教育）。

　　一旦不同地被賦予移轉性資源，個人行動者便需要動員這類資源，並將這些資源轉爲資本，且搭配目標進行投資，更因此產生加入某組織的收益。有兩種方法可以用來將資源轉換爲資本：一者是透過制度化組織的過程，一者則是利用鑲嵌於社會網絡的資源。行動者或許會完成訓練的程序，其結果是證書清楚地昭告該行動者所取得的資本。學位、學歷文憑和證書均爲常見的標誌。另外的途徑則是利用社會連帶和連結的證明。訓練是透過社會的重要元素而完備：制度化組織。儘管下面的討論主要集中於將資源動員爲制度資本的過程，我們也將述及人力資本的類似過程。

　　制度化組織是一種特殊的組織類型,其目標和任務是
訓練和灌輸行動者展現與普遍制度相關的儀式和行動所
需的價值和技巧。它們之所以和其他組織不同,還在於它
們僅處置教導行動者,但卻並非雇用或擁有他們[48]。雖然
有些制度化組織特別是成立來提供制度化訓練,大多數的
制度化組織也以學校、學社和學院的形式(例如:幹部學
校、軍事和警員學會、研討會和童軍組織)來提供技術訓
練。因此,透過這類組織和證書的教育於是同時能夠用來
突顯人力資本與制度資本的取得[49]。要將鑲嵌於教育證書
中的此兩種資本類型加以區分是一件複雜任務,但粗略地
評估是可能的。舉例來說,近期對於中國與台灣的研究
(Lin,1994a,b,1995b)發現,教育可以被拆解為其中三分
之二代表著人力資本,而其中三分之一則為制度資本。

　　社會和普遍的組織也利用制度化組織強化規則、儀式
和控制行動。這些組織包括監獄、精神病院、和勞動與集
中營。倘使制度範疇中行動者的行為被視為違背了那些普
遍制度的指示時,則他們將遭受處分。個別行動者會在歷
經這些過程後,取得制度資本的證明或證書。否則,他們
則陷入被否定與懷疑的危機,也可能被視為不適合作為該

---

[48] 制度化組織擁有常任的雇員,其主要工作項目為訓練員。

[49] 布笛厄(Bourdieu,1972/1977)使用文化資本(Cultural capital)一詞描
　　述灌輸學生支配階級價值的過程。我在這裡所要強調的是文化資本應該
　　被視為組織與市場脈絡中,制度資本的次要類別。

制度範疇的參與者，並在他們的投資中僅獲得微薄的收益。

社會網絡還提供另外的途徑來將資源轉變為資本。透過社會連帶與網絡，行動者藉由接觸到直接與間接連帶的資源來取得額外的資源。許多網絡之所以被形成，是因為在制度化中的共享過程與經驗（例如：校友會、職業工會和產業協會）。然而，網絡也可能以其他共通的偏好或經驗為基礎而成形（例如：橋牌或保齡球俱樂部、編織活動的俱樂部、貓王和麥可傑克森的歌友會，或鄰里團體）。透過非正式，且通常是間接的連帶，鬆散的網絡拓展了行動者的接觸範圍，使其超越他們立即的社會圈。

當行動者活絡與動員特殊的連帶鏈（chain of ties）以達成某種目的行動，諸如找工作時，這些社會性鑲嵌的資源便會被轉換為社會資本。被動員的資源之所以被視為有用，是因為在發動與促進者的認知中，他們具備制度性價值。因此，代表著該位發起行動者的這些連帶所提供的證明，將進一步向標的組織（target organization）擔保他或她的人力資本。更重要的是，這些證明將提出保證來肯定發起者也具備制度知識與技巧（值得信賴、社會技巧、團結性、忠誠、有意願遵守秩序並實踐任務以及其他「妥適的」行為）。透過這些證明的影響，便能夠達成加入某組織的目標。這是一項投資，因為其最終帶來的結果是將社會經濟收益歸諸於行動者。

　　更有甚者，當制度化組織和社會網絡將資源轉換爲資本之際，許多組織本身也提供管道來讓人們接觸到更深入的技術與制度技巧，也因此有助於優秀的勞動者獲得額外的資本。**內部企業勞動市場**（internal firm labor market）的概念（Baron and Bielby, 1980）描述了投資於在職訓練對於人力資本的幫助。加入一個資源豐富組織本身的作法突顯了制度資本，因爲這將能夠替行動者產生出來自組織內部與外部更多的收益。在組織內部，當組織成功地與制度範疇內的其他組織進行交易時，

　　行動者將能夠有機會學習與獲得額外的制度技巧。取得參與這類交易的經驗，其實正是制度技巧訓練的一部份。當行動者在組織內部佔有權威性的位置時，他便能夠取得更多的制度資本，也因此具備了達成制度任務所需之相關技巧與知識的身份與象徵。在組織外部，加入資源豐沛的組織突顯了行動者的制度技巧，以及他或她接觸資本的途徑，而這正是在制度範疇中進行交易的關鍵。

　　之前的討論主要在於社會基礎－亦即，制度性組織和社會網絡－如何接續地與其他社會與經濟組織相互作用，且強化與維繫彼此。換言之，這說明了穩定與功能性的制度範疇。圖 11.3 描繪了功能性制度範疇。

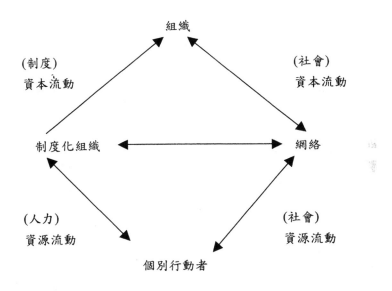

圖 11.3　功能性制度範疇

網絡作為制度轉變的載具

　　然而，鑲嵌在這些元素中的是挑戰既有與普遍制度的潛在源頭與歷程，以及替代制度（alternative institutions）的萌生。組織（Zucker,1988）或甚至個別行動者（DiMaggio,1988：「制度企業家」（institutional entrepreneurs））都可能啟動轉變。例如，和另類、外部制度範疇同形的組織也許能夠倖存、存續且甚至取代或被融入現有的普遍組織。對於其他社會的本土制度而言，西方宗教、流行文化和生活習性都可以說是另類制度，且只要參與行動者的資本投資產出了預期收益（如：社會地位）時，它們便能夠轉變本土制度，這是因為非主流制度範疇對於固有制度而言握有資本上的優勢。

擁有卡里斯瑪的領導者也能夠對現有制度構成挑戰。毛澤東的個人魅力與卡里斯瑪啟動了文化大革命，動員數百萬計的年青人，並使一九六〇年代中國既有的制度陷入混亂，正可以作為後者的絕佳例證（「造反有理，革命無罪！」的口號，被用來根除既有組織、幹部和那些長久投入資本在那些制度與組織之專業人才）。但是，行動者所發起（actor-generated）的轉變並不頻繁，且鮮少成功。

我認為，更有意思與強大的固有轉變過程源自於社會網絡化（social networking）。當一定數量的行動者共享非主流的規則或價值，且開始進行進行連結時，該網絡便能夠透過凝聚力與互惠增強來支撐他們的共享偏好。舉例而言，那些認為自己被剝削，或者實際上被剝奪獲得人力或制度資本機會的行動者，會形成網絡，並且打造出集體認同。無論這樣的剝奪是以性別、種族、宗教、階級、家族起源或其他制度性規則為基礎，網絡化（networking）都是發展集體意識的首要與根本步驟。隨著網絡的拓展和參與行動者數量的增加，社會資本的總量便會隨之增加。而由於共享資源的增長，社會運動出現的可能性亦會隨之增加，此一過程可能會轉變一個或是更多的主流制度。

透過發動社會運動來催生制度轉變更為直接的作法，是直接將運動轉變為叛亂（rebellion）或革命（revolution）。在極端的情況下（例如：嚴重飢荒、外部威脅或大浩劫），社會運動可以快速地引發全面的參與，而這能夠直接帶來現有制度被推翻的後果。一九一七年爆發的俄國革命，以及前蘇聯和東歐共產國家的瓦解都可以做為例子。然而，在大多數的情況中，社會運動只牽連到少數行動者，且必須要透過更為細膩的過程以啟動制度轉變。此外，通常社會運動的目標並非拒斥所有的現存制度，而毋寧說是希望以一個非主流的制度來取代主流制度，或者是要將非主流制度結合入現有制度的架構。

社會運動可以藉由將共享資源轉變為資本並產生收益來加以維繫。也就是說，運動必須發展出其本身獨特的制度化組織，透過這樣的組織來教育非主流價值和儀式，並培育新成員。此外，它必須建立或說服組織去招募或留住具備這類資本的行動者。經由這些過程，運動於是便能自我維繫，且能夠挑戰既存制度。

無論是在既有或非主流的制度化組織中，另類方案的蓬勃與維繫，可能會替行動者產生與製造出另類資本。由於擁有非主流制度資本的行動者數量的增加，再加上透過網絡化社會資本總額的成長，情況很可能是其他的組織會逐步體認到當它們採取行動時，有必要將非主流制度納入考量。這種體認引發的後果是有必要去招募或留住具備能夠滿足非主流制度所期待表現的知識與技巧的勞動者。於是，非主流制度資本將逐漸在勞動市場中成爲合法的資本模式，而非主流制度被吸納至主流制度的可能性也隨之提升。

我們將這兩種不同的制度轉變路徑圖示於圖 11.4。在接下來的討論中，我將提供利用這兩種不同途徑，成功造成轉變的兩個例子。美國學院中女性研究的出現，可以用來說明當利益相關行動者之間的網絡化滲透既存制度化組織時，成功的轉變如何發生，而中國共產黨革命的勝利則可作爲非主流制度化組織成功建立的例證（儘管遠爲艱辛）。

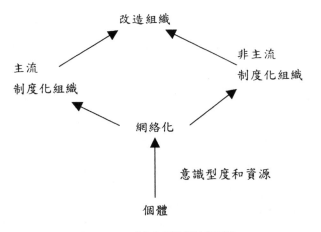

圖 11.4　制度轉型的過程

從內部啟動的轉變：美國的女性研究

　　一九七○年代與八○年代間，女性研究計畫在美國的增長，被視為令人震驚的例子，足以證明新制度成功地滲透行之有年的既存制度化組織（學院）。此一過程可以被追溯至一九六○年代，當時的公民權運動激發了女性的自由運動。有許多女性學者，如伯納德（Jessie Bernard）、蘿西（Alice Rossi）、勒納（Gerda Lerner）、史考特（Anne Firor Scott）和伊凡斯（Sara Evans），都紛紛開始撰寫有關女性在社會與學術中所面臨危機的文章。一九六五年和

一九六六年時，有關女性的課程開始在許多校園中出現
（1965 年是西雅圖的 Free University〔Howe 和 Ahlum，
1973〕；1966 年則是新紐奧良的 Free School、芝加哥大學
和 Barnard 學院〔Boxer,1982〕）。而在十年的期間內（截
至一九七六年），一千五百所不同的機構中的六千五百萬
學術人員，主持了超過兩百個以上的女性研究計畫，以及
開設了約莫一萬個女性研究課程（Howe,1977）。我們該
如何解釋這十年間，美國高等教育所引發轟動的成功故事
呢？諸多關鍵的外部因素創造了機會，讓此一嶄新的學術
制度成為可能。當反戰與反募兵的運動如火如荼的進行，
並對於現況提出質疑與挑戰時，公民權運動和女性自由運
動也在美國校園中覓得同情與合作對象。與此同時，雙薪
家庭也在一九五〇年代迅速地增加（Kessler-Harris，
1982），而女性學生就讀學院的數量與比例也有所增長
（例：一九六五年，女性佔所有獲得博士學位者的百分之
十，而截至一九七九年，百分之二十九的博士學位是頒發
給女性；參見 Stimpson,1986）。女性學者的數量同樣也持
續成長（例：至一九七七年，有接近百分之三十二的大學
教員為女性，〔Stimpson,1986,頁 31〕）。因此，改變的壓力，
再加上高等教育系統本身人口結構的轉變，都為可能的制
度轉變提供了絕佳的結構契機。

　　若我們貼近檢視實際的過程，將可以辦別出促成女性
研究計畫如此急速成長的四個因素。最為創新的因素在於

一九六九年由托碧雅斯（Sheila Tobias）所發起的課程大
綱散發與共享（首先是在衛斯理教派，隨後則是在康乃
爾；可參考 Chamberlain,1988,頁 134）。在一九六九年冬
季的女性研討會結束後，她蒐集了十七門女性課程的課程
綱要，並在一九七〇年於學術協會的年會中散發該份清單
（女性主義研究第一冊（Feminist Studies I），文選，最初
是由康乃爾大學開始印製與散佈；Stimpson,1986,頁 4）。
該份清單隨即在美國心理學會於一九七〇年秋天所召開
的年會中被發放（Chamberlain,1988,頁 134），且約莫在那
個時候交由匹茲堡的 KNOW 出版社付梓（Boxer,1982）。
該份清單的散播是如此的成功且廣受好評，乃至於女性主
義研究（Feminist Studies）叢書出版成為十冊的綱要，和
其他相關課程的讀本（Boxer,1982;Stimpson,1986）。該份
課程文獻的散佈與共享戲劇性地造成全美國學院課程的
開設。現成的學生市場（例：女性學生）則給予熱烈地回
應。舉例來說，一九七〇年春季，由托碧雅斯和其他康乃
爾學者所開立的跨學門「女性特質」課程，便吸引了四百
名學生選修（Tobias,1970）。在該年秋季，有關女性的整
合課程開始在許多校園中出現。聖地牙哥州立大學於一九
七〇年九月所開立的課程，可以說是第一個正式整合女性
研究的學程。

　　影響此一發展的第二個網絡化要素，是女性教職員和
學生利用專業聚會來交換訊息，並強化該制度化過程。由

於女性持續在現代語言協會（MLA，Modern Language Association）中佔有極大比例，因此該協會成爲第一個提供此推力的組織，並不讓人感到訝異。一九六九年春季，現代語言學會設立了女性地位與教育委員會，由霍威（Florence Howe）擔任會長（Boxer,1982,頁 664），該委員會的任務在於研究女性教職員在五千個英語和現代語言系所所佔的地位，並回顧那些系所的課程內容。在現代「針對超過一千名男性與女性舉語言協會於一九七〇年十二月所舉辦的年會中，該委員會辦了一個討論會，其中包括提出一篇有關女性教職員地位的文章，以及另一篇探討文學課程中男性偏見和女性刻板印象的文獻，和兩場首次針對女性主義文學批判主義爲題的演講」（Chamberlain,1988,頁 135）。它同時也發行了第一本女性研究的導讀，其名稱爲「當前女性研究導讀」，其中羅列了超過一百一十門課程。僅一年的光景，便推出第二本導讀，其中列出六百一十門課程與十五個組織完善的女性研究計畫,其中有五個計畫獲頒學位，其中之一更取得碩士學位（Howe,1977）。很快地，女性所組成的核心小組便出沒於許多其他社會科學和人文協會，這些組織的年會提供現成的研習、專題討論和交換活動。一九七七年，國家女性研究協會（NWSA，National Women's Studies Association）的成立使得協會做爲媒介的情況達到巔峰,國家女性研究協會的組織宣言，是在舊金山的成立大會中所草擬（該年一月十三日至十七日），其中述及該組織的目標是「推廣和支持在意識與知識上有突破性進展的教育策略」，因為這樣的策略將「轉變」（transform）個人、制度、關係，且最終將改變整個社會（Boxer,1982,頁 661）。

影響美國學院中女性研究發展與制度化的第三項關鍵因素，是有許多私人基金會提供資源以支持學生、計畫和研究中心。一九七二年，福特基金會啟動一個計畫來促進女性發展，並協助消彌所有教育階段中的性別歧視（Stimpson,1986）。至一九七九年，已有超過美金九百萬元被用來投入推動這些不同的議題。一九八〇年，該基金會的董事會決定將超過該會過去分配給女性計畫兩倍以上的預算用來推動上述目標。一九七二年，福特基金會創設了第一個用來獎勵女性角色研究之教職員與博士論文獎的國家型計畫。整個國家，有一系列的獎助金都被用來在頂尖的學院與大學設立研究女性的中心，其中包括史丹佛大學（Stanford）、加州大學柏克萊分校、衛斯理（Wellesley）、布朗大學、杜克大學和亞利桑納大學。

根據福特基金會自己的報告顯示，在一九七二至一九七五年間，該基金會所頒發與女性研究有關的博士後研究獎與論文獎共計一百三十名。其所獎助的資深人員中，有百分之十五成為女性研究中的重要文獻，同時至少有三分之一接受獎助者正從事論文計畫。一九六四至一九七九年間，福特共計投資了三千萬美金來獎勵與女性研究相關的

提倡、研究和課程計畫（Stimpson,1986,頁 23）。至而從一
九七二至一九八六年，福特基金會共計撥付了七千萬美金
來支持「諸多與女性有關的計畫」，其中包括獎助金；資
助以校園爲主和獨立的研究中心；資助「必要性」活動，
特別是出版和國家協會；並支持主流的弱勢女性研究的計
畫與中心（Guy-Sheftall,1995,頁 5-6）。

其他私人基金會像是卡內基基金會（Carnegie
Foundation）、洛克斐勒基金會（Rockefeller Foundation）
和洛克斐勒兄弟基金會（Rockefeller Brothers Foundation）
和安德魯美倫基金會（Andrew W. Mellon Foundation）、赫
蓮娜魯賓斯坦基金會（Helena Rubinstein Foundation）、羅
素賽吉基金會（Russel Sage Foundation）、埃森教育基金
會（Exxon Education Foundation）、埃里莉莉基金會（Eli P.
Lilly Foundation）和瑞夫隆基金會（Revlon Foundation）
均很快地加入支持此努力的行列（Stimpson,1986,p.23）。
這股龐大的力量有助於雇用和保留許多與這些計畫有關
的職員，並支持學生投入女性研究與意識型態熱潮的發
展。

最後，許多女性研究學者與計畫所採取的網絡化取徑
（networking approach）也值得注意。改革者在有意識的
情況下做出此決定，而非創造出一個孤立的學門或系所，
他們希望採用的方式是讓協調者、教職員和學生委員會所
共同運作的計畫（Merrit,1984）。儘管有許多辯論延續至

今日仍未休止，但主流組織仍維持這種協調——委員會的結構。大多數的女性研究均偏好網絡化、集體性以及多領域／跨學門所帶來的好處，而較不重視透過學院各系所安排時通常可能發生的資源損失，與教職員的任期與職權。因此，被分派至傳統系所與學門的教職員，便和學生一起努力發展跨學門的課程與學程。

女性研究在一九六〇年代晚期與一九七〇年代的迅速發展，所體現的是對於「一場長久被拒斥的知識饗宴」的回應，以及「一場沒有統一組織或方向運動的經典例證」，其擴散係跟隨著新女性運動的地理學（Howe 和 Ahlum,1973;Boxer,1982）。然而，再清楚不過的是那些先驅者間，透過課程綱要與文獻的非正式交換，積極地啓動與網絡化，他們藉由協會和聚會的集體努力，而恰好與私人基金會決定符合之協調者——委員會結構的採用，則提供資源產生了教職員與學生的批判大眾。所有這一切，均有助於大眾參與以及既有制度化組織（一九六〇年代與一九七〇年代早期轉變世界中的學院）的深化，並說明了源自既有制度化組織內部的快速轉型是如何發生[50]。

---

[50] 女性研究計畫並非從未遭遇困難與矛盾。從極為早期開始，有許多重要議題都引起辯論，其中包括(a)同時存在於各校園內部與之間網絡化的「無結構性」(sturcturelessness)，以及它是由菁英所潛在控制（Freeman, 1972-1973）；(b)「社會主義女性主義者」和「文化女性主義者」間（「馬克思主義」和「女權主義」），或女性主義活動與學術圈之間，或實踐與

　　總結而言，女性研究計畫發展的過程顯示出，行動者間共享意識型態與熱忱的網絡化，將有助於同時利用主流組織外部與內部的契機，以迅速地動員和制度化潛在勞工（女性學生）。一旦這種積累的勞動（資本）取得充分的數量和資本，則無論是在制度化組織內部，抑或是大部分社會中，都將遭遇極少的反抗。我們應該留意的是，這個例子駁斥了制度轉變的英雄理論（great-man theory）。姑且不論在運動中某些知名的發動者（Tobias、Howe 和其他人），很清楚的是在這個運動中，透過許多行動者的網絡化，將能夠在沒有卡理斯瑪或明星學者的情況下，仍舊促進或維持已經取得的氣勢和衝勁。

　　這類成功地由內部發動的制度轉變的例子極為稀缺和罕見，因為很少正在成形的制度能夠恰好碰上如此多有利的外部和內部條件（例，女性參與職場型態的轉變，現況的崩解，行動者〔女性學生〕持續增加地出現於制度化組織中，共享與投入認同以支撐意識型態與知識，並出現持續提供資源的協助來源〔私人基金會〕）。此外，某些新出現或非主流制度的要求是超越於既有制度結構的整合或主流；它們可能會造成替代或顛覆。當一個非主流制度直接挑戰，並試圖顛覆主流制度時，制度化是直接的途徑

理論間存在的意識型態分歧（Boxer, 1982）；(c)女性主義理論建構支配性的必要性或可能性（Boxer, 1982）；以及(d)對於不同膚色女性和女同志的漠視（Guy-Sheftall, 1995）。

和過程。下面的討論為這種類型提供成功的例子：中國的共產革命。

建立非主流制度化：中國的共產革命

當共產黨於一九二〇年代創立之際，極為清楚地情況是它試圖採行雙元的轉型策略：當機會出現時滲透既有制度化組織，且／或在這類機會未出現時，建立非主流的制度化組織。最終，是由非主流的制度化組織協助轉變了運動結構。簡短的交代歷史背景將有助於我們理解這類策略是如何被推行。

若要理解共產黨教育系統的革命性制度轉變，則不可迴避的必須由毛澤東本身努力建立的替代性教育制度談起。這些「官方」的歷史建制，必須被擺放在二十世紀早期，中國現代教育改革的脈絡中才能加以理解，因為中國共產黨（CCP）的正式成立，以及毛澤東的出現都是發生在一九二〇年。然而，不可否認的是俄國革命在中國引起了深刻的研究興趣，且在一九一九年五月四日，北京、上海和其他城市的青年學子紛紛走上街頭，對抗日本以抵禦可能發生的領土侵佔後，學者和教育人士便在教育改革和創新上扮演更加重要的角色。許多中國的知識份子，其中不乏馬克思主義者，他們在毛澤東尚未對於革新的教育制度產生興趣和投入心力前，便已經開闢先機且爭取舞台。
舉例來說，李大釗和蔡元培這兩位一九一○年代的知識份
子領袖，便致力於「勞工的尊嚴」（Pepper, 1996, 頁 96-97）。

這些改革運動在不同省份均引起效尤。例如，湖南省
長沙的師範學校便於一九一六年，創辦了「勞動協會」
（labor association），其目標是讓學生和老師都習慣體力
勞動。姑且不論其他諸多的活動項目，他們負責在校園中
進行看守並身體力行從事農務（上海教育出版社, 1983,
p.66-69）。一九一六年也成立了一所勞工可進修的夜間學
校，但旋即利益分配讓教師與職員打退堂鼓，故由學生接
手該計畫。學生運動的領袖毛澤東在一九一七年至一九一
八年間，擔任夜間學校的主管（上海教育出版社，頁
62-63; Pepper, 1996, p.96）。在完成於長沙湖南第一省立師
範學校的正式教育後不久，一九二○年，毛澤東接受當時
教育系統和省政府高等教育部尹培基（Yi Peiji）處長的
指派，擔任師範學校附設之國民小學的校長（Pepper, 1996,
p.6）[51]。毛澤東因此直接參與了既有創新教育體系的教育
改革。

一九二○年，當小型的共產黨基層組織開始在全國各

---

[51] 尹培基負責該省分的教育改革，而毛澤東的任務則是許多他在第一師範
所啟動的改革工作中的一環。尹培基於一九二○年九月接掌了第一師範
校長的職務。他聘僱了革新性的教師，這些老師住進校園，而女學生則
於一九二一年開始入學（Pepper, 1996, 頁 97）。

城市中成立時，毛澤東也肩負長沙地區的組織工作，他的主要任務在於國小教育。這些團體的所有代表於一九二一年七月，中國共產黨正式成立的日子都齊聚於上海。毛澤東返回長沙時，已經是中國共產黨湖南省的書記。在當時，他已經開始質疑系統本身，並將教育改革僅視爲開始教授馬克思主義的地方（Pepper,1996,p.99）。

同樣也是在一九二〇年，羅素（Bertrand Russell）造訪長沙，他認爲社會主義甚至是共產主義，都可以不用透過戰爭、暴力革命或對於個人自由的限制來達成。教育的用途在於改變有產階級的意識。毛澤東在寫給友人的信中提及，羅素的觀點在理論上雖然立意甚佳，但卻難以實踐，因爲教育需要金錢、人員和設備。但所有這些資源，其中最重要的是學校和報刊，則老早就被資本家所掌控（capitalist-controlled）。此外，資本家也也掌握了所有其他有助於他們存在的必要社會制度。因此，無產階級，姑且不論它在數量上的壓倒性，將無法將教育轉換爲其本身的工具。共產黨唯一的出路便是「奪取政治權力」（seize political power）（兩封信件的收信人爲蔡和森，日期分別爲一九二〇年九月和一九二一年一月；譯於 Schram 書中,1963,p.214-216）。

一九二一年八月，毛澤東離開了國民小學，且和幾個朋友一起創辦了自學大學（Self-Study University），他們的目標是結合老式學術的形式和現代學習的內容，並創立

一個適合「人性本質與便於學習」的制度。它並努力成爲
「確實普遍學習」的制度（Pepper, 1996, p.98-99）。顯然毛
澤東深知非主流制度化的重要性。自學大學開辦於一九二
一年秋季，並蘊含著強烈的馬克思主義方向。一九二二
年，此大學支持開設了一系列有關馬克思理論的公共演
講，且從第二年起，便開始公開招募與訓練中國共產黨勞
工。儘管很快便因爲被指控爲推廣異端思維和威脅公共秩
序，而於一九二三年底被軍方總督勒令停課，而走入歷
史，自學大學被視爲中國第一個革命幹部的訓練制度
（Cleverley, 1985, p.89）[52]。

　　滲透既有制度化組織的策略，也在中國國民黨
（KMT）和中國共產黨勢力於一九二〇年代晚期合併的
時期被大力執行。一九二七年，中國國民黨和中國共產黨

---

[52] 毛澤東並非唯一激進的教育改革者。梁漱溟（Liang Shuming）認為新教
育對任何人都毫無幫助。他致力於陶行知（Tao Xingzhi）的實驗性師範
教育計畫，並同樣轉往農村重建。這些計畫於一九三一年至一九三七年
間，在山東的鄒平縣（Zouping）最為廣泛地被推行。梁漱溟創辦了山
東農村重建機構，並以此訓練他認為的新風格農村行政官員和管理者。
James Yen 於一九二〇年代中期，於河北定縣推廣大規模的教育改革
（Pepper, 1996, 頁 103-105）。一九三〇年代早期，國民黨也嘗試於江西
進行農村改造，並納入教育的成分。薛普德（George Sheperd）由於在
中國參與和協助許多教會與基督教大學的事務，也在江西的黎川縣進行
教育改革實驗（Pepper. 1996, 頁 123-124）。由於日本於一九三〇年代侵
略許多中國的沿海省分，所有這些教育改革都為時短暫。

結盟，其目標是打倒北方軍閥並建立國家政府。中國共產黨的幹部在數個訓練活動中加入中國共產黨組織，其中最為緊急的是在黃埔軍校培訓新軍隊一事。從一九二四年七月至一九二六年九月，中國國民黨的宣傳部和農民運動訓練組織（Peasant Movement Training Institution）合而為一，後者成立的目標是為了第一聯合陣線（First United Front）來訓練農村組織者。彭湃（Peng Pai）、陸一元（Lu Yiyuan）、阮嘯仙（Ruan Xiaoxian）、Tend Zitang 和毛澤東這些共產黨員都擔任主管，而許多共產黨員則擔任講師（Han,1987,頁 52-53）。一九二六年，毛澤東率領了一支田野研究團隊從農民組織到海豐，目的是觀察彭湃的農村活動，彭湃是一名由日本返回中國的學生，他也是中國共產黨農民動員的領袖。海陸豐蘇維埃（譯註：Hai Feng，海豐；Lu Feng，陸豐）有其本身的教育系統，其中包括政黨學校，以及共產黨青年軍和先驅組織（Cleverley,1985,頁 92）。在出版於一九二七年的前瞻性文章〈湖南農民運動之觀察〉中，毛澤東承認自己忠誠度的轉變，也就是由原本對農村現代教育的支持，轉而支持農民能夠接受的鄉村學校（Cleverley, 1985,頁 93-94）。

　　無論是在黃埔軍校或是農民運動組織中，共產黨員，包括毛澤東本人都積極地招募並灌輸學生馬克思的意識型態和中國共產黨的信仰。在我們所知的所有例子中，中國國民黨建立來訓練其本身幹部的制度化組織，都有效地被共產黨員所滲透，並貫徹其目標。至一九二九年，中國國民黨了解到中國共產黨是如何徹底的滲透至制度化組織以及其他政府和軍事單位，於是它發起了「清黨」運動，以驅逐共產黨員，並消除他們對於中國國民黨的影響。

由於無法繼續執行他們的滲透策略，共產黨員沒有選擇，只能開始建立他們自己的制度化組織。中國共產黨首先試著在江西蘇維埃引進社會主義教育，執行期間為一九二九年至一九三四年。隨著其演進，江西的教育系統是以列寧的初級教育為基礎，在每個鎮區都有一所中等學校，並在瑞金設立一所列寧師範學校進行教師培訓。這些學校的課程均開放給成人，學校的教科書中包括社會主義的內容，保證教授技術能力，並完整地運用青年先鋒隊（Youth Vanguard）、童軍團和社會教育工會的資源（Cleverley, 1985, 頁 95-96）。當共產黨員投入緊急的戰役以對抗中國國民黨反覆地嘗試圍剿和清除共產黨在江西的據點時，江西的學校發揮低層次的效用。學生的出席並不規律，學校建築和設備並不完善，且通常被強制徵收以滿足戰爭目標，書桌則被搬走來當作空襲時掩蔽的工具（Cleverley, 1985, 頁 97）。

最後，在一九三四年的秋天，約有七萬五千至十萬名的共產黨員突破了中國國民黨於江西的封鎖，並展開外移，此即是後來外界所熟知的長征（Long March，譯註：毛澤東率領大約10萬中國共產黨人進行的一次長途行軍，

全程在 8000 公里以上。行軍從被國民黨政府軍所包圍的
江西蘇維埃出發,最後到達陝北。長征於 193 4 年 10 月開
始,爲時約一年)。在歷時一年並前進六千英里後,有一小
群成員（不超過兩萬人）抵達了西北（Pepper,1996,頁
127-128）。一九三七年初,延安成爲陝西－甘肅－寧夏（陝
甘寧）此一邊界區的首都。對毛澤東及其共黨同志而言,
一項重要的任務是創造學校體系,好讓共產黨的政治與軍
事幹部能夠被快速地訓練和培育。過去在湖南,曾擔任毛
澤東老師的徐特立（Xu Teli）,最早開始領導邊界區的教
育部門。隨後是由來自上海的另一位文化傑出人才周陽
（Zhou Yang）接棒該部門的領導工作（Pepper,1996,頁
130）。當中國國民黨必須投入戰爭已對抗日本的侵略時,
中國共產黨才獲得喘息的空間,並和國民黨達成協議,共
同建立一個聯合陣線以抵禦日本,毛澤東和其他人緊急爲
中國共產黨成員和「聯合陣線」的青年組織了許多較高層
級的制度,以塡補和擴充政治和軍事幹部與管理者過去所
損耗的位置。

　　中國共產黨的學校包含中央研究機構,該組織訓練
「理論型」幹部;中央黨部學校,負責在高等與中等學術
層級訓練高年級和中學幹部;而軍事學校則訓練高年級和
中學的軍事幹部。最廣爲人知的聯合陣線學校是中國人民
抗日軍事政治大學（Zhongguo renmin kangri zhunshi

zhengzhi daxue），或康大（Kangda）[53]。

　　根據「康大的教育方法」一文（武漢的社會動員，1939,p.81-97,p.333-348），康大「是一所爲抗日聯合陣線所成立的學校，且絕不屬於任何政黨或派系。入學資格並未侷限於任何反日政黨的成員，或規定任何社會階級，同時也沒有人會因爲種族、宗教、信條、性別或職業而被排除。該學校成立的目標與宗旨，是希望透過培育出抗日戰爭的初級與中級軍事和政治幹部，以填補國家抗戰所需。」（武漢的動員社會,1939,p.81）。其基礎爲「康大本身的教育政策：政治（組織國家聯合陣線以對抗日本）、軍事（抵禦戰爭）和精神（革命傳統）」（p.81）。

　　延安大學（延大）創立於一九四一年，結合了大多數秉持相同目標的聯合陣線機構，遵行群眾路線的原則和實踐作法。它在一九四四年重新整頓爲綜合制中學。毛澤東於五月開學典禮中的演說，強調這主要是一所學習政治、經濟和文化的大學，而學子們必須學著如何將這些科目用以服務邊界區。這顯然是一種傳承，至少在精神上而言，沿襲了毛澤東過去自學大學的目標（Pepper,1996,p.152）。

　　在延安大學，開始推動有關邊界管理的教育訓練，其中有專門化的兩年學程涵蓋初級與中級的學校教育；社會

---

[53] 其他同時開放給幹部和非幹部的學校包括藝術和文學的魯迅大學、自然科學大學、中國醫學專科學校和國家少數民族學院（Pepper,1996,頁150-151）。

教育；教學材料的觀察；今日中國的教育思維（Pepper，1996,p.103）。學生也修習有關中國革命歷史、邊界區重建、革命哲學和當前事務的課程。

這些學校實施所謂的模範社會主義教育十原則：正確的目標、穩固的領導、良好的學校精神、政治教育、理論和實作的整合、簡化的內容、縮短的學校教育、生活指導、革命心性的教師和自立更生（Cleverly,1985,p.103）。實際上，這些課程通常約耗時六個月，讓學生由政治或軍事策略兩者擇一（Cleverly,1985,頁 102），且有時甚至在他們畢業前，並迅速地被指派下鄉（Pepper,1996,p.151）。

就實際層面觀之，這些制度化組織肩負數種任務。首先，他們為邊界區，也就是由中國共產黨所控制的區域，培植負責生產、勞動和軍事武力的青年。其次，他們也推廣抗日力量的聯合陣線。表面上，這可以被解釋為中國共產黨願意和中國國民黨並肩作戰抵禦日本。但實際上，這是向所有願意和中國共產黨合作的人們張開雙臂，這甚至還包括過去或當時與中國國民黨合作或自稱為無黨派的成員。這樣的策略有效地磨損中國國民黨內部的團結性，並削弱無黨成員和中國國民黨之間的潛在聯盟。

第三，中國共產黨堅持所有的教育單位都必須接受中國共產黨在意識型態與行政上直接的管制。意識型態，誠如毛澤東所宣稱的，是「由中國共產黨所領導的共產主義文化意識型態」以及「新民主的文化」。換言之，「反帝國

主義與反封建制度的群眾文化」可謂是「理論基礎，在此
基礎上，無產階級，透過中國共產黨，領導著文化與教育
工作」（Mao Zedong,1940,1942,1949;Qu,1985,p.1-9）。在行
政管理上，每所學校都是在黨部組織的監督下被指派任
務。一九四一年，在「延安幹部學校的決定下」，很清楚
的是每所學校都必須接受某個中央共黨單位的監督；舉例
而言，延大是接受中國共產黨文化委員會的監督。宣傳部
則負責將每所學校納入規劃和觀察，並統一管理其課程、
教師、教材和預算（Qu,1985,p.7）。

　　打著反日和聯合陣線的旗幟，中國共產黨積極地在中
國各地招募青年加入它的學校。一九三八年五月至八月
間，共有兩千兩百八十八名青年加入（Qu,1985,p.17-18）。
儘管一九四〇年代早期對於邊界區而言是最為艱困的時
期，且教育過程雜亂，但這些學校訓練了數以萬計的革命
幹部。一九三七年至一九四六年間，光是康大便有約二十
萬名政治與軍事人才，從各地的校園畢業。截至一九四五
年第二次世界大戰結束時，共產黨不只補足其損失的幹
部，同時更值得留意的是，它也建立了他們本身的制度化
組織，有效地培植數以萬計死忠的幹部，這些幹部是組織
軍隊、農民、知識份子與都市貧民時重要的骨幹。延安和
邊界區各地的制度化組織必須共享在四年內擊潰中國國

民黨的榮光[54]。

小結

我們可以總結出理論的架構與輪廓,也就是認為制度與網絡作為資本建立的基礎,將導致社會的維持和轉型。此理論將先作數個定義。所謂制度範疇,是個體和組織行動者在此間將有意識地留意到制度脈絡所界定的規則,並在他們的行動和互動中遵循或制訂這些規則。組織-社會制度同形,所指的也就是在同一制度範疇中的組織,都依據主流制度所規範之規則來行動與交易。同樣地,組織-網絡的制度同形,則促進與強化既存主流制度。所謂制度化組織係指處置(processes)個體行動者的組織,其目的是希望灌輸行動者知識與技巧,使其能夠表現與主流制度規範之規則符合的儀式與行為。

此理論也設立數個預設(解釋機制):(1)努力達成組織與社會的同形,是所有制度範疇中組織的普遍趨勢;(2)

---

[54] 相反的,沒有機會或結構以制度化成員的社會運動將泡沫化。一九八九年北京的天安門事件正可以作為社會運動失敗的好例子(Lin,1992b)。儘管該運動的高峰期吸引了數百萬人聚集至天安門廣場,但卻從未有機會教育追隨者。某些參與者認識到建立一所民主大學的需要和目標,但該運動在六月四日被強有力地鎮壓。

組織的等級（或地位）反映出的是它和主流制度同形的程度；(3)觀察組織與社會制度同形的一項指標，是組織召募與留住的行動者所具備之制度資本的程度。

　　根據這些定義和預設，我們可以提出數個論點，並可將其分類為兩種社會功能：社會整合（social integration）與社會變遷（social change）。就社會整合而言，我們可以得到以下幾點假說：

假說一 （個人資源的傳承）：個人（制度和人力）資源可以進行代際間的傳承。也就是說，父母親所具備的個人和社會（制度和人力）資源愈豐富，則子代所具備的個人資源愈多。

假說二 （社會資源的累積）：個人資源和某人所接觸之社會連帶與社會網絡的異質性和豐富性（接觸到層峰）之間，維持正相關。

假說三 （將資源轉換為資本）：個人資源（同時包括人力和制度）與社會資源和是否被制度化組織納入處置過程的可能性，維持正相關。制度化的證明反映出人力與制度資本。

假說四 （勞動市場中的資本流動）：制度資本（包括社會資本）以及人力資本，和是否被較高層級的組織召募與挽留有正相關。

　　而就社會變遷而言，我們可以得出以下幾點假說：

假設五 （非主流制度的網絡化）：和非主流制度價值維持同質關係的網絡，對於團體凝聚力和認同發揮正面效果（誠如反映於資源的聚集與共享）。

假說六 （在制度化組織中建立非主流計畫）：社會網絡為非主流制度所聚集資源的多寡，和在制度化組織中建立非主流計畫的成功性高低與努力程度存在正相關。

假說七 （組織所接納之非主流制度資本）：非主流計畫及其所影響之行動者的範圍，將與較高階組織所招募與留住之行動者所具備的非主流制度資本維持正相關。

假說八 （制度轉型）：非主流制度資本受制度化組織和其他組織影響的程度，和非主流制度整合入主流制度（或主流制度被非主流制度取代）之間，維持正相關。

結論評析

在本章中，制度和網絡被視為社會的兩項基本要素；他們提供社會中資本流動的基本規則。架構及其要素讓我們得以整合數個現有和潛在的理論／假說。舉例來說，人力資本理論（human capital theory）和制度資本理論（institutional capital theory），所反映的是藉由制度化組織至各組織，來連結行動者的過程。社會資本理論也就是在社會網絡至不同組織連結行動者的過程被挖掘。社會運動

（例：資源動員理論），則可以由透過社會網絡至制度化
組織與組織及制度本身來串連行動者的過程來加以理解。

　　此概念結構最終的貢獻在於它能夠突顯出兩股重要
的社會力量，也就是制度和網絡，如何能夠提供在經濟和
其他市場中行動和交換的基礎。這些力量有助於解釋社會
如何在交易成本總是正向與不平均的情況下，維持穩定。
組織和其他個別行動者之所以可以相互協調與交易，是因
爲他們在相同的制度範疇中，透過制度化組織與社會網絡
的中介與程序，共享同樣的規則。同樣的結構（scheme）
也解釋了社會轉型之所以會發生的變動。制度與網絡如何
建立、維持，以及改變行動與交易規則的原則一旦被設
立，則極爲合理的作法是將國家與科技的影響力納入分
析，去檢視利益與行動者如何在這些過程中相互搭配或競
逐。在下一章中，我將探討科技與社會資本之間的密切關
係。

第 12 章
網際網絡與地球村：
社會資本的興起

　　晚近社會資本研究中的一項爭論是由普特南
（Putnam）所提出（1993,1995a,1995b）：過去三十至四十
年間，美國的社會資本是否已出現衰退。普特南認為社會資本
與政治參與間應存在著正向關係，而他計算社會資本
的方式，則是以參與社會協會或第二級／第三級協會的參
與程度（participation rates），諸如家長教師聯誼會、紅十
字會、工會、隸屬教堂之團體、運動團體和保齡球俱樂部。
政治參與的指標則包括投票、寫信給國會、參與政治集會
和政治聚會等。普特南觀察到過去三十年左右，美國的兩
種參與程度都有所衰退。這樣的發現使他做出社會資本或
公民參與已經衰退的結論，而他認為這可能導因於民主和
政治參與的倒退。此外，普特南也指出罪魁禍首可能是觀
看電視的盛行。隨著電視機的普遍化，美國比較年輕的世
代不再對於公民組織的參與感到興趣。實際上，他指出，
即使當他們去打保齡球，他們也是以單獨個體的身份打保

齡球，而不是以團體或聯盟的形式。

　　普特南的理論和研究已經遭逢多種理論與方法論觀
點的挑戰。這些挑戰基本上是由兩種立場來質疑普特南的
研究。首先，普特南以錯誤的方式估算社會資本。舉例來
說，有論者指出普特南在分析普遍社會調查（General
Social Survey）的數據時有所謬誤（Greeley,1997a）；他應
該援引「投入志願性工作的時間長短」（Greeley, 1997b,
1997c;Newton,1997）而非只是在特殊組織的會員身份；
普特南將特定組織類型排除在外（尤其是在當代美國興起
的各種組織〔Schudson,1996;Greeley,1997a,1997b,1997c;Minkoff,
1997;Newton,1997〕）；且在某組織擁有會員身份，並不能等
同為某人具有公民觀念（civic-mindedness）或公民活力
（Schudson, 1996）。其次，假設普特南對於社會資本的計
量是可接受的，他也找錯始作俑者；其他因素要比觀看電
視來得更加重要（Schudson,1996;Skocpol,1996）[55]。

　　社會資本究竟是正在興起或面臨衰退，大抵端視它是
被如何定義和測量（Greeley,1997b; Portes,1998; Lin,

---

[55] 有大量的文獻批評普特南選擇錯誤的依變項（如：良好政府的重要
性;Skocpol,1996; 政治組織的重要性;Valelly,1996;國家社群的重要
性:Brinkley,1996; 政治參與不平等的重要性;Verba,Schlozman 和
Brady,1995,1997;國家菁英的重要性:Heying,1997;政治制度的重要
性:Berman,1997;制度性動機的重要性:Kenworthy,1997;文化的重要
性:Wood,1997）。本文並未直接指涉與社會資本相關的主題。

1999a）。此外，其重要性也仰賴於研究分析所選擇的後果為何。當研究者以多元概念，像是會員身份（memberships）、規範（norms）和信任（trust）來測量社會資本時，便可能發生因為相同事物的多元指標（網絡、信任和規範全都可用來測量社會資本）而導致因果命題混淆（例：究竟是網絡促進了信任，或是恰好相反）的危險。當它同時適用於集體（collectivity）和個體（individuals）之際，也可能發生區位謬誤（ecological fallacy）的情況（例：由某層次所推演出的結論，被假設為適用於另一者）。

依據本書所提出的理論，我認為社會資本應被視為社會網絡中的鑲嵌性資源（embedded resources）來加以測量。此一定義能夠確保測量與最初理論認知的一致性（Bourdieu, Coleman, Lin）。這也要求並允許鉅觀現象的過程和機制被加以檢視，藉此社會資本，由於其定義和測量方式，在社群或社會層次中，被投資和動員以達成特定目標。由此觀點出發，由於目前所完成的研究，均未清楚地採用社會資本係反映於社會網絡中鑲嵌資源的投資與動員這樣的意涵，於是，有關於美國或任何其他社會中的社會資本究竟衰退或興起的相關辯論，仍有待證明和證實。協會的會員身份或社會信任，是否可以或無法成為社會資本恰當的替代性測量；在任何有意義的辯論展開前，它們和社會資本間的連結或關係必須被清楚地釐清。

　　藉由將社會資本的定義與測量聚焦在網絡的鑲嵌性
資源，我將於本章中提出，有鮮明的證據可以證明社會資
本在過去十年間正逐漸提升——以虛擬空間網絡的形式
（Lin,1999a）。此外，此一興盛的趨勢更帶來超越社群或
國家界線的後果。在此發展出的假設有二：(1)以網際網
絡（cybernetworks）形式呈現的社會資本，顯然在世界許
多地方興起，且(2)網際網絡的興起超越了國家或地方社
群的界線，也因此，其後果（同時包括正面與負面）必須
在全球的脈絡中被討論。我將從網際網絡興起的廣泛研
究，以及它們所提供之凌駕時間與空間的社會資本開始談
起。

網際網絡與網際網絡：社會資本的興起

　　網際網絡被界定為虛擬空間，尤其是網際網絡中的社
會網絡[56]。這些網絡是由個體和個體的團體——透過電子
郵件、聊天室、新聞群組和家族 （Jones,1997b;Smith 和
Kollock, 1999）——以及藉由非正式和正式（例：經濟、
政治、宗教、媒體）組織以交換爲目的，包括資源交易和
關係強化所建構而成。從一九九〇年代早期開始，網際網

---

[56]　此節中的部分內容是擷取自 Lin（1999a）。

絡已經成為全球主要的溝通管道;對於網際網絡範圍與領域的概論對於我們的討論將很有幫助。

　　從一九七〇年代晚期與一九八〇年代早期起,在全球各地,個人電腦的使用已深入工作場所與家庭。在北美、歐洲和東亞各國,個人電腦的出現和普遍性已超越許多其他的傳播工具。根據經濟分析局局長藍德菲爾德(Steven Landefeld)的分析,一九九七年,美國消費者所購買的電腦數量已超越汽車(USA Today,1999 年 3 月 17 日)。而根據英特爾架構商業公司(Intel Architecture Business Group)的奧堤里尼(Paul Otellini)的估計,二〇〇〇年,全球電腦的銷售已超越電視的銷售量(Intel Developer Forum,1999 年 2 月 25 日)。實際上,一九九八年,在澳洲、加拿大、丹麥和韓國,電腦的銷售量早已超越電視組。一九九年,有百分之五十的美國家庭擁有電腦,並有百分之三十三的家庭上網(Metcalfe,1999)。

　　電子商務已經成為大事業(Irving,1995,1998,1999)。一九九八年,網路購物的訂單總量高達美金一百三十億(平均單筆的購買金額約為美金五十五元),且至一九九年則預計將達到三百至四百億(如電腦**雜誌**(Pc Magazine)中引述波士頓顧問公司(Boston Consulting Group)的說法,1999 年,p.9)。最大幅的成長預計將集中於旅遊(一九九年將較一九九八年成長百分之八十八)、電腦硬體(百分之四十六)、書籍(百分之七十五)、雜貨

（百分之一百三十七）、音樂（百分之一百零八）和錄影
帶（百分之一百零九）（根據電腦**雜誌**（Pc Magazine）於
1999 年 3 月 9 日引述 Jupiter Communication 的說法，
p.10）。按照估計，一九九年有兩千四百萬的美國成年人
計畫在網路上購買禮物，這個數字是一九九八年宣稱自己
在網路上購買禮物的七百八十萬人的四倍有餘；一九九
年，網路上的假期購物便超過美金一百三十億 （國際傳
播研究（International Communications Research），引述於
電腦週報（Pc Week），1999 年 3 月 1 日，p.25）。一九九
年間，較諸多數的全球經濟體，網際網路商務的成長速度
約爲三十倍以上，並將達六百八十億（Metcalfe,1999,引
述自 International Data Corp.）。根據推估，至二〇〇二年，
與便利用品項目，如書籍和花卉有關的網路購物將達到三
百二十億，與研究型購買相關的如旅遊和電腦項目將佔五
百六十億，而補充性商品如雜貨類的購買將達到一百九十
億（Forrester Research Inc.,引述於電腦週報（Pc Week），
1999 年 1 月 4 日，p.25）。另一項推測責任爲有百分之四
十的網路使用者將在二〇〇二年成爲網路購買者，並使得
電子商務的交易總額達到四千億美金（International Data
Corporation，

　　引述於 ZDNet Radar，Jesse Berst，〈明日科技〉
（Technology of Tomorrow），1999 年 1 月 6 日）。一九九
八年上半年度，每五筆零散的股票交易便有一筆發生於網

路。如今，按照估計有四百三十萬人使用網路購買股票和基金，而根據推測至二〇〇三年，美國投資市場的網路交易將高達百分之三十三（Wilson，1999，引述於 Piper Jaffray，PC Computing 雜誌，1999 年 3 月份，p.14）。

一九九九年三月十六日，美國商業局廢棄了一個使用六年，但與商業基礎經濟低度相關的產業分類系統（USA Today，1999 年 3 月 17 日，p.A1）。舉例而言，電腦就並未被視爲其中一項產業類型；而是和附加性機械被歸於同類。一項較能充分反應資訊革命所創造之新類型的全新系統被啓用。隨著與那些墨西哥與加拿大等國家貿易的持續成長，此系統也被設計成類似於這些國家所採行的分類方式（USA Today，1999 年 3 月 17 日，p.A1）。除此之外，商業局也開始印刷圖解說明來顯示網路購物對於零售活動的影響，這也可以說是一個國家經濟健全的指標。直到如今，商業局仍將網路購物的金額和登錄的銷售量合併至它整體的零售銷售數量中。將一九九八年與一九九年的網際網路銷售量視爲單獨實體的新數字，將在兩千年年中被公布（Info World，1999 年 2 月 15 日，p.71）。

利用網際網路進行傳播溝通和網路化，可以說是晚進比個人電腦本身的成長更爲驚人的現象。自從提姆伯納李（Tim Berners-Lee）一九八〇年代在歐洲核研究中心（CERN，European Particle Physics Laboratory，位於瑞士日內瓦）超文本技術的發明，以及一九九一年夏天，網際

網路全球資訊網（WWW，World Wide Web）的出現後，
過去十年間，網際網路的成長，簡直可以說是像革命一
般。一九九五年，三百二十萬戶美國家庭中，有一百四十
一萬戶擁有數據機，而至一九九年一月，五百萬戶美國家
庭中，有三百七十七萬戶擁有數據機（USA Today，1999
年 3 月 17 日，p.9D）。以全球而言，一九九七年共有六千
八百七十萬名網路使用者，一九九八年則有九千七百三十
萬名，而根據推估顯示，網路使用者的數量將在兩〇〇一
年超過三億人（World Trade Organization 估計，1998 年 3
月 12 日）。至二〇〇二年，將有三分之二的上網者在一九
九九年早期是不會上網的（Metcalfe，1999，引述於
International Data Corp.）。

　　一九九八年初，美國有超過四千五百萬的電腦使用者
定期會使用網際網路，比較一九九七年第一季與一九九八
年第一季的人數，後者增加了百分之四十三。全美的家庭
有接近百分之四十九擁有至少一台個人電腦（ZD Market
Intelligence，1999，一月）。一九九九年，首度地，大部
分的使用者—百分之五十一——居住在美國以外的地區
（Metcalfe，1999，引述於 International Data Corp.）。中
國網際網路使用者的人數，從一九九七年的六十萬人，至
一九九八年已達到一百五十萬人（Xinhua News Agency，
1999 年 1 月 15 日）。根據報導顯示，一九九九年中國網
際網路的使用者已達到四百萬人。美國網際網路導師尼葛

洛龐帝（Nicholas Negroponte）於一九九九年一月預測，他認為到了西元兩千年，中國網際網路的使用者便會飆升至一千萬人（Reuters，1999 年 1 月 15 日）。

女性網際網路使用者的數量也大幅地增加。一九九六年一月，僅有百分之十八年紀為十八歲或以上的網路使用者為女性；但至一九九九年一月，有百分之五十的使用者為女性（USA Today，1999 年 3 月 17 日，p.9D）。至該年年底，據推測女性將會成為網際網路過半數的使用者（Metcalfe，1999，引述於 International Data Corp.）。一九九七年，傳送電子郵件的數目首度超越透過郵局所寄送的信件。

絲毫無須感到訝異的是，個人電腦的專家業已宣告，網際網路正在改變一切。《電腦雜誌》的總編米勒（Michael J. Miller）於一九九九年二月指出，網際網路改變「人們溝通、獲得訊息、娛樂自身和經營事業的方式」（PC Magazine，1999 年 2 月 14 日，p.4）。一九九九年一月，索默生（Paul Somerson）也在《電腦運算》雜誌中提到相同的情形。我們很難去實際估算出究竟目前已成立或者未來將會成立的討論群組、論壇和多元類型家族的精確數字。虛擬空間和網際網絡的成長，究竟對於社會網絡和社會資本的研究帶來哪些啟發呢？簡要的答案是：難以置信的。

當觀察網際網絡戲劇性地成長時，我們將萌生一個根本性地疑問：網際網絡是否蘊含著社會資本？假使答案是肯定的，那麼我們則得到強硬的證據去支持最近認為社會資本面臨衰退的論點並不正確，或者我們也可以說這樣的衰退已被遏阻。我認為實際上，就如同虛擬網路所呈現的，我們正目睹**社會資本的革命性提升**。事實上，我們正遭逢一個新朝代，在這當中社會資本將迅速地在重要性與效果上超越個人資本。

網際網絡之所以可以提供社會資本，其意義在於它們所蘊含的資源超越了單純資訊的目標。電子商務可以說是重要的例子。許多網站提供免費的資訊，但它們所挾帶的廣告被認為能夠慫恿使用者購買特定的商品或服務。它們也提供動機來刺激使用者採取行動。網際網路也提供交換的管道，以及集體性形成的可能性（Fernback, 1997; Jones, 1997b; Watson, 1997）。這些「虛擬」（virtual）的連結，讓使用者得以超越時間與空間的限制而與他人相互聯繫。同步利用互動的工具取得資訊，使得網際網絡不只擁有豐富的社會資本，對於那些在生產與消費市場均採取目的性行動的參與者而言都是重要的投資。

與此相關的論辯是網際網絡的全球化究竟是否代表著世界體系的複製，在此間核心國家或行動者持續支配，且實際上透過將邊陲國家／行動者融入由自身所主宰的全球經濟體系中，以達成「殖民化」的目標（Brecher 與 Costello, 1998; Browne 和 Fishwick, 1998; Sassen 和 Appiah,

1998）。這種論述所援引的證據在於國際組織、國際企業和國際經濟模式，像是商品鍊（commodity chains），都是由統治性國家的企業或這些國家本身的價值、文化和權威所主導。有許多人開始關切世界各地連結至虛擬空間逐漸增加的不平等性。當富裕國家與行動者在網際空間中取得獲取資本更多的機會之際，貧困的國家與行動者則更嚴重地被拒於網際社群之外。

然而，至少對於那些能夠有機會連結至網際空間的人們而言，網際網絡意味著由下而上（bottom-up）的全球化過程成為可能，因為藉此不屬於特定階級行動者所主宰的企業家精神與團體組成也成為可能（Wellman, 1998）。網際網絡是否象徵著一種新的全球化過程（neo-globalization process）？雖然不可否認的是統治國家與行動者仍舊對於控制網際空間的發展野心勃勃，我認為網際網絡代表的是民主、企業家網絡和關係的新朝代，大量的資源在這當中流通，並由許多遵循新規則與新習慣的參與者所共享，而許多都缺乏殖民的意圖或能力。

隨著廉價設備所提升的可得性，以及網路超越空間與時間能力前所未有的增長，我們正面臨全球村形成下，社會網絡的新時代。網際網絡的全球化可謂是兩面刃。比過去任何時候都來得鮮明的是，它藉由是否能接近網際空間中所鑲嵌的資本，來區分有產者與無產者。是否能夠取得電腦、其他設備以及網際網路，仍舊受限於社會（例：缺乏教育與語言能力）、經濟（例：取得電腦並接近傳播設施管道的能力）以及政治（例：對於管道的威權控管）等限制而不公平的分佈。然而，在網際網絡內，人們不再需要或可能去複製中心與邊陲的世界體系，在那樣的情況下，核心的行動者必須與邊陲行動者建立連結與網絡，以維繫他們對於資訊、資源和剩餘價值的支配。取而代之的情況是，相較於人類歷史中的任何時代，如今的資訊更為自由，也能夠被更多個體所取得。同樣也很清晰的是，隨著電腦和傳播成本的降低以及科技超越了傳統權威對於可近性（access）的控制，對於可近性的限制與管制正迅速地消逝。

有堅實的證據顯示，有愈來愈多的個體正參與此一社會網絡與關係的新模式，且無庸置疑的是，這些活動中有很大的一部份都牽涉到社會資本的創造與使用。獲取免費資訊、資料的管道，以及其他行動者正以前所未有的速度，創造出愈來愈多的網絡和社會資本。網絡正逐步拓展，但與此同時也愈趨親密。網絡化超越了時間（無論何時人們都可以隨心所欲的連結）與空間（直接地進入全球各網站，或者在直接管道被拒絕時，進行間接地連結）。隨著這類網絡被建立之際，規則與習慣也正被制訂。各種制度——無論因循著過去的習慣，審慎地脫離過去的習慣，或在參與者同意地條件下被發展——都在這類網絡（例：村落）被建立時一併被創造。

　　假使超越傳統人與人之間的網絡層次，並分析一九九
○年代所興起的網際網絡，便能夠輕易地發現認爲社會資
本正面臨衰退是錯誤的假設。我們正目睹新時代的開展，
在此間社會資本無論在重要性與效果上都遠遠凌駕於個
人資本（personal capital）之上。我們必須累積在此範圍
中的基本資料與資訊，以理解個體花費時間與精力透過網
際網絡與他人的互動，並與耗費時間與精力進行人與人之
間的溝通、其他休閒活動（觀看電視、旅遊、出外用餐、
電影和觀賞戲劇）、參與公民與地方聚會等相互比較。我
們也需要估計透過網際網絡所蒐集到有用資訊的數量，並
與傳統媒體相互比較。

　　在後面的討論中，我將提供近期中國法輪功運動的個
案研究，並以此做爲例子來說明網際網絡如何在社會運動
中提供社會資本，並甚至在極端高壓的制度範疇中維繫集
體行動。這個例子顯示，網際網絡如何有助於超越空間與
時間的社會資本運用，並突顯在一全球脈絡中催生與維繫
社會運動的有效性。而這場運動本身的是非曲直並非此處
關切的焦點。

法輪功：社會資本與社會運動的個案研究

　　法輪功（輪與法的教化），或稱爲法輪大法（法輪的

偉大律則），是李洪志（Li Hongzhi）所創始的一種中國
式冥想和練功技術（Li,1993）。李洪志主張法輪大法係由
佛教所演化而來，並同時透過佛教與道教捕捉了宇宙的真
義，而佛教與道教可謂是世界最高等級的宗教。根據李洪
志的說法，宇宙的律則蘊藏於一轉動的輪子中，且透過修
行，則可被蘊含於修行者的下腹中。此一理法可以透過三
個原理來彰顯：真（真理或真實）、善（同情、仁慈或善
心）和忍（忍耐或自制）。實踐這些原則有助於個體獲得
法輪，並使其常轉。法輪可往兩個方向轉動。當它以順時
針的方向轉動，它便能夠將宇宙的律則以能量的形式帶入
身體；當它以逆時針的方向轉動時，則是將宇宙律則向外
投射以將這些能量與他人分享。並非每個人，實際上很少
有人，能夠達到這類能量最強而有力的境界，但多數人都
能夠學習著使法輪常轉。隨著修練的提升，則有愈多法輪
能夠從根源的法輪被建立於體內之下腹[57]。

---

[57] 李洪志一九五一年出生於中國東北的吉林省。根據李洪志本人所言，他
出生於一九五一年五月十三日（Li,1994,p.333），但政府則表示李洪志將
官方登記卡上原本的日期作了修改，從原本的一九五二年七月七日
（www.peopledaily.com.cn/item/flg/news/072306.html），更改為五月十三
日，其目的是希望使這個日期在陰曆上，湊巧與佛教的創始人釋迦牟尼
（Sakyamuni），或悉達多.瞿曇（Siddhartha Gautama，譯註：釋迦牟尼
的本名）相同，都是四月八日。李洪志曾宣稱最初的紀錄是錯誤的，且
他也沒有興趣成為現代的釋迦牟尼。從一九七〇年至一九七八年間，李
洪志曾任職於軍方育馬場，並在吉林的森林警方單位吹奏喇叭，並曾在

法輪功組織

　　李洪志於一九九二年起在他出生的吉林省長春地區傳布法輪功，隨後則轉往北京與中國各其他城市。他並未

　　由警方單位所營運的飯店中擔任侍者。一九八二年，離開軍隊後，他則服務於長春穀類公司的安全部門（People's Daily,July 22,1999）。一九九一年，他辭去該工作，並開始投入氣功的修習與教學（內在能量的修練，對於中國運動提升內在能量一種普遍與通俗的稱呼）。

　　根據一篇附錄於某本他所撰寫書中的自傳（Li,1994），他四歲至十二歲期間曾追隨一位師父學習律則。他習得了真、善與忍的道理，並在他八歲時達到修練的至高境界，在當時據傳說他可以隱身，並可不費吹灰之力地將生鏽的鐵釘從凍結的水管中拔出，漂浮於地面，並有穿牆的本領。在那之後，他在十二歲時，又遇見另一位大師，並跟隨他學習武術。一九七二年，他遇見第三位師父，教導他修練自己的性靈長達兩年。之後的師父是一位女性，教導他悟得佛教的道理。在這樣的情形下，當他要讓自己提升至更高的層次時，他也繼續遇到新的佛教或道教的師尊。他隨後便開始教育他人。在觀察與學習多種氣功類型後，他決定於一九八四年開始藉由寫作和編輯他的演講來普遍化他的教學內容。經過這樣的過程，神奇地，他的十四位師父全都回來協助與教導他。法輪大法，法輪功於是在一九八九年完成。之後的兩年，李洪志都在觀察他的徒弟們如何遵循這些指導，並將他們自身提升到更高的層次。然而，根據官方的說法（People's Daily,July 22,1999），李洪志在一九八八年之前根本沒有學習過氣功。他和兩位老師學習氣功，並從他造訪泰國時習得的泰拳中融入部分動作。

　　一九九二年，他「奉命離開山」（Li,1993,p.112;1994,p.341），並開始在中國各地進行普遍的訓練和演講。

收取費用，並宣稱所有研討會的收入都被捐贈出來，以推動法輪功。法輪功迅速地傳播，而李洪志的研討會和演講都吸引了眾多觀眾。他在北京創辦了法輪大法研究學會（Falun Dafa Research Society），而他的演講則被集結成數冊出版[58]。經過之後的兩年，一個非正式但卻嚴格的結構便已形成（Li,1996,p.132-133）。該學會的角色是直接聽命於李洪志，並擔任最高的國家協調處。在各個不同的省分、地區和城市中，一般的教學／輔導中心紛紛成立。根據中國官方的說法，截至一九九九年七月共有三十九個這樣的中心（People's Daily,July 30,1999），每個中心都是由李洪志與學會所指派的協調者所領導（Li,1996,p.135）。這些中心，依次地，協調遍佈於城市與村鎮的教學站（teaching stations，根據官方統計有一千九百個站），且在這些教學站之下，則有修練或練功據點（spots）或場所（sites）（根據官方統計有兩萬八千處）。在大部分的情況中，協調者本身必須參與由李洪志本人所帶領的研討會，且沒有其他人有資格指導研習營（Li,1996,p.144）。在每個練功點（exercise site），都有所謂的輔導員和學習者（practitioners，譯註：李洪志通常不稱追隨者為「信徒」，而是使用「學習者」一詞）。學習者定期聚集於各練功點

---

[58] 以一九九九年四月為例，法輪大法的網站便列出十四本書，大部分都是集結李洪志的演講（falundafa.ca/works/eng/mgjf/mgjf4.html）。

修練或練功,並研習李洪志的文章與演講(從錄影帶或錄
音帶)(Li,1996,p.144-145,148)。中心、站和點可以相互
配合(p.150),並掛靠(或密切聯繫)於地方工作單位(1996,
p.152)[59]。然而,他們的領導者不能同時參與其他形式的
修練(例如氣功或能量修練),或其他的團體和協會,而
除了展覽和「體育活動」示範外,修練站與點亦不能參與
其他協會的活動。

　　因此,無論李洪志如何堅稱法輪功或法輪大法並沒有
組織,他已經創造出一個由上而下進行強力與有效率控制
的階層組織。此一組織,立基於社會網絡之上,並遵循單
一領導者與意識型態的指揮,並創辦其本身的制度與制度
化組織(參見第十一章),藉此招募、訓練新的成員,並
將他們放入一個比以往都擴張得迅速的勞動市場。

　　李洪志於一九九五年離開中國,而該學會則在他直接
的領導下,繼續扮演國內統合的角色(Li,1996,
p.169-170)。然而,他強調修練比組織更加重要(p.175),
而領導人與學習者則積極地透過完整地背誦來學習他的
文章與演講(p.105,138,169)。由於李洪志是唯一能夠引
導研討會的人,領導者和學習者便只能一起在各個練功

---

[59] 舉例來說,練功場所可以「借用」工作單位的後院。中心可以藉由行政
　　目標的名義被列為與多種工作單位密切相關,因為志願性或公民團體或
　　協會,甚至專業協會,都並未帶有官方行政地位,且必須「依賴」(正
　　式地密切相關)於工作單位,唯有如此才能獲得政府的認同。

所，或是自行閱讀、重覆和討論他的「經文」（scriptures，
或那些李洪志書中或演講的摘錄）。領導者被禁止自由地
詮釋與延伸李洪志的指導內容（p.171）。因此，李洪志仍
就是此階層化組織唯一的權威。

　　李洪志採取相同的策略來部署與拓展他在全球的組
織。一九九六年，李洪志開始在美國演講。一九九六年十
一月，法輪功第一個國際性「經驗分享」的聚會在中國舉
辦，參加的學習者來自十四個國家和地區。一九九八年，
北美第一個「經驗分享」的聚會在紐約舉行。其他的聚會
則在加拿大、德國、新加坡和瑞士舉行。法輪功就像是野
火般在中國竄燒，尤其是一九九二年後在各個城市的發
展，並拓展至北美、澳洲、亞洲和歐洲。至一九九九年初，
李洪志宣稱全世界已有超過一億的追隨者。某些論者曾預
測中國學習者的數字可能從兩千萬至六千萬人；而中國官
方則估計約為兩百萬人（Reuters, July 25,1999）。

鎮壓與反對運動

　　法輪功的發展，引起中國媒體與政府的關切，首先是
因為法輪功宣稱具有難以置信的治療效果以及超自然力
量，而使得媒體與政府感到讚嘆，之後則是因為其階層組
織；狂熱、團結與恪守紀律的追隨者；以及龐大的普遍性
而使媒體與政府感到擔憂。一九九六年六月，中國最大報

之一的光明日報開始批判法輪功,此舉引起學習者的強烈反彈。這些反彈進一步讓政府有所警惕。同年,政府取締五本法輪功的書籍。一九九七年,安全局以法輪功可能涉及非法宗教活動為由,對其進行觀察,但卻並未做出任何結論。一九九八年七月,安全局認定法輪功為邪惡的宗教教派,並對其進行觀察。民政部(Ministry of Civil Affairs)也開始著手調查。學習者們則激昂地藉由靜坐抗議於各個官方據點與建築外加以回應。修練繼續在許多練功站興盛發展,李洪志的文章與演講也很容易地透過印刷,或者在錄影或錄音帶中取得。實際上,有愈來愈多中國和海外的企業,在李洪志及其研究學會並不知情或未同意的情況下,製作與法輪功有關的出版品與文獻。

最終的對抗始於賀卓秀(音譯)所撰寫的文章被刊登於《青少年科技期刊》(Science and Technology Review for Youth),這是每月由南京師範大學出版的刊物,賀卓秀是一名科學家,也是中國科學院的成員。在該篇文章中(issue 4, 1999),他挑戰了法輪功所宣稱的科學基礎,並提出警告認為若青少年加以修練可能會造成傷害。這篇文章立即引起了南京法輪功支持者的反彈,他們造訪了出版部,並要求撤回該篇文章以及公開道歉。從四月二十日開始,法輪功的學習者們開始靜坐抗議示威。四月二十二日該活動聚集了三千人,至四月二十三日則有六千三百人加入(People's Daily, July 23, 1999)。由於未能獲得出版者讓人

的滿意回覆,南京的修練者們決意吸引北京的國家政府和
中國共產黨的注意。

　　四月二十四日晚間,學習者開始聚集於中南海,該宅
院位於北京中心,居住了重要的政府與中國共產黨領導人
以及他們的家人。四月二十五日,有超過一萬名來自不同
省分與城市[60]的的法輪功學習者聚集在中南海[61]。他們在
宅院外進行沈默的靜坐抗議,要求與黨的領導人會面,以
呈交他們的訴求,並爭取官方對於他們活動的認同。兩名
代表與中央委員會的政治與司法委員會書記羅幹會面,朱
鎔基也參與對話,但並未達成任何協議。在警力強硬的驅
散下,他們最後在晚間九點後潰散。

　　這個事件對於中國共產黨的領導者們造成衝擊,因爲
這或許是自從一九四九年共產黨取得國家控制權後,頭一
遭讓黨和政府無法在非法聚集前獲得任何消息以評估聚
集人數的數量。此外,這樣的集會還發生在中南海,這個
控制的中樞神經。中國共產黨不只將此視爲情報工作的失
敗,也感受到對其權威的強大威脅,以及迅速地轉變爲行

---

[60] 根據官方的統計(People's Daily, August 4, 1999),這些示威者來自河北、
遼寧、北京、南京、山東、黑龍江、安徽以及其他地點。

[61] 官方統計認為抗議者的數量超過一萬人。其他親眼目睹該場運動者認為
約有兩萬至三萬名的抗議者。我們很難將旁觀者與參與者相互區分,而
警方最後也以交通封鎖的方式來區隔該區域,以防堵其他學習者陸續加
入。

動。江澤民公開地發佈命令，對於該事件進行即刻地調查。隨之而來是對於情治單位徹底地檢驗，而針對法輪功所發動的全國調查也在急促與果決的情況下施行。理解了法輪功的學習者已滲透至許多黨部與政府的官僚組織、政府機關與制度；法輪功修練者的數量極為可觀（某些論者估計在中國該數字約為六千萬人——這個數字和中國共產黨的黨員人數相同，而法輪功與李洪志所公布的修習者人數超過一億人，大多數居住於中國）；以及法輪功完善的組織化，嚴格的規訓，以及快速的動員力，共產黨的領導人認為這對於核心的政治意識型態、黨組織，以及對於黨在所有生活領域中的絕對權力都是一項嚴重的威脅（Central Committee Circular 19,July 19,1999）。有效的統合組織、大規模的參與以及集體的凝聚力，讓中國共產黨的領導者相信，法輪功對於黨所掌控的思想體系與組織構成嚴重的威脅。同樣讓人訝異的是，在共產黨最為敏感的機關和工作單位內，都有許多法輪功的學習者。

　　共產黨於七月十九日宣布法輪功為不合法，旋即開始在中國各地逮捕協調者和重要的訓練員，徹底搜索他們的住家，沒收與銷毀書籍和相關文獻，並展開重要的重新教育活動，以根除法輪功在黨部和政府中的影響力。此活動共有三個階段：提升學習，或重新灌輸馬克思意識型態；教育性的轉變，或說服那些參與法輪功者認識與承認罪行（修練法輪功）；以及組織性治療，或清除法輪功在工作

單位和區域的所有影響。所有的政黨機器,包括調查與懲
戒單位,宣傳,聯合陣線,共產黨青年團,以及聯合女性
的團體都紛紛動員,去揭露李洪志與法輪功的活動與企
圖,且去控制所有的情況,來達成「提早發現、提早報告、
提早控制,以提早解決」,並「捍衛社會與政治的穩定」
(Central Committee Circular,July 19,1999)。在後來的一
個月中,持續和竭盡全力的氣力都被來消除法輪功在中國
的影響[62]。

網際網絡和法輪功

由我們的觀點看來,吸引人的地方在於這些事件提供
了鮮明與有力的證據,也就是在歷史中首度,網際網絡如
何在重大的社會運動和對抗手段中被運用。此外,最有趣
之處在於,但或許並非最令人訝異的,這一切都是在一個
由單一政黨和意識型態所嚴密與強力政治控管的社會中
上演:中國。

一九九五年,李洪志甫離開中國時,法輪功便建立了
網際網路系統(falundafa.ca;falundafa.org;falundafa.com),
好讓目前居住於美國的李洪志和其遍布於世界各地(包括

---

[62] 黨部宣稱將法輪功視為一種氣功修習加以修練並無不妥。但實際上,所
有公開的法輪功修練都被驅散且視為非法。

中國）之追隨者間，能夠藉此建立直接的溝通和互動。此網站，取名為明會（粗略地說，「清楚的理解」），設有電子郵件系統作為輔助。這些系統是由各層級組織有效率地加以維繫（從研究學會和一般的輔導中心開始，一路到許多練功站和個別的學習者）。共計有超過四十個以上的連結網站在不同的國家，其中包括美國、加拿大、澳洲、瑞典、德國、俄國、新加坡和台灣。我們並不清楚究竟中國有多少個人電腦連結至這些網站，但無庸置疑的是必然有龐大數量的連結。有許多證據支持這樣的論點。李洪志的網站最初被認定為法輪大法研究學會的海外協調處。至一九九七年，透過這些網絡所進行的交換是如此的繁盛，乃至於該單位必須發表一篇聲明以掌控局面。這篇發表於一九九七年六月十五日的聲明，提出警告指出網際網絡過去被用來偷渡其他宗教意識型態或**氣功**（內在能量的修練，在中國普遍的運動）的內容；並被穿插未經李洪志與研究學會認可的文獻，包括個人的詮釋以及產品的銷售；甚至包含非法的內容。這篇聲明提醒所有使用者，任何文章、對話記錄，或並未包含於李洪志公開演講或出版品中的通信，都不應該被含納在網際網路中，而透過網際網路所寄送的內容，都必須經由在各國與各地區的輔導中心協調者所檢查。它要求所有使用者，透過電子郵件向海外協調處回報違背這些規則的行為

（www.falundafa.org/fldbb/gg970615.htm）。

一九九七年八月五日，海外單位的網站
（www.falundafa.org）正式與中國法輪大法研究學會的網
站合併，且對海外的學習者發佈一份網際網路的聲明，以
突顯其所舉辦各種的聚會，以各種語言，來提高大法在全
世界各媒體的發言權；也挑選和包容白種學習者擔任訓練
者，並以此協助白種學習者的參與；也藉由翻譯與網際網
路來傳播李洪志的出版品；也成立中國的訪問團體組織，
以學習與修練大法（www.falundafa.org/fldfbb/tz970805.htm）。
一九九八年八月八日，研究學會針對各國的法輪研究協會
與輔導中心發行了網際網路訊息，其中提及法輪功的網際
網絡已建立完備，或幾乎已完成，世界各地所有輔導中心
之間完整與廣泛的連結業已建立，其中包括那些中國的輔
導中心。在這份公告（www.falundafa.org/fldfbb/setup
c.htm）內，該學會表達對於使用網際網路來傳播李洪志
真言（至包括他本身的出版品以及公開對外發表的作
品），以及在世界各地協會與輔導中心所舉辦活動的滿意
之情。然而，由於個人電子郵件地址的大量增加，該學會
發現有許多非關大法與非關宗教的訊息、非經證實的李洪
志言論，甚至包括打著各種協會或研究學會名義所發佈的
不實訊息都被傳播著。因此，學會宣布要設立一個電子布
告欄來公布李洪志的教導以及研究學會的公告，該處的內
容可以被複製與轉寄。其他個別性的內容將從所有網站被
修訂或刪除。所有「不相干」的網站都將透過布告欄被公

布和指正（www.falundafa.ca/fldfbb）。

因此，一九九八年的夏天，研究學會與李洪志建立了廣泛的網際網絡來連結所有或大多數的輔導中心，以及許多個別的學習者，並運用控制權來管制流通內容。此一網際網絡在一九九九年四月二十五日，動員許多省分與城市的學習者聚集至北京與中南海的事件中，扮演角色的關鍵程度為何，至今仍不明。事實是中國共產黨和政府的情治機器，儘管深刻地滲透至中國社會的每一個角落，卻無法事先知悉數千名學習者所參與的運動，其中甚至很多人搭乘火車與巴士參與集會，這意味著網際網絡可直接連結，並取得來自研究學會（如今在美國運作）、輔導學會間、練功站與個別網際網路使用者的消息，這都可能在散佈有關即將到來的靜坐示威活動扮演關鍵的角色。

這樣的懷疑，部分是由李洪志本人來加以證實。一九九九年五月二日，在一場在澳洲與中國和國外媒體進行的訪談中，李洪志被詢問到他如何與世界各地十億名的學習者保持聯繫。他回答道：「並沒有任何直接的管道，這就好像當你發現這兒將舉辦一場研討會，我也會發覺。我為什麼會說我們都知道任何地方正在發生的事情呢？每個人都知道網際網路；這玩意能夠非常便捷的通往全世界。無論在何地舉辦了聚會，它都會在網際網路上出現，於是世界各地許多地區很快地便能知道這個消息，而我也是。我的確並沒有和他們有任何交流，甚至連電話都沒有」

（www.falundafa.org/fldfbb/tomedia/tochinesemedia.html）。當
記者問李洪志，假使真如李洪志所宣稱，他們並未被組
織，那麼學習者們如何獲知要在四月二十五日前往中南海
的問題，他答覆：「你們都知道網際網路；他們都是在網
際網路上頭知道這個消息。同樣地，不同地區的學習者若
是朋友，便會將此消息傳送給其他人」
（www.falundafa.org/fldfbb/tomedia/toenglishmedia.html）。或
許在法律的觀點看來，拒絕承認成立任何組織的說法並沒
有問題（法輪大法研究學會並未向民政局登記），但可確
知的是有許多證據都顯示該學會、輔導中心和練功站，形
成了一個階層化結構，並藉此讓資訊流通並行使權威。因
此，我們並不認同李洪志的回應爲真。但真實的情況仍舊
是，網際網路受到高度重視，並該組織用來散播任何它所
認同的消息，而李洪志的發言也並未否認網絡在動員的過
程中發揮作用。

在四月二十五日的事件過後，再加上來自黨部和政府
強硬與惡劣的回應，明會網站與個別使用者之間網際網路
的使用變得更爲頻繁與廣泛。爲了協助資訊的流通，明會
網站建立了一個檔案，取名爲新聞與報導（News and
Reports），以透過網際網路攜帶來自中國的訊息。一九九
九年六月，該檔案（www.falundafa.org/china）包含了一
百五十六個訊息（全部只有十四個訊息未標示出清楚的日
期），且至少有一半的訊息可辨識出最初發佈於中國內

部。被辨識出的地點包括北京、天津、上海、山東、南昌、濰坊、青島（山東）、河北、本溪、臨沂（山東）、瀋陽、大連、齊齊哈爾、深圳、廣州、秦凰島（Qinghungdao）、大慶、福州、通化、鄭州、江蘇、杭州、福建、太原、威海、江蘇啓東、武漢、哈爾賓、湖北（浠水）、長沙和其他地區。

　　當政府關閉了數個中國提供免費與付費電子郵件服務的網際網路網站時，網際網路的廣泛使用再度被證實。舉例來說，263.com 網站於七月二十二日關閉了超過一百萬個免費的電子郵件地址數日，而當它再度啓用時，該服務已被大幅的縮減與監視。

　　與此同時，網際網路也被共產黨與政府廣泛地用來攻擊李洪志與法輪功。大量質疑李洪志文章（例如：有關他僞造的出生日期、他逃稅的行爲、他所曾經從事的低賤工作、他所受的短暫氣功教育，以及他與美國中央情報局間可能存在的關係），都在網站上被撰寫和傳送（例如：人民日報（People's Daily）、新華日報和許多其他連結至中國政府與媒體的網站連結）。其他的報導則提供個人與目擊者有關受到法輪功欺騙的說詞。報導中均呈現法輪功學習者，尤其是那些共產黨成員與幹部，所做的自白以及宣告放棄法輪功的內容。最後，在一九九九年的七月二十九日，一個由人民日報所架設的新網站（www.ppflg.china.com.cn）成立，其主要目標是「揭露法輪功的面紗，謀求人民的健康與生活」。它包含的專欄包括「報導與評論、調查和分析、來自人民的評語、悲慘的故事、精選的信件、相關網站，以及來自造訪者的訊息」。

也有報導指出許多法輪功網站遭到駭客入侵（AP，July 31，1999），且至少有一個嘗試入侵者的來源顯示爲來自北京的中國國家警察署。麥克威（Bob Mcwee）是法輪功的學習者，並負責管理法輪功美國（falunusa.net）網站，他發現嘗試入侵他電腦駭客的網際網路位置，以及兩個北京的電話號碼。當協會報刊（Association Press）撥打這些電話時，接電話者證明他們屬於公共安全局。該局的接線生表示他們隸屬於網際網路監控局。

顯然地，這是歷史上頭一遭，運動與反運動都出現於網際空間，並引發鮮明的戲劇化效應。

討論

法輪功的事件，可以用來作爲鮮明的例子，來說明當代社會網絡與資本如何提供機制與過程，好讓非主流的意識型態，挑戰主流意識型態與制度（見第十一章），並被制度化。法輪功事件被認爲是一九八九年天安門事件後，對於中國共產黨最爲嚴重的挑戰（Lin,1992b）。然而，這兩場社會運動間存在顯著的差異。法輪功涉及更爲廣泛的參與，它所吸引的學習者來自所有的年齡群，所有的社會與職業階層，且同時包括都市和鄉村的人口（儘管或許從城市和鄉鎮來的參與者比例上有些差異），此外這些參與者也享受完善的組織，以及強而有力的支配性階層結構，並佔有網際網路和手機的優勢（天安門廣場的參與者只能使用實際上剛出現的傳真機器）。當天安門廣場事件迅速地在一九八九年六月四日告終時，法輪功因為佔有網際網路之便，因此可以在一九九九年七月二十日之後繼續運作，且保持與中國內部某些使用者的聯繫。

　　就傳統的觀點看來，法輪功並未提供政治的意識型態，但它的確提供不同於主流意識型態的另類意識型態。一九九九年事件突顯的是，建立於單一非主流意識型態的社會網絡，可以將個體動員為具備內聚力的共同體。從這樣的共同體中又以輔導中心和練功站的形式，產生出非主流的制度化組織，在這些地方「修練」所涉及的不只是練功與協調，而是，遠為重要的，閱讀和研習意識型態—李洪志的教導。這些有效的組織為新進成員提供訓練基礎，灌輸他們意識型態，並將他們吸收至社會網絡內。藉由網際網絡的幫助，這些社會網絡創造出革命和有力的手段來動員資本、社會和其他人，並使得參與人數龐大的社會運動，即使在最為限制與壓迫的制度範疇中，均成為可能。主流意識型態和制度的領導人正確地體察到這些挑戰，並將他們視為重大的政治反抗。在中央委員會的公告中禁止法輪大法，開宗明義的重點便是黨部成員「必須體認到法輪功組織的政治本質和嚴重損害」。其後的文章則認定法輪功組織對於中國共產黨的指導原則是嚴重的挑戰（Qiu Shi, 1999）。

李洪志及其追隨者仍舊否認存在任何組織，他們之所以這麼說的基礎在於並沒有任何實體的據、也沒有可見的階層和可見的領導者。但顯然李洪志已藉由複雜的傳播工具，諸如網際網絡來凝聚最有效率的組織，並透過此招募、訓練、維繫和動員追隨者，並創造集體社會資本。我們無法確知李洪志是否企圖挑戰中國共產黨的統治權，但他所創造的非主流意識型態與制度，已透過說服黨部的成員和滲透組織，來侵蝕該政黨，也因此對其制度性資本與人力資本所造成缺口的程度，若非不可挽回的傷害，也使其絕對單一政黨與單一意識型態規則的有效性與能力受到嚴重傷害。

研究議題

網際空間的發展，以及社會、經濟和政治網絡在網際空間的形成，彰顯了社會資本建立與發展的新時代。社會資本不再受到時間或空間的限制：網際網絡開啓了社會資本全球連結的可能性。社會連帶如今得以超越政治地理的邊界，而交換則能夠隨著行動者的參與意願即時發生。這些新的發展在接近社會資本上，提供了新的契機和挑戰，也因此敦促我們去重新思索截至目前為止，大抵立基於對地區（localized）與時間限制社會連結的觀察和分析下，所建立有關社會資本的理論與假設。我們必須藉由系統性的研究努力來理解和評估此一社會資本新模式。在此我提出數個值得研究關注的矛盾和挑戰。

1. 我們如何將地區性社會資本（localized social capital）的意涵與理論延伸至全球性社會資本（global social capital），以及網際網絡中所蘊含的社會資本？舉例來說，在地球村中的市民社會究竟是何樣貌？我們如何將我們有關社會資本貢獻的分析拓展至國家資產，像是民主社會或政治參與，或是推展至諸如信任或團結的社群資產？那麼在全球資產中又是如何？我們是否需要發展出新的意涵，或者我們可以應用過去已發展出的理論和方法，來理解全球市民社會或者全球參與？即使我們可以作如此的延伸，對此我懷疑是否果真能夠不作任何修正，我們又該如何比較地區性及全球性社會資本，以及他們的後果？傳統的地區性鑲嵌資源是否喪失其用途（例：地區的凝聚力不再單純仰賴於地區性的社會資本），或它們是否能夠保有對地方社群的回饋？假使這些地區性網絡仍舊饒富意義，那麼網際網絡在這樣的脈絡中又具備何種意義？國家性的參與，該如何被視為此一更大全球脈絡或地球村的要素之一（Ananda Mitra, 1997 收錄於 Jones, 1997a）[63]？網際網絡是否代表附加性的社會資本（added social capital），抑或者它們取代了地區性社會資本？作爲某社群或國家公民的身份，是否勝過做爲地球村的居民，或恰好相反，且是在什麼樣的條件下？在那些行動者使用地區性和全球性社會資本，卻在價值偏好或忠誠性上產生衝突的例子中，行動者如何在這兩者間的優先次序與責任上作選擇？

2.就某種觀點而言，網際網絡提供了接近社會資本的平等機會。對於世界各地愈來愈多人而言，接觸網際網絡已變得愈趨簡單和低成本，資訊的爆炸與流通，另類頻道的多元化作爲來源和伙伴，以及對於幾乎即時交換所逐漸增加的需求和滿足感，權力的殊異將不可避免的被降低。多元途徑意味著較少仰賴於特定的節點（nodes），或者這些節點也蘊含較少的權力。這類另類的途徑是否將降低網絡位置或橋樑的重要性呢？接著，這是否又意味著網際網絡中將出現平等或民主的過程呢？同樣地，權威將變得更難運作。如同法輪功的例子所證明的，社會資本如今得以跨越時間和空間被運載，而傳統的權威將不再能夠如同以往般控制和統治資源。非主流和反主流

---

[63] 我使用「村」（village）這個詞彙來指出網際網絡的規則、慣例和制度，大體上仍舊處於變遷狀態，且正被發展中。

（counterprevailing）的意識型態，將不再能夠被輕易地撲滅和鎮壓。

　　這樣的過程已經在經濟部門中出現。舉例來說，像是戴爾（Dell）和蓋特威（Gateway）這些剛出現的公司，由於進入網際網路較早，並藉由媒介來降低交易成本和投資人的累積，他們能夠較快地以較低價位來販售電腦。這使得它們能夠在與傳統公司，如 IBM、康柏（Compaq）和惠普（Hewlett Packard）競爭時，取得優勢，因為後者均仰賴第三者進行銷售與服務。當這些公司面對維繫傳統模式經營方式的重大任務時，它們將必須有所轉變，採取新的管道直接與購買者互動，否則就只能丟掉生意和競爭力。在股票交易上，電子化交易的公司像是美國嘉信理財公司（Charles Schwab）、E-Trade 和 Datek（譯註：均為美國知名的網路證券商），都同樣地讓個人以較低的成本和較快速地交易速率完成交易，迫使像是美林證券公司（Merrill Lynch）採取新的規則，同樣地也是為了避免喪失它們和地區和區域交易者間關係的風險。這股對於傳統企業和產業的壓力極為龐大。旅遊仲介、汽車業者、保險公司、銀行和股票仲介全都面臨這樣的挑戰，它們必須選擇是要快速地改變以適應網際網路的經營模式，或者面對倒閉（Taylor and Jerome,1999）。這就是網際網路促進權力平衡的力量。

　　但是，權力將會消逝嗎？極為困難（Reid,1999）。擁

有豐富資源的行動者在網際網絡中，將增加更多資源，發
起聯盟，獲得或與其他擁有豐富資源的行動者合併，並藉
由私有的硬體與軟體來阻絕另類途徑，好將他們自身塑造
爲網際網絡中的重要橋樑和結構洞。新的規則和慣習正被
發展，好讓企業能夠對付，並善加利用此一資訊社會
（Breslow,1997;Kelly,1998;Shapiro and Varian,1999）。微軟
（Microsoft）的作法是改變其操作系統與應用程式。美國
線上（American Online）則試著阻絕其使用者來自外部的
連結。電話公司、電纜公司和衛星企業全都相互競爭，或
者聯合已取得在網際網路上的競爭優勢。優秀的大學和研
究機構也都建立他們本身專屬的超級運算
（supercomputing）與網際網路系統。政府與其他機構和
企業將取得有關個人更爲詳盡的資訊，並使這類資訊成爲
那些具有權力、權威和財富者付費或透過管道便能夠取得
的訊息。美國聯邦電子商務諮詢委員會（Federal Advisory
Commission on Electronic Commerce）於一九九九年六月
集會，其目標是規劃優良的電子商務賦稅政策。二〇〇〇
年四月，該委員會向國會推薦網際網路稅的延期償付權延
長六年。

　　與此同時，對於有產與無產者而言，網際空間本身可
近性的鴻溝正擴大。舉例來說，網際網路或許對於北美、
歐洲、澳洲、紐西蘭和東亞的公民而言，具備平等的效應，
讓他們能夠取得社會資本。但，它也使得這些社會和它們

的公民進一步有別於世界的其他地區，尤其是非洲。根據一九九九年國際數據資訊（International Data Corporation）/World Times 所發佈的資訊社會指標（Information Society Index）而言（PC Magazine, June 8, 1999, p.10），該份報告追蹤五十五個國家，這些國家共佔全球國民生產毛額的百分之九十七，在資訊科技花費上，則佔九十九個百分點，富裕與貧困國家之間的資訊落差正持續擴大[64]。約莫有一百五十個國家，其總人口約佔世界人口的百分之四十，並未被包含在此一指標中；它們僅佔世界國民生產毛額的百分之三，且占所有資訊科技消費不到百分之零點五。沒有電腦，語言技能，和電力與電話，全世界有許多公民被排除於網際網路的接觸、參與和內部交換之外。

　　社會資本的數位落差也將因為社會經濟階級、種族、宗教和居住地區的不同，而進一步加劇人們間的差異。美國，雖然是世界首屈一指的資訊經濟，但接近電腦與網際網路的不平等仍舊不容忽視。在一九九九年〈不能實現的網：界定數位落差〉（Falling Through the Net: Defining the Digital Divide）的報告中，美國貿易局（Irving, 1999）呈現有無電子郵件的家庭間，在收入、都市－鄉村、種族／血源、教育和婚姻地位種類的重大差異。一九九四年至一

---

[64] 在資訊科技花費上前十名的國家依序分別為，美國、瑞士、芬蘭、新加坡、挪威、丹麥、荷蘭、澳洲、日本和加拿大。

九九九年間，這些差異逐漸加大。誠如我們在圖 12.1 可
以看到的，一九九九年，有百分之四十至四十五年收入超
過美金七萬五千元的美國家庭曾使用電子郵件，相較於
此，那些年收入爲美金一萬四千九百九十九元或低於此水
準的家庭，則只有百分之四至六曾使用電子郵件。圖 12.2
則顯示有超過五分之一（百分之二十一點五）的白人家庭
曾使用電子郵件，相對於此，只有少於百分之八的黑人和
西班牙家庭曾使用電子郵件。教育的變項（圖 12.3）也訴
說相同的故事：有超過五分之二（百分之三十八點三）家
中有學士或更高學歷者的家庭曾使用電子郵件，相對於
此，在那些家中只有高中或更低學歷者的家庭中，僅有低
於四個百分比的使用經驗。區域的差別（圖 12.4）同樣也
突顯出不平等：在都市與繁華區的居民曾使用電子郵件的
比例遠高於鄉村家庭（除了美國西北部外）。已婚夫妻（沒
有孩子或孩子的年紀小於八歲），比起其他他種類的家庭
更有可能使用電子郵件（圖 12.5）。

　　已發展與較低度發展國家之間，富裕與貧困，都市和
鄉村，受過教育和未受教育，統治種族／族群／宗教團體
之於其他團體之間的差距，無疑地已更爲嚴重。舉例而
言，在美國，在所有網際網路使用者人數中幾乎有一半爲
女性，但在中國，根據近期的研究顯示，女性大約僅佔網
際網路使用者的百分之十五（CNNIC，1999）。中國大約
有百分之六十的使用者爲大專學歷（相較於美國使用者的

百分之三十八）。

　　於是，網際網路使用的種族與性別差異
（Poster,1998；Sassen,1998,第五與第九章），以及國家科
技發展程度都愈趨不平等（Castells,1998,第二章），並與
社會發展的效應複合。換言之，由於科技能力和其他的資
本形式會隨著不同國家而有所差異，網際網絡中社會資本
的不平等正逐漸加速與深化。網際網絡中社會資本可近性
所造成的社會資本差異，可能會在優勢社會中消逝，但它
們正在弱勢社會中加劇。我們就拿語言做為例子：英文在
全球的電腦、網際網路和傳播溝通中都佔有支配地位，從
編碼的發展到通路使用者的指令皆然。英語國家，早在十
九世紀與二十世紀的早期工業發展階段便佔有優勢，如今
它們則是繼續借助電腦與網際網路的能力取得優勢。不可
否認的是其他國家，由於它們眾多的人口（例：中國），
可以發展它們本身語法（linguistic）的網際社群，但語言
的差距將繼續在網際網絡中擴大社會資本的不平等。有關
社會資本不平等的分析，難以避免的倚賴像是國家、區域
或社群這類次單位（subunits）的比較。在這樣的概念下，
只要社會資本依據這些分界（lines）所產生的差異仍舊顯
著，則傳統社群和國家邊界將繼續充滿意義。

　　這樣的落差牽涉到的不僅只是技術的有無。隨著電腦
價格的降低，以及衛星開始提供涵蓋全世界大範圍的服
務，更多的必要性資源，或進入網際空間和網際網絡能力

的匱乏，其中像是教育、語言能力和社會政治侷限，都將
需要付出更多的努力和艱難的轉變。

　　3.在網際網絡中，資料（materials）與概念商品（idea
goods）混合並作為社會資本是史無前例的。資訊或許是
免費的，但概念／資料訊息的揭露，其中尤其是商業訊
息，則被加上價格。儘管此一成本有其傳統，如同數個世
紀以來印刷媒體（printed media），以及數十年來電視所
需耗費的成本，經濟和行銷訊息在網際網絡的整合則更加
徹底。這類混合訊息的發送者與接受者間，並無明顯的區
隔；所有的交換都潛在地（志願或非志願）挾帶著這類訊
息。儘管當前在本質上它們主要都是涉及商業／實質的範
圍，它們也能夠拓展至政治、宗教和其他內容／概念的領
域。於是，網際網絡中的免費消息可能逐漸變得「昂貴」。
監督這類有害訊息的科技，是否能夠跟上設置它們的科技
與政治的力量？

　　4.在網際網絡中免費的進入與網絡化，已造成社會資
本邊界的模糊──隱私的優先性（個人資源，personal
resources）和免費使用資訊（社會資源，social resources）。
網際空間在傳遞資訊上已達到史無前例的自由。若我們將
焦距拉遠來看待隱私的議題，就如同搜尋與尋找有關他人
訊息的能力，以一種令人震驚的速度提升（Burkhalter,1999;
Donath,1999）。比方說，相較於傳統印刷與可見的媒體，
網際網路上所能接觸到的色情內容是前所未聞的龐雜。仇

恨（Zickmund,1997;Thomas,1999）以及犯罪（Castells, 1998，第三章）訊息的傳遞，同樣地，愛情或浪漫訊息的傳送，都帶來了機會或者悲劇（有關網際網路羅曼史以死亡收尾的說明，請見 Jeter，1999）。

　　資訊自由與隱私之間的衝突其實還更為嚴重。問題不再是阻絕兒童獲得某些資訊的管道；其所關切的重點在於是否任何人都有權力進入獲得其他人相關資訊的管道。以美國為例，人們有可能，不需分文或只需付出低廉的代價，便取得有關其他人銀行帳戶、抵押帳目、股票帳務、拘留紀錄、駕駛執照與違規、濫用藥物記錄，以及更多與社會安全號碼有關資訊的數位化資訊（digitized information）。某人獲取資訊的自由，有可能是對於其他人隱私的侵犯。社會資本究竟是否有邊界，假使如此，誰來設定此一邊界？和傳統社會網絡中，人與人間的關係對於共享資源的流動與內容所加諸的限制不同之處在於，網際網絡使得這類關係和限制降至最低。

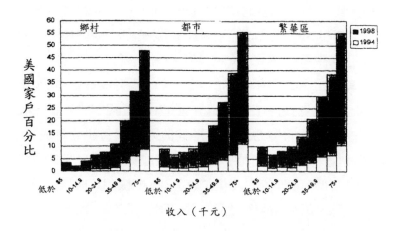

家戶所得	鄉村		都市		繁華區	
	1994	1998	1994	1998	1994	1998
5,000-9,999	0.0	2.1	1.2	5.6	1.4	5.3
15,000-19,999	0.9	5.6	1.5	7.7	1.6	8.4
25,000-34,999	1.3	9.5	3.0	15.3	3.5	17.3
50,000-74,999	6.0	25.7	6.7	32.2	6.5	32.1

圖 12.1

依照鄉村、都市和繁華地區之不同收入美國家戶使用電子郵件的比例。（資料來源：國家電信與資訊局，National Telecommunications and information Administration，〔NITA〕，以及美國普查局，美國商業局，使用一九九四年十一月與一九九八年十二月當前人口調查之資料）

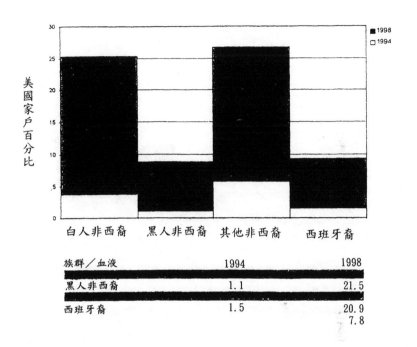

族群／血液	1994	1998
黑人非西裔	1.1	21.5
西班牙裔	1.5	20.9
		7.8

圖 12.2

1994 與 1998 年，不同族群／血源之美國家戶使用電子郵件的比例。(資料來源：國家電信與資訊局，National Telecommunications and information Administration，〔NITA〕，以及美國普查局，美國商業局，使用一九九四年十一月與一九九八年十二月當前人口調查之資料)

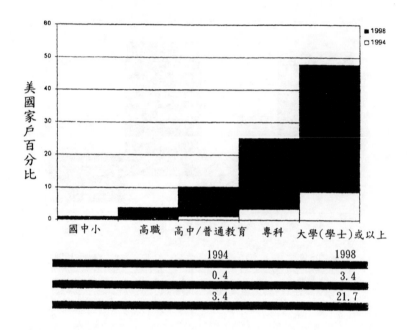

圖 12.3

1994 與 1998 年，不同教育程度之美國家戶使用電子郵件的比例。
（資料來源：國家電信與資訊局，National Telecommunications and
information Administration，〔NITA〕，以及美國普查局，美國商業局，
使用一九九四年十一月與一九九八年十二月當前人口調查之資料）

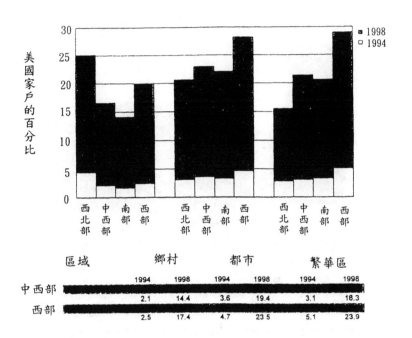

區域	鄉村		都市		繁華區	
	1994	1998	1994	1998	1994	1998
中西部	2.1	14.4	3.6	19.4	3.1	18.3
西部	2.5	17.4	4.7	23.5	5.1	23.9

圖 12.4

1994 與 1998 年，依照鄉村、都市和繁華地區之不同關係之美國家
戶使用電子郵件的比例。（資料來源：國家電信與資訊局，National
Telecommunications and information Administration，〔NITA〕，以及
美國普查局，美國商業局，使用一九九四年十一月與一九九八年十
二月當前人口調查之資料）

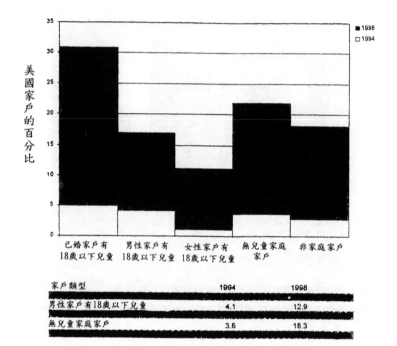

圖 12.5

1994 與 1998 年，依照家庭類型不同之美國家戶使用電子郵件的比例。(資料來源：國家電信與資訊局，National Telecommunications and information Administration，〔NITA〕，以及美國普查局，美國商業局，使用一九九四年十一月與一九九八年十二月當前人口調查之資料)

　　在網際網絡中提供資訊的自由，也造成前所未見的社會正當性（sociolegal）問題。當社群的意涵變得模糊之際，何時才能依照社群的標準將某種事物定義為色情？何時足以損害一群個體的仇恨資訊才會被禁止？何時暴力行徑才足以被視為煽惑和慫恿的行為？舉例來說，在何種或什麼程度有關社會禁忌的資訊，可以在網際網路中傳播的管制措施上，法院便曾介入處理（MacKinnon,1997; Morrow,1999）。當在股票市場故意散佈錯誤訊息以獲取利潤的行為中，我們可能採取或必須採取哪些法律行動（Jarvis,1999）？

　　當這類訊息跨越社群與國家邊界被傳遞時，誰擁有合法的權威能夠加以管制？假使像是國家政府這類法律實體也介入網際戰爭（cyberwars，例如：駭到其他政府的資料，或傳遞仇恨或革命的訊息）時，國際組織是否有能力加以協調與管制？有關社會控制和網際網路新形成自由間的平衡問題，勢必將引起諸多爭辯和相關議題的討論[65]。

　　在經濟與商業部門中，某些正被採行的國內與國際行動，其目的是突顯財產權與管制（例：課稅）的議題。一

---

[65] 根據一九九九年的喬治城網際網路隱私政策研究顯示，在前一百大網站中有百分之九十四，以及在所有接受抽樣調查的網站中有百分之六十六都有隱私政策。然而，究竟哪些政策被推行，以及這些政策的後續效應究竟如何，仍舊有待觀察。

九九七年七月一日，柯林頓政府公布了〈全球電子貿易的
架構〉（A Framework of Global Electronic Commerce），以
說明美國政府協助電子商務成長的策略。緊接著，國會也
通過法案以完成總統的四大目標：(1)網際網路免稅法案
（Internet Tax Freedom Act），將網際網路貿易的新型與歧
視性課稅的延期償付權增加三年；(2)千禧年數位著作權
協定（Digital Millennium Copyright Act）認同並補充了世
界智慧財產權組織（WIPO）的著作權條約，以及世界智
慧財產權組織表演與錄音物條約（WIPO Performances and
Phonograms Treaty），以保護擁有著作權之資料上線；(3)
政 府 書 面 文 件 消 除 法 案 （Government Paperwork
Elimination Act）鼓勵聯邦政府立即推動電子檔案以及記
錄保存系統；(4)兒童網路隱私保護法（Children's Online
Privacy Protection Act）是用來保護年輕兒童的線上隱私
權。一九九八年五月，世界貿易組織（WTO）達成一項
協議，使其成員在電子商務的傳輸中，繼續不需繳納關稅
的作法。經濟合作發展組織（OECD）和產業團體在一九
九八年十月公布一項聲明，表示他們支持柯林頓策略中所
提出的賦稅原則，並反對針對網際網路與電子商務收取歧
視性課稅。但在當時，網際網絡的成長已著實超越了國家
與國際所能控管的範圍。

　　5.網際網絡中的行為似乎在與結構互動時，擁有較高
的支配性（McLaughlin,Osborne,和 Ellison,1997;Smith,1999;

Wellman 和 Gulia,1999）。個體、團體和組織能夠在沒有許多結構限制的情況下，藉由建立聊天室、家族和社群創造制度和資本。隨著這些「村落」的發展，規則和慣習也得以被建立和執行（Agre,1998）。在網際空間中，擴展網絡的動機為何，而意圖追尋的目標和收益為何（Kollock, 1999）？對這類村落而言，聲望、權力或情感這類期望報酬是否已超越了財富？而在所謂的共享資源中，是否對於成員身份、邊界控制、交換規則及認同有所定義和聲明？

以證書（credential）形式建立的資本正被創造和賦予，而這類資本的市場也正被建立。舉例來說，在高等教育中，一九九九年，在線上共可尋獲一萬門課程（tele-campus.edu），而根據估計，至二○○二年，單純只看美國的狀況，透過網際網路至少選修一門大學課程的人口數將增加三倍，也就是約為兩百二十萬人（PC World，July,1999,p.39）。虛擬學歷（Virtual degrees）正迅速地在線上被頒發（例：這類虛擬大學中，瓊斯國際大學，便獲得美國北中部院校聯盟委員會（North Central association of Colleges and Schools）所認可，1999，www.jonesinternational.edu，以及取得許多學校所頒發之商業管理的虛擬碩士學位，其中尤以杜克大學最值得一提）。

挑戰既存制度的社會運動，也借重網際網絡所提供動員社會資本的機會而獲益匪淺。法輪功事件在挑戰既存意

識型態與制度時，創造了新的局勢。網際網絡是否將增進
和平轉變與轉型的契機，抑或者它們將加速社會制度的戲
劇化轉變（Gurak,1999;Uncapher,1999）？它們將補充或
取代社會資本的面對面交換？它們是否將有助於扭轉發
動集體行動時的劣勢（Schmitz,1997;Mele,1999）？

　　無可避免的是，在網際空間的村落中，將出現緊張、
衝突、暴力、競爭和協調的議題。這些村落應該在何時，
又如何做出自我防衛或自我利益，以及為了牟取資源而侵
略其他村落的主張？村落如何成為至高與殖民的強權？
村落該如何捍衛自身並形成同盟？是否將有一個「聯合
國」在網際空間中出現，若真為如此，又該遵循何種規則
與慣習？而這類全球組織是否將受到核心村落（core
villages）的支配？

結論評析

　　認為在美國以及其他地方的社會資本正逐漸衰退的
論點，顯然並不成熟，且實際上，是錯誤的。網際網路與
網際網絡的興起標誌了社會資本的革命性成長。假使我們
認真地面對普特南的假設，也就是認為觀看電視是參與社
會協會與團體模式之較為傳統的社會資本衰退的罪魁禍
首，則這種傳播形式（譯註：指網際網路）已開始展現某

種「正確」的趨勢。一九九九年七月,一項尼爾森(Nielsen)的調查顯示,自從它們從一九九八年八月開始監督以來,網際網路與線上服務的家庭使用正持續擠壓觀看電視的比例。連線家庭(wired homes)觀看電視的比例,比起其他家庭而言,平均要少百分之十三(約莫每天少一小時)——等同於每個月少了三十二個小時。連線家庭的數量,從一九九七年的兩千兩百萬,增加為一九九九年的三千五百萬,在不到兩年的期間內,便增加了百分之六十。在針對一千名美國成年人所做的調查後,林肯,內部拉斯加的費爾非爾德研究中心(Fairfield Research)的蓋伯爾豪斯(Gary Gabelhouse)指出(USA Today,July 20,1999),觀看電視已經從一九九五年每天平均四個半小時,減少為一九九九年六月的每天平均兩個小時。他表示,「人們正逐漸由消極的電視風格娛樂中轉變」。他的資料進一步證明網際網路上的研究和溝通,而非娛樂活動,佔據了每日平均六十四分鐘上網時間的百分之七十。賴在沙發上看電視的人(couch potato)一詞,仍然適用於描寫特定的年齡族群,但實際上觀看電視的時間在非週末的平常日子中已明顯減少,在放學或者下班後(下午四點半至六點)一比較起其他族群,上網族群觀看電視的比例少了百分之十七,即使是在黃金時段(晚間八點至十一點)(連線家庭的電視使用比起其他人要少了百分之六)——這意味著有一群顯然偏好透過網際網絡搜尋資訊和互動的新連線世代（wired generation）正快速崛起。

此一革命，立基於「資本主義、英語和科技的勝利」
（Bloomberg,1999,p.11），實際上已經以令人訝異的速度
和方式轉變個人、團體和世界（Miller,1999;Zuckerman,
1999）。然而，與此同時，它同時也造成不同社會與個人
間更不平等的資本分配。其矛盾之處在於，儘管革命擴大
了介於那些獲得更多與更豐富資本方式的人們，以及其他
那些被拒絕於這類機會與利益之外的人們，此兩者間的落
差，但那些網際網絡使用者卻由於競爭的完全開放以及不
同管道權力的降低，以及隨之而來不同團體與個體間資本
的殊異，而發現了機會與利益的平等化（equalization）。

由於科技的持續發展，以及商業利益的持續存在，網
際網絡融合了社會關係與社會資本內的社會—經濟—科
技要素。此一嶄新的特質，為有關社會資本的可近性與使
用投下新的問題。隨著科技已使得虛擬真實（例：視聽、
三度空間、觸覺）與超越時間（比方說，使用無線和廉價
的器材）成為可能，諸如愛情、激情、仇恨與謀殺，都已
被「真實化」與個人化（例：網際網路羅曼史與謀殺案都
曾發生：〈華盛頓日報〉，一九九九年三月六日，A2 版；
合乎禮儀與自由對話的衝突：〈時代雜誌〉，一九九九年，
二月十五日，p.52；個人資料與歷史正變得更加公開：〈今
日美國〉，一九九九年，一月十八日，p.3B；在科索夫衝
突中，南斯拉夫網站利用電子郵件參與網際戰爭：〈華爾

街日報〉，一九九九年，四月十八日），網際網絡是否將突破菁英階級的宰制，以及社會資本的不同效用？然而，科技需要資源和技巧。儘管全球化的過程正在進行，網際網絡傾向於排除許多低度發展的社會，以及許多社會中的弱勢成員。這些發展是否將進一步使得社會資本的分配去平等化（unequalize）？且是在什麼樣的情境下？這些發展是否會進一步將世界分離爲有產者與無產者？相關分析必須評估與社會資本不同面向（資訊、影響力、社會聲望和增強）以及不同後果（工具性以及情感性）有關的諸多問題。

　　我懷疑是否資本所有形式發展與用途的整個光譜，均能夠在網際網路上被檢證，因爲網際網路基本上都是關係（relations）與鑲嵌資源（embedded resources）──一種社會資本的形式。我們需要網際網路做爲地球村的資料──社會群體與社會組織（村落，the villages）的組成與發展，其中尤其是：(1)個別群體與領域是如何被定義或去定義（封閉相對於開放）；(2)成員身份是如何被宣稱、定義或認可（例：居民和公民）：(3)成員身份是如何被組成（例如人口統計特徵：個體、家戶和群落：年齡、性別、種族、語言、社經資產）；以及(4)單一村落內部以及跨村落間的資源如何被分配：村落之間的階級與不平等。簡而言之，接下來，若要理解網際網絡如何建立以及切割社會資本，我們有許多必要和急迫的工作。本章所探究的主題將提供資料，好讓學者們理解當網際網路興起時的新制度與文化，以及人力與社會資本間的互動。更爲重要的是，我認爲，它們將提供線索，讓我們探討社會資本是否能夠或如何能夠超越個人資本的重要性與效果，且市民社會如何，不是死亡，而是正被拓展和全球化。

第三部份

尾　聲

第 13 章

理論的未來

　　礙於篇幅的限制，本書無法窮盡社會資本理論的所有面向。這種理論立即將面對的未來，有賴於持續地讓理論本身以及所有相關概念的測量方式更為成熟。如同我們在前言中提及的，我選擇集中於探討社會資本的工具性觀點，且因此在其情感性的面向顯得較為薄弱，這絕非我本身的研究方向完全忽略了後者（Lin,Simeone,Ensel,and Kuo,1979;Lin,Dean,and Ensel,1986;Lin and Ensel,1989;Lin and Lai,1995;Lin and Peek,1999）。有豐富與逐漸增加的文獻主要探討社會支持、社會網絡和社會資源對於心理健康與安樂的作用。若想要平衡社會資本的情感性面向，或許必須還需要與本書同樣篇幅的專題論文加以討論。我也將社會資本的涵蓋範圍縮減為集體性資產，因為我的評估說服我其理論性與研究可行性，可以由本論文所概述的公式（formulations）所推斷，而不會被視為只是斷裂與獨立的實體（見第二章、第八章與第十二章）。然而，或許在

最後這一章中，無論多麼簡短，正適合我們用來呈現某些
與理論整合議題有關的想法，並也納入這些面向。

社會資本的模型

一個完備的社會資本理論需要去觀察(1)投入社會資
本的投資，(2)社會資本的可近性與動員性。以及(3)社會
資本的回報。儘管本書中的討論已經闡述了社會資本的定
義、要素與測量方式，我們有必要撿要地討論各種後果的
類型，並用以衡量預期性回報（expected returns）。我認
為有兩項主要的後果類型：(1)工具性行動的回報，以及(2)
情感性行動的回報（Lin,1986,1990,1992a）。工具性行動
之所以被採行，其目的是獲取並非該名行動者所擁有的資
源，相對的，採取情感性行動的目的是維繫該名行動者本
來便已擁有的資源。

在工具性行動的部分，我們可以區辨出三項可能的回
報：經濟、政治和社會。每一種報償都可以被視為附加性
資本。經濟報償是易於理解的，意指財富方面的回報，其
中包括收入、資產等等。政治報償也是相同的明確易懂，
它的表現方式是集體的階層地位。社會收益（social gain）
則需要較多的釐清。有論者認為聲望（reputation）可以
說是社會收益的指標（第九章）。聲望可以被界定為某個

體在集體中，引起歡迎／厭惡觀點的程度。誠如我們在第
九章中所描述的，一項批判觀點認為，在社會資本被交易
的社會交換中，所謂的交易都是不平等的：連帶成員
（alter）施惠予中心個人（ego）。中心個人的行動得到了
幫助，但對於連帶成員，也就是恩惠的給予者而言，收益
為何？不同於經濟的交換，我們可以預期互惠與平等的交
易將在短期或長期中被實現，社會交換中不盡然承擔這類
的預期。在社會交換中，被預期的只是中心個人與連帶成
員都明白不平衡的交易創造出前者之於後者的社會債務
（social debt），而後者則藉此增加社會債權（social
credits）。社會債務必須是眾所皆知的，好讓中心個人能
夠維繫他或她與連帶成員的關係。公開的表彰在網絡中傳
播著連帶成員的聲望。此債務愈龐大，網絡規模愈大，對
於中心個人而言與連帶成員維繫關係的需求愈強烈；則愈
有強烈的傾向在網絡中傳播消息，連帶成員所能獲取的聲
望也就愈高。在此一過程中，連帶成員對聲望感到滿足，
因為，除卻物質資源（例如財富）以及階層位置（例如權
力），聲望正構成工具性行動中，三項基本報酬之一。

在情感性行動的部分，社會資本是鞏固資源和捍衛可
能發生的資源流失的手段（Lin,1986,1990）。其原則在於
接近並動員共同利益及控制相同資源的連帶成員，使得鑲
嵌性資源能夠被聚集和分享，其目的在於保存與保衛既有
資源。在此一過程中，連帶成員之所以願意與中心個人分

享他們的資源，是因爲中心個人與其資源的保存，提升與
強化了連帶成員宣稱熱愛資源的正當性。我們可以區分出
三種報償類型：肉體健全、心靈健全與生活的滿足。肉體
健全所牽涉的是肉體機能的維繫，以及免受疾病與傷害所
苦。心靈健全所反映的是抗壓與維繫認知與情感平衡的能
力。而物以類聚的原則，提醒我們有類似性格、態度與生
活習性者傾向於聚集在相近的居住、社會和工作環境，以
提升互動與關係。同樣地，互動的頻率與密集性也使得態
度與生活習性更爲接近。

　　也因此在以公式闡述時，此理論允許有關維繫心理健
全過程的特定預測；也就是說，接近與利用強烈與同質性
的連帶來促進心理健全。健康狀態的維繫，無論其定義與
起源（這可能是工具性，例：丟掉工作，或是情感性的，
例：和另一半發生口角），都需要與能夠理解和體會相關
問題的親密者之間的分享與信任。同樣地，人們也預期強
烈與同質的連帶能夠有助於資源的分享，並回過頭來提升
生活的滿足感，如同樂觀主義所象徵的，以及對於各種生
活領域的滿足，諸如家庭、婚姻、工作和社群以及鄰里環
境。

　　工具性行動與情感性行動的報償通常彼此強化。肉體
的健全提供持續從事繁重勞力負擔工作的能力，以及達成
經濟、政治與社會地位的責任。同樣地，經濟、政治或社
會地位通常提供資源，以維繫肉體的健全（運動、節食和

保持健康)。心理健全和生活滿足也同樣被預期能夠對於經濟政治和社會收益產生互惠效果。然而,帶來工具性與情感性報償的因素,被預料呈現出不同的模式。誠如之前所提及的,一般的狀況是開放的網絡與關係,將更可能讓行動者接近並使用得以通往自身社會圈子所匱乏資源的橋樑,並提升行動者獲取資源/工具性收益的機會。另一方面,在較濃密網絡中,成員間更為親密與互惠的關係,將有助於提升透過共享偏好與資源,動員他人防衛與保護既存資源/情感性收益的可能性。除此之外,像是社群和制度脈絡,以及規定性與競爭性誘因等外部因素,都分別對於網絡與關係的密度和開放性,及對於工具性或情感性行動的成功與否產生作用。

藉由社會資本的核心要素,報酬的類型,以及因果效應不同模式的區分,我們便有可能勾勒出分析模型(Lin, 1999a)。如同圖 13.1 所示,此模型涵蓋三塊變項的因果關係。其中一塊代表社會資本的先決條件與前兆:社會結構的因素以及單一個體在社會結構中的位置,這兩者都將有助於或限制社會資本的投資。另一塊則代表社會資本的要素,而第三區塊則呈現出社會資本所可能產生的報酬。

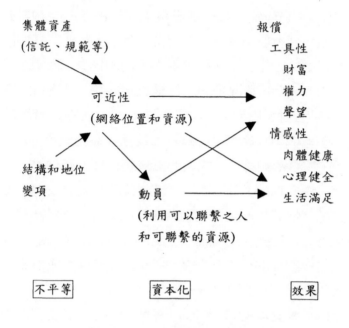

圖 13.1　社會資本理論的模型

　　此過程係由第一塊發展為第二塊，並突顯出社會資本不平等的組成：結構中的結構因素和個人因素，影響著建構和維持社會資本的機會。這描述出不同分佈模式所造成社會資源鑲嵌、可近性與動員的殊異（資本短缺〔第七章〕）。它所進一步證實的是，存在著決定這類不同分佈的社會力量。因此，我們希冀社會資本的理論能夠描繪出社會資本三種構成要素的模式與決定因素，或**社會資本**作為集體資產，可接近的社會資源以及可動員的社會資本其不

平等性。在此一分析中,論者格外感興趣的是兩種因果力量的類型:結構(sturctural)與地位(positional)變項。結構可以藉由許多變項描繪其特徵,像是文化與意識型態的分歧,工業化與科技的程度,教育程度,物質與自然資源以及經濟生產力的程度等等。在結構內,個體將被描述為佔據著不同的社會、文化、政治與經濟層級地位。這些變項被假設為足以影響不同的投資(例,分別鼓勵或阻擋特定成員投資社會資本的規範),以及機會(例,特殊地位將提供獲取社會資本較佳或較差的機會)。

在第二區塊中,存在著連結兩種社會資本要素的過程:接近社會資本與使用社會資本。連結此兩種要素的過程是社會資本動員(social capital mobilization)的過程。也就是說,由於社會資本的不平均分配,個體如何能夠或無法動員這類資本以完成特定行動?這也就是此模型,儘管猶如不平等過程中所捕捉到的,體認到結構對於社會資本的作用,卻仍強調可能被選擇的動員行動。

第三,此理論必須證明此三種組成要素彼此關連。因此,它需要提供一個因果關係,在這當中體現鑲嵌性資源限制並促使個體選擇和行動。普遍的預設是愈能夠接近鑲嵌資源,則愈有可能它們能夠且將會被單一個體的目的性行動所動員。

最後,串連第二區塊(社會資本)與第三區塊(後果)的過程,代表的是社會資本藉以產生報償或收益的過程。

在這個部分，此理論應該說明的事社會資本如何做爲資本，或社會資本如何產生報償或收益。也就是，它應該提出社會資本單一或更多要素，如何直接或間接地衝擊個體的經濟、政治和社會資本（資源），或她或他肉體、心理和生活的福祉。更爲複雜的問題在於(1)爲什麼特定的個體有較佳或較差的認知地圖，以通往較佳鑲嵌性資源的位置；(2)爲什麼，既有習以爲常的觀念，某些行動者更願意或更不願意動員最理想的連帶與資源；(3)爲什麼特定居間的行動者，特別願意或特別不願意在他們的行爲上採取適當的努力；以及(4)爲什麼特定的組織更能夠或更無法接受被社會資本所影響。

鉅觀和微觀的意涵

這些概念——如同在本書中所討論的個別要素與過程——都並非全新的概念；它們不過只是總結累積的知識與研究發現。研究（如同 Lin,1999b 中所回顧的）已經證實社會資本提升個體成就地位（attained statuses）的論點，其中像是職業地位、權威和在特定產業的定位均在此列。透過這些成就位置，社會資本也提高了經濟的收益。這些關係都在家庭背景與教育被納入考量後，更爲鮮明。伯特 （Burt,1997,1998 ） 和 其 他 學 者 （ Podolny and

Baron,1997）已證明若個體在非正式網絡中佔有策略性位置，則其在組織內的發展與經濟報償也將因此被提升。那些更為接近結構洞或橋樑（也因此遭遇較少的結構限制），看來能夠獲取更優渥的回報，根據推測這是因為這類位置賦予這些個體更好的機會去接近組織中的特定資本。

研究正企圖探究組織如何利用社會資本以召募與留住個體。費南迪茲（Fernandez）和同儕（Fernandez and Weinberg,1997）曾指出申請中推薦機制的增加，將帶來更高品質應徵者的召募，並降低審查過程中的成本。普特南的研究（1993,1995a,1995b）也指出透過公民協會例，教堂、家長與教師聯誼會、紅十字會）和社會團體（保齡球俱樂部）的參與也能夠達到相同的效果。柯曼（Coleman, 1990）提供數個例子，包括透過激進韓國學生間的社會圈（例，網絡做為資本），以達成資訊的散播與動員，一名母親為了讓他的孩子能夠安全的走至遊戲廣場或學校,從底特律搬遷至耶路撒冷（規範做為資本），以及紐約的鑽石貿易商善加利用非正式連帶與非正式協議（網絡和信任做為資本）。波帝斯（Portes,1998）也區分出社會資本「崇高」與工具性的後果（有關對於移民族群而言，社會資本的崇高後果——凝聚力與互惠支持，請見 Portes and Sensenbrenner,1993）。此處主要的重點在於集體資產的發展、維繫或衰退。

　　在中程網絡（mesonetwork）的層次，重點則轉變為
個體如何對鑲嵌於集體中的資源有著不同的接近性。問題
在於為何在某個特定集體中的特定個體，較諸他人而言，
能夠更為接近鑲嵌資源。社會網絡與社會連帶的本質成為
分析焦點。葛諾維特　（Granovetter,1973,1974,1982,1985,
1995）指出橋樑，誠如經常反映在較弱連帶中的，更能提
供接近資訊的管道。伯特（Burt,1992,1997,1998）則認為
網絡中的策略位置（結構洞或強制性），意味著擁有較佳
獲較差的機會接近資訊、影響力或控制。林南（Lin,1982,
1990,1994a,1995a,1999a）曾提出層級地位以及網絡位置
有助於或有礙於取得鑲嵌性資源。鑲嵌資源可用財富、地
位和社會連帶的力量來表示。

　　在微觀行動（microaction）的層級，社會資本反映在
透過不同工具性行動使用鑲嵌資源的實際連結中。舉例來
說，有許多文獻都探討非正式的消息來源和他們的資源
（聯繫資源），如何在找工作時被動員，以及他們對於成
就社經地位的效果（Lin,Ensel,and Vaughn,1981;De Graaf
and Flap,1988;Marsden and Hurlbert,1988）。

　　探討情感性行動所得報償領域的研究也極為廣泛。最
為人所熟知的便是網絡對於心理健全與生活滿足所產生
的間接效果（Berkman and Syme,1979;Wellman, 1981; Kadushin,
1983;Berkman,1984;Hall and Wellman,1985;Lin, 1986; House,
Umberson,and Landis,1988;Lin,Ye,and Ensel,1999）。此即是說，

網絡位置提高獲得社會支持的可能性,而這回過頭來將改善人們的肉體與心理健康。另一個潛在的理論與研究領域關切當追求個體以及社會的福祉時,工具性與情感性行動間的加乘效果與緊張關係。實際上,無論是為了追求情感性或工具性的目標,在社會中若想成功,顯然都有賴於你認識哪些人,以及你「利用」(use)哪些人去修正社會流動性的功能性解釋,以及個體行為的結構決定論。儘管結構特質對於可能採取的行動範圍加諸限制,其中包括溝通的管道,個體在操作社會結構以獲取他們自身的利益上,仍擁有一定程度的自由。這類自由的程度,同時受到個體在結構中的地位,以及他或她本身的策略選擇所決定。

而在更為寬廣的層次中,此理論提醒我們無論是工具性或情感性行為都具有結構顯著性(structural significance)。情感性行為,過去曾引起高度的研究興趣,指向的是促進擁有類似特質與生活習性個體間水平連結的社會互動類型。這類行為強化了社會群體的凝結力與穩定性。然而,工具性行為帶來的則是提供垂直連結,且同樣重要的社會互動。這類行為有助於幅度更大的社會流動,以及社會中更多的資源共享。

這兩種行為類型間存在著本質上的互補與緊張關係。當某人試圖從某個地位移動至其他地位時,過度工具性行動的風險是失去團體的認同與凝聚力。另一方面,過度的情感性行動則社會斷裂的停滯,並培養出階級意識與

階級衝突的發展方向。我相信,一個社會中工具性與情感
性互動的相對頻率和密度,將握有決定穩定與改變動態的
鎖鑰。我假設既存社會結構的延續性,有賴於實際發生在
其成員間情感性與工具性行動的相對數量。這類互動要造
成延續性和改變最理想的時機,將是未來理論和實證研究
的焦點。

參考書目

Abell, Peter. 1992. "Is Rational Choice Theory a Rational Choice of Theory?" Pp. 183–206 in *Rational Choice Theory: Advocacy and Critique*, edited by J. S. Coleman and T. J. Fararo. Newbury Park, CA: Sage.

Agre, Philip E. 1998. "Designing Genres for New Media: Social, Economic, and Political Contexts." Pp. 69–99 in *Cybersociety 2.0: Revisiting Computer-Mediated Communication and Community*, edited by S. G. Jones. Thousand Oaks, CA: Sage.

Alchian, Armen. 1965. "Some Economics of Property Rights." *Il Politico* 30(4):816–829.

Alchian, Armen and Harold Demsetz. 1973. "The Property Right Paradigm." *Journal of Economic History* 33:16–27.

Allen, Franklin. 1984. "Reputation and Product Quality." *Rand Journal of Economics* 15:311–327.

Angelusz, Robert and Robert Tardos. 1991. "The Strength and Weakness of 'Weak Ties.'" Pp. 7–23 in *Values, Networks and Cultural Reproduction in Hungary*, edited by P. Somlai. Budapest: Coordinating Council of Programs.

Barber, Bernard. 1983. *The Logic and Limits of Trust*. New Brunswick, NJ: Rutgers University Press.

Barbieri, Paolo. 1996. "Household, Social Capital and Labour Market Attainment." Presented at the ECSR Workshop, August 26–27, Max Planck Institute for Human Development and Education, Berlin.

Baron, James N. and William T. Bielby. 1980. "Bringing the Firm Back In: Stratification, Segmentation, and the Organization of Work." *American Sociological Review* 45 (October):737–765.

Becker, Gary S. 1964/1993. *Human Capital*. Chicago: University of Chicago Press.

Beggs, John J. and Jeanne S. Hurlbert. 1997. "The Social Context of Men's and Women's Job Search Ties: Voluntary Organization Memberships, Social Resources, and Job Search Outcomes." *Sociological Perspectives* 40(4): 601–622.

Ben-Porath, Yoram. 1980. "The F-Connection: Families, Friends, and Firms and the Organization of Exchange." *Population and Development Review* 6:1–29.

Berkman, Lisa F. 1984. "Assessing the Physical Health Effects of Social Networks and Social Support." *Annual Review of Public Health* 5:413–432.

Berkman, Lisa F. and S. Leonard Syme. 1979. "Social Networks, Host Resistance, and Mortality: A Nine-Year Follow-up Study of Alameda County Residents." *American Journal of Epidemiology* 109:186–204.

Berkman, Sheri. 1997. "Civil Society and Political Institutions." *American Behavioral Scientist* (March–April) 40(5):562–574.

Bian, Yanjie. 1994. *Work and Inequality in Urban China*. Albany: State University of New York Press.

——— 1997. "Bringing Strong Ties Back In: Indirect Connection, Bridges, and Job Search in China." *American Sociological Review* 62(3, June):366–385.

Bian, Yanjie and Soon Ang. 1997. "Guanxi Networks and Job Mobility in China and Singapore." *Social Forces* 75:981–1006.

Bielby, William T. and James N. Baron. 1986. "Men and Women at Work: Sex Segregation and Statistical Discrimination." *American Journal of Sociology* 91:759–799.

Blau, Peter M. 1964. *Exchange and Power in Social Life*. New York: Wiley.

——— 1977. *Inequality and Heterogeneity*. New York: Free Press.

——— 1985. "Contrasting Theoretical Perspectives." Department of Sociology. Columbia University.

Blau, Peter M. and Otis Dudley Duncan. 1967. *The American Occupational Structure*. New York: Wiley.

Blau, Peter M. and Joseph E. Schwartz. 1984. *Crosscutting Social Circles*. Orlando, FL: Academic Press.

Bloomberg, Michael R. 1999. "Ties That Bind." *Bloomberg*, June:11.

Bose, Christine and Peter H. Rossi. 1983. "Gender and Jobs: Prestige Standings of Occupations as Affected by Gender." *American Sociological Review* 48:316–330.

Bourdieu, Pierre. 1972/1977. *Outline of a Theory of Practice*. Cambridge: Cambridge University Press.

——— 1980. "Le Capital Social: Notes Provisoires." *Actes de la Recherche en Sciences Sociales* 3:2–3.

——— 1983/1986. "The Forms of Capital." Pp. 241–258 in *Handbook of Theory and Research for the Sociology of Education*, edited by J. G. Richardson. Westport, CT: Greenwood Press.

——— 1990. *The Logic of Practice*. Cambridge: Polity.

Bourdieu, Pierre and Jean-Claude Passeron. 1977. *Reproduction in Education, Society, Culture*. Beverly Hills, CA: Sage.

Boxer, Marilyn J. 1982. "For and About Women: The Theory and Practice of Women's Studies in the United States." *Sings: Journal of Women in Culture and Society* 7(3):661–695.

Boxman, E. A. W. 1992. "Contacts and Careers." Ph.D. diss., University of Utrecht, the Netherlands.

Boxman, E. A. W., P. M. De Graaf, and Henk D. Flap. 1991. "The Impact of Social and Human Capital on the Income Attainment of Dutch Managers." *Social Networks* 13:51–73.

Boxman, E. A. W. and Hendrik Derk Flap. 1990. "Social Capital and Occupational Chances." Presented at the the International Sociological Association XII World Congress of Sociology, July, Madrid.

Brecher, Jeremy and Tim Costello. 1998. *Global Village or Global Pillage*. Boston: South End Press.

Breiger, Ronald L. 1981. "The Social Class Structure of Occupational Mobility." *American Journal of Sociology* 87(3):578–611.

Breslow, Harris. 1997. "Civil Society, Political Economy, and the Internet." Pp. 236–257 in *Virtue Culture*, edited by S. G. Jones. London: Sage.

Brewer, Anthony. 1984. *A Guide to Marx's Capital*. Cambridge: Cambridge University Press.

Bridges, William P. and Wayne J. Villemez. 1986. "Informal Hiring and Income in the Labor Market." *American Sociological Review* 51:574–582.

Brinkley, Alan. 1996. "Liberty, Community, and the National Idea." *The American Prospect* 29:53–59.

Browne, Ray Broadus and Marshall William Fishwick, eds. 1998. *The Global Village: Dead or Alive*. Bowling Green, OH: Bowling Green State University Popular Press.

Burkhalter, Byron. 1999. "Reading Race Online: Discovering Racial Identity in Usenet Discussions." Pp. 60–75 in *Communities in Cyberspace*, edited by M. A. Smith and Peter Pollock. London: Routledge.

Burt, Ronald S. 1982. *Toward a Structural Theory of Action*. Orlando, FL: Academic Press.

1992. *Structural Holes: The Social Structure of Competition*. Cambridge, MA: Harvard University Press.

1997. "The Contingent Value of Social Capital." *Administrative Science Quarterly* 42:339–365.

1998a. "The Gender of Social Capital." *Rationality and Society* 10(1):5–46.

1998b. "Trust Reputation, and Third Parties." Unpublished paper. Chicago: University of Chicago.

Campbell, Karen E. and Barrett A. Lee. 1991. "Name Generators in Surveys of Personal Networks." *Social Networks* 13:203–221.

Campbell, Karen E., Peter V. Marsden, and Jeanne S. Hurlbert. 1986. "Social Resources and Socioeconomic Status." *Social Networks* 8(1):97–116.

Castells, Manuel. 1998. *End of Millennium*. Malden, MA: Blackwell.

Chamberlain, Mariam K., ed. 1988. *Women in Academe: Progress and Prospects*. New York: Russell Sage Foundation.

China Internet Network Information Center (CNNIC). 1999. "The Development of the Internet in China: A Statistical Report" (translated by the China Matrix).

Cleverley, John. 1985. *The Schooling of China: Tradition and Modernity in Chinese Education*. Sydney: George Allen & Unwin.

Coase, Ronald H. 1984. "The New Institutional Economics." *Journal of Institutional and Theoretical Economics* 140:229–231.

Coleman, James S. 1986a. *Individual Interests and Collective Action*. Cambridge: Cambridge University Press.

1986b. "Social Theory, Social Research: A Theory of Action." *American Journal of Sociology* 91:1309–1335.

1988. "Social Capital in the Creation of Human Capital." *American Journal of Sociology* 94:S95–S121.

1990. *Foundations of Social Theory*. Cambridge, MA: Harvard University Press.

Collins, Randall. 1981. "On the Microfoundations of Macrosociology." *American Journal of Sociology* 86:984–1014.

Comte, Auguste. 1848. *General View of Positivism*. Stanford, CA: Academic Reprintes.

Cook, Karen S. 1982. "Network Structure from an Exchagne Perspective." Pp. 177–199 in *Social Structure and Network Analysis*, edited by P. V. Marsden and N. Lin. Beverly Hills, CA: Sage.

Cook, Karen S. and Richard M. Emerson. 1978. "Power, Equity and Commitment in Exchange Networks." *American Sociological Review* 43:721–739.

Cook, Karen S., Richard M. Emerson, Mary R. Gillmore. and Toshio Yamagishi. 1983. "The Distribution of Power in Exchange Networks: Theory and Experimental Results." *American Journal of Sociology* 89(2):275–305.

Dahrendorf, Ralf. 1959. *Class and Class Conflict in Industrial Society*. Stanford, CA: Stanford University Press.

David, Paul. 1985. "Clio and the Economics of QWERTY." *American Economic Review* 75:332–337.

De Graaf, Nan Dirk, and Hendrik Derk Flap. 1988. "With a Little Help from My Friends." *Social Forces* 67(2):452–472.

Diamond, Douglas W. 1989. "Reputation Acquisition in Debt Markets." *Journal of Political Economy* 97:828–862.

DiMaggio, Paul J. 1988. "Interest and Agency in Institutional Theory." Pp. 3–22 in *Institutional Patterns and Organizations: Culture and Environment*. edited by L. G. Zucker. Cambridge, MA: Ballinger.

DiMaggio, Paul. J. and Walter W. Powell. 1983. "The Iron Cage Revisited: Institutional Isomorphism and Collective Rationality in Organizational Fields." *American Sociological Review* 48 (April):147–160.

1991. "Introduction." Pp. 1–38 in *The New Institutionalism in Organizational Analysis*. edited by Walter W. Powell and Paul J. DiMaggio. Chicago: University of Chicago Press.

Donath, Judith S. 1999. "Identity and Deception in the Virtual Community." Pp. 29–59 in *Communities in Cyberspace*, edited by M. A. Smith. London: Routledge.

Durkheim, Emile (trans. G. Simpson). 1964. *The Division of Labour in Society*. New York: Free Press.

1973. *Moral Education: A Study in the Theory and Application of the Sociology of Education*. New York: Free Press.

Ekeh, Peter P. 1974. *Social Exchange Theory: The Two Traditions*. Cambridge. MA: Harvard University Press.

Elias, Norbert. 1939/1978. *History of Manners*. New York: Pantheon.

Emerson, Richard M. 1962. "Power-Dependence Relations." *American Sociological Review* 27:31–40.

Emerson, Richard M., Karen S. Cook, Mary R. Gillmore, and Toshio Yama-
gishi. 1983. "Valid Predictions from Invalid Comparisons: Response to
Heckathorn." *Social Forces* 61:1232–1247.

England, Paula. 1992a. *Comparable Worth: Theories and Evidence.* New York:
Aldine de Gruyter.

———. 1992b. "From Status Attainment to Segregation and Devaluation." *Contem-
porary Sociology* 21:643–647.

England, Paula, George Farkas, Barbara Kilbourne, and Thomas Dou. 1988.
"Explaining Occupational Sex Segregation and Wages: Findings from a
Model with Fixed Effects." *American Sociological Review* 53:544–558.

Ensel, Walter M. 1979. "Sex, Social Ties, and Status Attainment." Albany: State
University of New York at Albany.

Erickson, Bonnie H. 1995. "Networks, Success, and Class Structure: A Total
View." Presented at the Sunbelt Social Networks Conference, February,
Charleston, SC.

———. 1996. "Culture, Class and Connections." *American Journal of Sociology*
102(1, July):217–251.

———. 1998. "Social Capital and Its Profits, Local and Global." Presented at
the Sunbelt XVIII and 5th European International Conference on Social
Networks, Sitges, Spain, May 27–31.

Fei, Xiaotong. 1947/1992. *From the Soil.* Berkeley: University of California
Press.

Fernandez, Roberto M. and Nancy Weinberg. 1997. "Sifting and Sorting: Per-
sonal Contacts and Hiring in a Retail Bank." *American Sociological Review*
62 (December):883–902.

Fernback, Jan. 1997. "The Individual within the Collective: Virtual Ideology and
the Realization of Collective Principles." Pp. 36–54 in *Virtual Culture,*
edited by Steven G. Jones. London: Sage.

Fisher, Irving. 1906. *The Nature of Capital and Income.* New York: Macmillan.

Flap, Henk D. 1991. "Social Capital in the Reproduction of Inequality." *Com-
parative Sociology of Family, Health and Education* 20:6179–6202.

———. 1994. "No Man Is an Island: The Research Program of a Social Capital
Theory." Presented at the World Congress of Sociology, Bielefeld, Germany,
July.

———. 1996. "Creation and Returns of Social Capital." Presented at the the Euro-
pean Consortium for Political Research on Social Capital and Democracy,
October 3–6, Milan.

Flap, Henk D. and Ed Boxman. 1996. "Getting Started. The Influence of Social
Capital on the Start of the Occupational Career," University of Utrecht, the
Netherlands.

———. 1998. "Getting a Job as a Manager," University of Utrecht, the Netherlands.

Flap, Henk D. and Nan Dirk De Graaf. 1986. "Social Capital and Attained
Occupational Status." *Netherlands Journal of Sociology* 22:145–161.

Forse, Michel. 1997. "Capital Social et Emploi." *L'Année Sociologique* 47(1):
143–181.

Freeman, Jo. 1972–1973. "The Tyranny of Structurelessness." *Berkeley Journal
of Sociology* 17:151–164.

Giddens, Authory. 1979. *Central Problems in Social Theory: Action, Structure. and Contradiction in Social Analysis*. Berkeley: University of California Press.

Gilham, Steven A. 1981. "State, Law and Modern Economic Exchange." Pp. 129–152 in *Networks, Exchange and Coercion*, edited by D. Willer and B. Ander. New York: Elsevier/Greenwood.

Goldthorpe, John H. 1980. *Social Mobility and Class Structure in Modern Britain*. New York: Oxford University Press.

Granovetter, Mark. 1973. "The Strength of Weak Ties." *American Journal of Sociology* 78:1360–1380.

———. 1974. *Getting a Job*. Cambridge, MA: Harvard University Press.

———. 1982. "The Strength of Weak Ties: A Network Theory Revisited." Pp. 105–130 in *Social Structure and Network Analysis*, edited by Nan Lin and Peter V. Marsden. Beverly Hills, CA: Sage.

———. 1985. "Economic Action and Social Structure: The Problem of Embeddedness." *American Journal of Sociology* 91:481–510.

———. 1986. "Labor Mobility, Internal Markets, and Job Matching: A Comparison of the Sociological and Economic Approaches." *Research in Social Stratification and Mobility* 5:3–39.

———. 1995. *Getting a Job* (rev. ed.). Chicago: University of Chicago Press.

Greeley, Andrew. 1997a. "Coleman Revisited: Religious Structures as a Source of Social Capital." *American Behavioral Scientist* 40(5, March–April): 587–594.

———. 1997b. "The Other Civic America: Religion and Social Capital." *The American Prospect* 32 (May–June):68–73.

———. 1997c. "The Strange Reappearance of Civic America: Religion and Volunteering," Department of Sociology, University of Chicago.

Green, Gary P., Leann M. Tigges, and Irene Browne. 1995. "Social Resources, Job Search, and Poverty in Atlanta." *Research in Community Sociology* 5:161–182.

Grief, Avner. 1989. "Reputation and Coalitions in Medieval Trade: Evidence of the Haghribi Traders." *Journal of Economic History* 49 (December):857–882.

Gurak, Laura J. 1999. "The Promise and the Peril of Social Action in Cyberspace: Ethos. Delivery, and the Protests Over Marketplace and the Clipper Chip." Pp. 243–263 in *Communities in Cyberspace*, edited by M. A. Smith and P. Kollock. London: Routledge.

Guy-Sheftall, Beverly. 1995. *Women's Studies: A Retrospective*. New York: Ford Foundation.

Hall, Alan and Barry Wellman. 1985. "Social Networks and Social Support." Pp. 23–42 in *Social Support and Health*, edited by S. Cohen and S. L. Syme. Orlando, FL: Academic Press.

Han, Minmo. 1987. *History of Chinese Sociology*. Tianjin: Tianjin Renmin Press.

Hannan, Michael T. 1992 "Rationality and Robustness in Multilevel Systems." Pp. 120–136 in *Rational Choice Theory: Advocacy and Critique*, edited by J. S. Coleman and T. J. Fararo. Newbury Park, CA: Sage.

Hardin, Russell. 1998. "Conceptions of Social Capital." Presented at the International Conference on Social Networks and Social Capital, October 30–November 1, Duke University.

Hechter, Michael. 1983. "A Theory of Group Solidarity." Pp. 16–57 in *The Microfoundations of Macrosociology*, edited by M. Hechter. Philadelphia: Temple University Press.

Heying, Charles H. 1997. "Civil Elites and Corporate Delocalization." *American Behavioral Scientist* (March–April) 408(5):657–668.

Homans, George C. 1950. *The Human Group*. New York: Harcourt, Brace.

——— 1958. "Human Behavior as Exchange." *American Journal of Sociology* 63(6, May):597–606.

——— 1961. *Social Behavior: Its Elementary Forms*. New York: Harcourt, Brace & World.

House, James, Debra Umberson, and K. R. Landis. 1988. "Structures and Processes of Social Support." *Annual Review of Sociology* 14:293–318.

Howe, Florence. 1977. *Seven Years Later: Women's Studies Programs in 1976*. Washington, DC: National Advisory Council on Women's Educational Programs.

Howe, Florence and Carol Ahlum. 1973. "Women's Studies and Social Change." Pp. 393–423 in *Academic Women on the Move*, edited by A. S. Rossi and A. Calderwood. New York: Russell Sage Foundation.

Hsung, Ray-May and Hwang, Yih-Jib. 1992. "Social Resources and Petit Bourgeois." *Chinese Sociological Quarterly* 16:107–138.

Hsung, Ray-May and Ching-Shan Sun. 1988. *Social Resources and Social Mobility: Manufacturing Employees*. Taiwan: National Science Council.

Irving, Larry. July 1995, 1998, 1999. *Falling Through the Net: Defining the Digital Divide*: I, II, III. Washington, DC: U.S. Department of Commerce.

Jacobs, Jerry. 1989. *Revolving Doors: Sex Segregation and Women's Careers*. Stanford, CA: Stanford University Press.

Jarvis, Craig. 1999. "Engineer Admits Securities Fraud." *News & Observers*, June 22, pp. 1–2.

Jenkins, Richard. 1992. *Pierre Bourdieu*. Long: Loutledge.

Jeter, Jon. 1999. "Internet Romance Ends with Death." *The Washington Post*, March 6. p. A2.

Johnson, Harry G. 1960. "The Political Economy of Opulence." *Canadian Journal of Economics and Political Science* 26:552–564.

Jones, Steven G., ed. 1997a. *Virtual Culture*. London: Sage.

Jones, Steven G. 1997b. "The Internet and Its Social Landscape." In *Virtual Culture*, edited by S. G. Jones. London: Sage.

Kadushin, Charles. 1983. "Mental Health and the Interpersonal Environment: A Re-Examination of Some Effects of Social Structure on Mental Health." *American Sociological Review* 48:188–198.

Kalleberg, Arne L. 1988. "Comparative Perspectives on Work Structures and Inequality." *Annual Review of Sociology* 14:203–225.

Kalleberg, Arne L. and James R. Lincoln. 1988. "The Structure of Earnings Inequality in the United States and Japan." *American Journal of Sociology* 94(Supplement):S121–S153.

Kelley, Jonathan. 1990. "The Failure of a Paradigm: Log-Linear Models of Social Mobility." Pp. 319–346, 349–357 in *John H. Goldthorpe: Consensus and Controversy*, edited by J. Clark, C. Modgil, and S. Modgil. London: Falmer Press.

Kelly, Kevin. 1998. *New Rules for the New Economy*. New York: Penguin

Kelman, H. C. 1961. "Processes of Opinion Change." *Public Opinion Quarterly* 25:57–78.

Kenworthy, Lane. 1997. "Civil Engagement, Social Capital, and Economic Corporation." *American Behavioral Scientist* (March–April) 40(5):645–656.

Kessler-Harris, Alice. 1982. *Out to Work: A History of Wage-Earning Women in the United States*. New York: Oxford University Press.

Kilbourne, Barbara Stanek, Paula England, George Farkas, Kurt Beron, and Dorothea Weir. 1994. "Returns to Skill, Compensating Differentials, and Gender Bias: Effects of Occupational Characteristics on the Wages of White Women and Men." *American Journal of Sociology* 100(3, November): 689–719.

Klein, B. and K. Leffler. 1981. "The Role of Market Forces in Assuring Contractual Performance." *Journal of Political Economy* 81:615–641.

Kollock, Peter. 1999. "The Economics of Online Cooperation: Gifts and Goods in Cyberspace." Pp. 220–239 in *Communities in Cyberspace*, edited by Marc A. Smith and Peter Kollock. London: Routledge.

Kornai, Janos. 1992. *The Socialist System: The Political Economy of Communism*. Princeton, NJ: Princeton University Press.

Kreps, David and Robert Wilson. 1982. "Reputation and Imperfect Information." *Journal of Economic Theory* 27:253–279.

Krymkowski, Daniel H. 1991. "The Process of Status Attainment Among Men in Poland, the U.S., and West Germany." *American Sociological Review* 56:46–59.

Lai, Gina Wan-Foon, Nan Lin, and Shu-Yin Leung. 1998. "Network Resources, Contact Resources, and Status Attainment." *Social Networks* 20(2, April): 159–178.

Laumann, Edward O. 1966. *Prestige and Association in an Urban Community*. Indianapolis: Bobbs-Merrill.

Lazarsfeld, Paul F. and Robert K. Merton. 1954. "Friendship as Social Process: A Substantive and Methodological Analysis." Pp. 298–348 in *The Varied Sociology of Paul F. Lazarsfeld*, edited by P. L. Kendall. New York: Columbia University Press.

Ledeneva, Alena. 1998. *Russia's Economy of Favours: Blat, Networking, and Informal Exchange*. New York: Cambridge University Press.

Levi-Strauss, Claude. 1949. *Les Structures Elementaires de la Parente*. Paris: Presses Universitaires de France.

1989. *The Elementary Structure of Kinship*. Boston: Beacon Press.

Li, Hongzhi. 1993 and 1994 (2nd ed.). *Zhong-Guo Fa-Lun Gong (Chinese Cultivation of the Wheel of the Law)*. Beijing: Military Literature Press.

1996. *Fa-Lun Da-Fa Yi Jie (Explicating the Principles of the Wheel of the Law)*. Changchun: Changchun Press

Lin, Nan. 1973. *The Study of Human Communication*. Indianapolis: Bobbs-Merrill.

——. 1982. "Social Resources and Instrumental Action." Pp. 131–145 in *Social Structure and Network Analysis*, edited by P. V. Marsden and N. Lin. Beverly Hills, CA: Sage.

——. 1986. "Conceptualizing Social Support." Pp. 17–30 in *Social Support, Life Events, and Depression*, edited by N. Lin, A. Dean, and W. Ensel. Orlando, FL: Academic Press.

——. 1989. "Chinese Family Structure and Chinese Society." *Bulletin of the Institute of Ethnology* 65:382–399.

——. 1990. "Social Resources and Social Mobility: A Structural Theory of Status Attainment." Pp. 247–271 in *Social Mobility and Social Structure*, edited by R. L. Breiger. New York: Cambridge University Press.

——. 1992a. "Social Resources Theory." Pp. 1936–1942 in *Encyclopedia of Sociology*, Volume 4, edited by E. F. Borgatta and M. L. Borgatta. New York: Macmillan.

——. 1992b. *The Struggle for Tiananmen: Anatomy of the 1989 Mass Movement*. Westport, CT: Praeger.

——. 1994a. "Action, Social Resources, and the Emergence of Social Structure: A Rational Choice Theory." *Advances in Group Processes* 11:67–85.

——. 1994b. "Institutional Capital and Work Attainment." Unpublished manuscript, Durham, NC.

——. 1995a. "Les Resources Sociales: Une Theorie Du Capital Social." *Revue Française de Sociologie* XXXVI(4, October–December):685–704.

——. 1995b. "Persistence and Erosion of Institutional Resources and Institutional Capital: Social Stratification and Mobility in Taiwan." Presented at the International Conference on Social Change in Contemporary Taiwan, June, Academia Sinica, Taipei, Taiwan.

——. 1999a. "Building a Network Theory of Social Capital." *Connections* 22(1): 28–51.

——. 1999b. "Social Networks and Status Attainment." *Annual Review of Sociology* 25:467–487.

——. Forthcoming. "Guanxi: A Conceptual Analysis." In *The Chinese Triangle of Mainland, Taiwan, and Hong Kong: Comparative Institutional Analysis*, edited by A. So, N. Lin, and D. Poston. Westport, CT: Greenwood.

Lin, Nan and Yanjie Bian. 1991. "Getting Ahead in Urban China." *American Journal of Sociology* 97(3, November):657–688.

Lin, Nan, Paul Dayton, and Peter Greenwald. 1978. "Analyzing the Instrumental Use of Relations in the Context of Social Structure." *Sociological Methods and Research* 7:149–166.

Lin, Nan, Alfred Dean, and Walter Ensel. 1986. *Social Support, Life Events, and Depression*. Orlando, FL: Academic Press.

Lin, Nan and Mary Dumin. 1986. "Access to Occupations Through Social Ties." *Social Networks* 8:365–385.

Lin, Nan and Walter M. Ensel. 1989. "Life Stress and Health: Stressors and Resources." *American Sociological Review* 54:382–399.

Lin, Nan, Walter M. Ensel, and John C. Vaughn. 1981. "Social Resources and Strength of Ties: Structural Factors in Occupational Status Attainment." *American Sociological Review* 46(4, August):393–405.

Lin, Nan and Gina Lai. 1995. "Urban Stress in China." *Social Science and Medicine* 41(8):1131–1145.

Lin, Nan and M. Kristen Peek. 1999. "Social Networks and Mental Health." Pp. 241–258 in *The Sociology of Mental Health and Illness*, edited by A. Horwitze and T. L. Scheid. New York: Cambridge University Press.

Lin, Nan. R. S. Simeone, W. M. Ensel, and W. Kuo. 1979. "Social Support, Stressful Life Events, and Illness: A Model and an Empirical Test." *Journal of Health and Social Behavior* 20:108–119.

Lin, N., Vaughn, John C., and Ensel, Walter M. 1981. "Social Resources and Occupational Status Attainment." *Social Forces* 59(4):1163–1181.

Lin, Nan and Xiaolan Ye. 1997. "Revisiting Social Support: Integration of Its Dimensions." Presented at the International Conference on Life Events/Stress, Social Support and Mental Health: Cross-Cultural Perspectives, June 17–19, Taipei, Taiwan.

Lin, Nan, Xiaolan Ye, and Walter M. Ensel. 1999. "Social Support and Mental Health: A Structural Approach." *Journal of Health and Social Behavior* 40:344–359.

Lindenberg, Siegwart. 1992. "The Method of Decreasing Abstraction." Pp. 3–20 in *Rational Choice Theory: Advocacy and Critique*, edited by J. S. Coleman and T. J. Fararo. Newbury Park, CA: Sage.

Loury, G. 1977. "A Dynamic Theory of Racial Income Differences." Pp. 153–186 in *Women, Minorities, and Employment Discrimination*, edited by P. A. Wallace and A. Le Mund. Lexington, MA: Lexington Books.

1987. "Why Should We Care About Group Inequality?" *Social Philosophy and Policy* 5:249–271.

Luhmann, Niklas. 1979. *Trust and Power*. Chichester, UK: Wiley.

1988. "Familiarity, Confidence, Trust: Problems and Alternatives." Pp. 94–107 in *Trust: Making and Breaking Cooperative Relations*, edited by D. Gambetta. New York: Basil Blackwell.

MacKinnon. Richard C. 1997. "Punishing the Persona: Correctional Strategies for the Virtual Offender." Pp. 206–235 in *Virtue Culture*. edited by S. G. Jones. London: Sage.

Malinowski, Bronslaw. 1922. *Argonauts of the Western Pacific*. London: Routledge & Kegan Paul.

Mao, Zedong. 1940. "On New Democracy." Pp. 106–156 in *Selected Works of Mao Tse-Tung*, Vol. III. London: Lawrence Wishant. 1954.

1942. "Talks at the Yenan Forum on Literature and Art." Pp. 250–286 in *Selected Readings from the Works of Mao Zedong*. Peking: Foreign Language Press, 1971.

1949. "On the People's Democratic Dictatorship." Pp. 371–388 in *Selected Works of Mao Zedong*. Peking: Foreign Language Press, 1971.

Marini, Margaret Mooney. 1992. "The Role of Models of Purposive Action in Sociology." Pp. 21–48 in *Rational Choice Theory: Advocacy and Critique*. edited by J. S. Coleman and T. J. Fararo. Newbury Park, CA: Sage.

Marsden, Peter V. and Karen E. Campbell. 1984. "Measuring Tie Strength." *Social Forces* 63 (December):482–501.

Marsden, Peter V. and Jeanne S. Hurlbert. 1988. "Social Resources and Mobility Outcomes: A Replication and Extension." *Social Forces* 66(4):1038–1059.

Marx, Karl. 1933 (1849). *Wage-Labour and Capital*. New York: International Publishers.

———. 1935 (1865). *Value, Price and Profit*. New York: International Publishers.

Marx, Karl (David McLellan, ed.). 1995 (1867, 1885, 1894). *Capital: A New Abridgement*. Oxford: Oxford University Press.

McLaughlin, Magaret L., Kerry K. Osborne, and Nicole B. Ellison. 1997. "Virtual Community in a Telepresence Environment." Pp. 146–168 in *Virtual Culture*, edited by S. G. Jones. London: Sage.

Mele, Christopher. 1999. "Cyberspace and Disadvantaged Communities: The Internet as a Tool for Collective Action." Pp. 290–310 in *Communities in Cyberspace*, edited by M. A. Smith and P. Kollock. London: Routledge.

Merrit, Karen. 1984. "Women's Studies: A Discipline Takes Shape." Pp. 253–262 in *Women and Education: Equity or Equality*, edited by E. Fennema and M. J. Ayer. Berkeley, CA: McCutchan.

Merton, Robert K. 1940. "Bureaucratic Structure and Personality." *Social Forces* 18:560–568.

———. 1995. "Opportunity Structure: The Emergence, Diffusion, and Differentiation of a Sociological Concept, 1930s–1950s." Pp. 3–78 in *Advances in Criminological Theory: The Legacy of Anomie Theory*, edited by F. Adler and W. S. Laufer. New Brunswick, NJ: Transaction Books.

Metcalfe, Bob. 1999. "The Internet in 1999: This Will Prove to Be the Year of the Bills, Bills, and Bills." *Infoworld*, January 18, p. 90.

Meyer, John W. and Brian Rowan. 1977. "Institutionalized Organizations: Formal Structure as Myth and Ceremony." *American Journal of Sociology* 83:340–363.

Meyer, John W. and W. Richard Scott. 1992. *Organizational Environments: Ritual and Rationality*. Newbury Park, CA: Sage.

Miller, Michael J. 1999. "The Net Changes Everything." *PC Magazine* (February 9):4.

Minkoff, Debra C. 1997. "Producing Social Capital: National Social Movements and Civil Society." *American Behavioral Scientist* 40(5, March–April):606–619.

Misztal, Barbara A. 1996. *Trust in Modern Societies: The Search for the Bases of Social Order*. Cambridge: Polity Press.

Mitra, Ananda. 1997. "Virtual Commonality: Looking for India on the Internet." Pp. 55–79 in *Virtue Culture*, edited by S. G. Jones. London: Sage.

Mobilization Society of Wuhan. 1939. *K'ang-Ta Ti Chiao-Yu Fang-Fa (Pedagogical Methods of K'ang-Da)*. Wuhan: Mobilization Society of Wuhan.

Moerbeek, Hester, Wout Ultee, and Henk Flap. 1995. "That's What Friends Are For: Ascribed and Achieved Social Capital in the Occupational Career." Presented at the The European Social Network Conference, London.

Morrow, James. 1999. "Watching Web Speech." *U.S. News & World Report*. February 15, p. 32.

Newton, Kenneth. 1997. "Social Capital and Democracy." *American Behavioral Scientist* 40(5, March–April):575–586.

North, Douglass C. 1990. *Institutions, Institutional Change and Economic Performance*. Cambridge: Cambridge University Press.

Parsons, Talcott. 1963. "On the Concept of Influence." *Public Opinion Quarterly* 27:37–62.

Paxton, Pamela. 1999. "Is Social Capital Declining in the United States? A Multiple Indicator Assessment." *American Journal of Sociology* 105(1. July):88–127.

Pepper, Suzanne. 1996. *Radicalism and Education Reform in 20th-Century China*. New York: Cambridge University Press.

Pizzorno, Alessandro. 1991. "On the Individualistic Theory of Social Order." Pp. 209–231 in *Social Theory for a Changing Society*, edited by P. Bourdieu and J. S. Coleman. Boulder, CO: Westview Press.

Podolny, Joel M. and James N. Baron. 1997. "Social Networks and Mobility." *American Sociological Review* 62 (October):673–693.

Portes, Alejandro. 1998. "Social Capital: Its Origins and Applications in Modern Sociology." *Annual Review of Sociology* 22:1–24.

Portes, Alejandro and Julia Sensenbrenner. 1993. "Embeddedness and Immigration: Notes on the Social Determinants of Economic Action." *American Journal of Sociology* 98(6. May):1320–1350.

Poster, Mark. 1998. "Virtual Ethnicity: Tribal Identity in an Age of Global Communications." Pp. 184–211 in *Cybersociety 2.0: Revisiting Computer-Mediated Communication and Community*. edited by S. G. Jones. Thousand Oaks, CA: Sage.

Powell, Walter W. and Paul J. DiMaggio, eds. 1991. *The New Institutionalism in Organizational Analysis*. Chicago: University of Chicago Press.

Putnam, Robert D. 1993. "The Prosperous Community: Social Capital and Public Life." *The American Prospect* 13 (Spring):35–42.

———. 1995a. "Bowling Alone: American's Declining Social Capital." *Journal of Democracy* 6(1, January):65–78.

———. 1995b. "Tuning In, Tuning Out: The Strange Disappearance of Social Capital in America." *P.S.: Political Science and Politics* 28(4, December): 1–20.

Qiu Shi. 1999. "Insisting on Atheism and Criticizing Falun Gong." Editorial. *Seeking the Truth*, 15, August 1, pp. 2–4.

Qu, Shipei. 1985. *Higher Education in the Liberated Areas in the Period of the War of Resistance Against Japan*. Beijing: Beijing University Press.

Radcliffe-Brown. A. R. 1952. *Structure and Function in Primitive Society*. New York: Free Press.

Reid, Elizabeth. 1999. "Hierarchy and Power: Social Control in Cyberspace." Pp. 107–133 in *Communities in Cyberspace*, edited by M. A. Smith and P. Kollock. London: Routledge.

Requena, Felix. 1991. "Social Resources and Occupational Status Attainment in Spain: A Cross-National Comparison with the United States and the

Netherlands." *International Journal of Comparative Sociology* XXXII(3–4):233–242.

Reskin, Barbara. 1988. "Bringing the Men Back In: Sex Differentiation and the Devaluation of Women's Work." *Gender and Society* 2:58–81.

———. 1993. "Sex Segregation in the Workplace." *Annual Review of Sociology* 19:241–270.

Reskin, Barbara and Patricia Roos. 1990. *Job Queues, Gender Queues: Explaining Women's Inroads Into Male Occupations.* Philadelphia: Temple University Press.

Ruan, Danching. 1998. "The Content of the General Social Survey Discussion Networks: An Exploration of General Social Survey Discussion Name Generator in a Chinese Context." *Social Networks* 20(3, July):247–264.

Rus, Andrej. 1995. "Access and Mobilization – Dual Character of Social Capital: Managerial Networks and Privatization in Eastern Europe." Unpublished manuscript, Columbia University.

Sassen, Saskia and Kwame Anthony Appiah. 1998. *Globalization and Its Discontents.* New York: New Press.

Scheff, Thomas J. 1992. "Rationality and Emotion: Homage to Norbert Elias." Pp. 101–119 in *Rational Choice Theory: Advocacy and Critique,* edited by J. S. Coleman and T. J. Fararo. Newbury Park, CA: Sage.

Schmitz, Joseph. 1997. "Structural Relations, Electronic Media, and Social Change: The Public Electronic Network and the Homeless." Pp. 80–101 in *Virtue Culture,* edited by S. G. Jones. London: Sage.

Schram, Stuart R. 1963. *The Political Thought of Mao Tse-Tung.* New York: Praeger.

Schudson, Michael. 1996. "What If Civic Life Didn't Die?" *The American Prospect* 25 (March–April):17–20.

Schultz, Theodore W. 1961. "Investment in Human Capital." *The American Economic Review* LI(1, March):1–17.

Scott, W. Richard and John W. Meyer. 1994. *Institutional Environments and Organizations: Structural Complexity and Individualism.* Beverley Hills, CA: Sage.

Sewell, William H., Jr. 1992. "A Theory of Structure: Duality, Agency, and Transformation." *American Journal of Sociology* 98(1, July):1–29.

Sewell, William H., Jr. and Robert M. Hauser. 1975. *Education, Occupation and Earnings: Achievement in the Early Career.* New York: Academic Press.

Seybolt, Perter J. 1973. *Revolutionary Education in China.* White Plains, NY: International Arts and Sciences Press.

Shanghai Jiaoyu Chubanshe (Shanghai Educational Press). 1983. *Hunan Diyi Shifan Xiaoshi 1903–49 (History of Hunan #1 Normal School 1903–49).* Shanghai: Shanghai Jiaoyu Chubanshe.

Shapiro, Carl and Hal R. Varian. 1999. *Information Rules: A Strategic Guide to the Network Economy.* Boston: Harvard Business School Press.

Simmel, Georg (trans. and ed. Kurt H. Wolff). 1950. *The Sociology of Georg Simmel.* Glencoe, IL: Free Press.

(ed. Donald N. Levine). 1971. *Georg Simmel on Individuality and Social Forms.* Chicago: University of Chicago Press.

1978. *The Philosophy of Money.* London: Routledge.

Skocpol, Theda. 1996. "Unravelling from Above." *The American Prospect* 25 (March–April):20–25.

Smith, Adam. 1937. *The Wealth of Nations.* New York: Modern Library.

Smith, Marc A. 1999. "The Economies of Online Cooperation: Gifts and Public Goods in Cyberspace." Pp. 220–242 in *Communities in Cyberspace*, edited by M. A. Smith and P. Kollock. London: Routledge.

Smith, Marc A. and Peter Kollock, eds. 1999. *Communities in Cyberspace.* London: Routledge.

Smith, Michael R. 1990. "What Is New in 'New Structuralist' Analyses of Earnings?" *American Sociological Review* 55 (December):827–841.

Sprengers, Maarten, Fritz Tazelaar, and Hendrik Derk Flap. 1988. "Social Resources, Situational Constraints, and Reemployment." *Netherlands Journal of Sociology* 24:98–116.

Stanton-Salazar, Ricardo D. 1997. "A Social Capital Framework for Understanding the Socialization of Racial Minority Children and Youths." *Harvard Educational Review* 67(1, Spring):1–40.

Stanton-Salazar, Ricard D. and Sanford M. Dornbusch. 1995. "Social Capital and the Reproduction of Inequality: Information Networks Among Mexican-Origin High School Students." *Sociology of Education* 68 (April):116–135.

Stimpson, Catharine R. 1986. *Women's Studies in the United States.* New York: Ford Foundation.

Tam, Tony. 1997. "Sex Segregation and Occupational Gender Inequality in the United States: Devaluation or Specialized Training?" *American Journal of Sociology* 102(6, May):1652–1692.

Tardos, Robert. 1996. "Some Remarks on the Interpretation and Possible Uses of the 'Social Capital' Concept with Special Regard to the Hungarian Case." *Bulletin de Methodologie Sociologique* 53 (December):52–62.

Taylor & Jerome. 1999. "Karma." *PC Computing*, June, p. 87.

Thomas, Karen. 1999. "Hate Groups Snare Youths with Web Games." *USA Today*, July 8, p. D1.

Tobias, Sheila. 1970. "Female Studies – an Immodest Proposal," Ithaca, NY: Cornell University.

Tomaskovic-Devey, Donald. 1993. *Gender and Race Inequality at Work: The Sources and Consequences of Job Segregation.* Ithaca, NY: ILR Press.

Treiman, Donald. 1970. "Industrialization and Social Stratification," Pp. 207–234 in *Social Stratification: Research and Theory for the 1970s,* edited by E. O. Laumann. Indianapolis. Bobbs-Merrill.

Treiman, Donald and Kermit Terrell. 1975. "Women, Work, and Wages – Trends in the Female Occupational Structure Since 1940." Pp. 157–200 in *Social Indicator Models,* edited by K. C. Land and S. Spilerman. New York: Russell Sage Foundation.

Uncapher, Willard. 1999. "Electronic Homesteading on the Rural Frontier: Big Sky Telegraph and Its Community." Pp. 264–289 in *Communities in Cyberspace*, edited by M. A. Smith and P. Kollock. London: Routledge.

Verba, Sidney, Schlozman, Kay Lehman, and Henry E. Brady. 1995. *Voice and Equality: Civil Voluntarism in American Politics*. Cambridge, MA: Harvard University Press.

——— 1997. "The Big Tilt: Participatory Inequality in America." *The American Prospect* 32:74–80.

Volker, Beate and Henk Flap. 1999. "Getting Ahead in the GDR: Social Capital and Status Attainment Under Communism." *Acta Sociologica* 41(1, April): 17–34.

von Thunen, H. (trans. B. F. Hoselitz). 1875. *Der Isolierte Staat*. Chicago: Comparative Education Center, University of Chicago.

Wacquant, L. D. 1989. "Toward a Reflexive Sociology: A Workshop with Pierre Bourdieu." *Sociological Theory* 7:26–63.

Watson, Nessim. 1997. "Why We Argue About Virtual Community: A Case Study of the Phish.Net Fan Community." Pp. 102–132 in *Virtual Culture*, edited by S. G. Jones. London: Sage.

Weber, Max. 1946. *Max Weber: Essays in Sociology* (trans. H. H. Gerth and C. Wright Mills). New York: Oxford University Press.

——— 1947. *The Theory of Social and Economic Organizations*. New York: Oxford University Press.

Weber, Max. (ed. G. Roth and C. Wittich). 1968. *Economy and Society*. Berkeley: University of California Press.

Wegener, Bernd. 1991. "Job Mobility and Social Ties: Social Resources, Prior Job and Status Attainment." *American Sociological Review* 56 (February):1–12.

Wellman, Barry. 1981. "Applying Network Analysis to the Study of Social Support." Pp. 171–200 in *Social Networks and Social Support*, edited by B. H. Gottlieb. Beverly Hills: Sage.

Wellman, Barry, ed. 1998. *Networks in the Global Village*. Boulder, CO: Westview Press.

Wellman, Barry and Milena Gulia. 1999. "Virtual Communities as Communities: Net Surfers Don't Ride Alone." Pp. 167–194 in *Communities in Cyberspace*, edited by M. A. Smith and P. Kollock. London: Routledge.

Willer, David. 1985. "Property and Social Exchange." Pp. 123–142 in *Advances in Group Processes*, edited by E. J. Lawler. Greenwich, CT: JAI Press.

Williamson, Oliver E. 1985. *Markets and Hierarchies: Analysis and Antitrust Implications*. New York: Free Press.

——— 1993. "Calculativeness, Trust, and Economic Organization." *Journal of Law and Economics* 36(1–2, April):453–486.

——— 1985. *The Economic Institutions of Capitalism*. New York: Free Press.

Wilson, Beth. 1999. "Vital Signs." *PC Computing*, March, p. 14.

Wood, Richard L. 1997. "Social Capital and Political Culture." *American Behavioral Scientist* (March–April) 40(5):595–605.

Wright, Erik Olin. 1979. *Class Structure and Income Determination*. New York: Academic Press.

Yamagishi, Toshio, Mary R. Gillmore, and Karen S. Cook. 1988. "Network Connections and the Distribution of Power in Exchange Networks." *American Journal of Sociology* 93(4, January):833–851.

Zhou, Xueguang. 1999. "Reputation as a Social Institution: A Macrosociological Approach." Unpublished manuscript, Duke University.

Zickmund, Susan. 1997. "Approaching the Radical Other: The Discursive Culture of Cyberspace." Pp. 185–205 in *Virtue Culture*, edited by S. G. Jones. London: Sage.

Zucker, Lynne G. 1988. "Where Do Instituional Patterns Come From? Organizations as Actors in Social Systems." Pp. 23–49 in *Institutional Patterns and Organizations: Culture and Environment*, edited by L. G. Zucker. Cambridge, MA: Ballinger.

Zuckerman, Mortimer B. 1999. "The Time of Our Lives." *U.S. News & World Report* (May 17):72.

社會資本

（Social Capital: A Theory of Social Structure and Action）

作　　　者／NAN LIN (Duke University)

譯　　　者／林祐聖、葉欣怡

發　行　者／弘智文化事業有限公司

　　　　　　登記證：局版台業字第 6263 號

　　　　　　地址：台北市大同區民權西路 118 巷 15 弄 3 號 7 樓

　　　　　　E-mail:hurngchi@ms39.hinet.net

　　　　　　郵政劃撥：19467647　戶名：馮玉蘭

　　　　　　電話：886-2-2557-5685　　0921-121-621

　　　　　　　　　0932-321-711

　　　　　　傳真：886-2-2557-5383

　　　　　　網站：www.honz-book.com.tw

發　行　人／邱一文

經　銷　商／旭昇圖書有限公司

　　　　　　地址：台北縣中和市中山路二段 352 號 2 樓

　　　　　　電話：(02) 22451480　　傳真：(02) 22451479

製　　　版／信利印製有限公司

版　　　次／94 年 10 月初版一刷

定　　　價／ 390 元

ISBN ／986-7451-09-0

本書如有破損、缺頁、裝訂錯誤，請寄回更換。

國家圖書館出版品預行編目資料

社會資本 / Nan Lin 著 ；林祐聖、葉欣怡合譯.
-- 初版. -- 臺北市 ： 弘智文化, 民 94
面 ； 公分
譯自 ： Social capital : a theory of
        social structure and action
ISBN 986-7451-09-0(平裝)

1. 社會關係 2. 社會運動

541.6   94016967